Wenn Erfolg ein Spiel ist,
sind dies die Regeln

CHÉRIE CARTER-SCOTT

Wenn Erfolg ein Spiel ist, sind dies die Regeln

Ins Deutsche übertragen
von Annekatrin Gudat

WILHELM HEYNE VERLAG
MÜNCHEN

Die Originalausgabe erschien 2000 unter dem Titel
IF SUCCESS IS A GAME, THESE ARE THE RULES.
Ten Rules For a Fulfilling Life
im Verlag Broadway Books, New York

Umwelthinweis:
Dieses Buch wurde auf chlor- und säurefreiem Papier gedruckt.

Umschlaggestaltung: Hauptmann und Kampa Werbeagentur, CH-Zug
Satz: Leingärtner, Nabburg
Druck und Bindung: freiburger graphische betriebe
Printed in Germany

ISBN 3-453-21167-7

Ich widme dieses Buch meinem Vater, Milton F. Untermeyer,
der mich durch seine Lebenseinstellung, sein Tun
und sein Verhalten gelehrt hat, was Erfolg bedeutet.

Ferner widme ich dieses Buch meinem Mentor und Freund,
Warren Bennis, der an mich geglaubt hat und in beruflicher
Hinsicht mein Vorbild war.

Wer mit Überzeugung an der Verwirklichung seiner Träume arbeitet
und sich stets bemüht, seine Vorstellung vom Leben in die Realität
umzusetzen, wird Erfolge erzielen, die gemeinhin kaum
für möglich gehalten werden.
Hast du Schlösser in die Luft gebaut, so muss diese Arbeit
keineswegs umsonst gewesen sein, denn dort gehören sie hin.
Jetzt musst du nur noch die Fundamente dazu erschaffen.

HENRY DAVID THOREAU

Inhalt

Regel 10
ERFOLG IST EIN PROZESS,
DER NIEMALS ENDET

Jedes Plateau bietet wieder einen neuen Aufstieg,
und wenn Sie oben angekommen sind,
erblicken Sie einen neuen Gipfel, den es zu erklimmen lohnt.

Einführung

Als ich anfing, mich mit den »Erfolgsregeln« zu beschäftigen, wurde mir klar, dass ich zuerst einmal definieren muss, was ich mit »Erfolg« eigentlich meine. Ich dachte lange und intensiv über den Begriff »Erfolg« nach. Ich befragte Menschen, die ich kannte, und auch viele, die ich nicht kannte, um eine Vorstellung davon zu bekommen, was Erfolg für sie bedeutet. Dann untersuchte ich Biographien berühmter Leute, die ein Leben geführt hatten, das gemeinhin als erfolgreich bezeichnet wird, und die erste Erkenntnis, die sich daraus ergab, war: Die Menschen verstehen unter Erfolg ganz verschiedene Dinge.

Ich bohrte ein wenig tiefer und fand heraus, dass die Visionen, Träume und Ziele jedes Einzelnen sich um einen ganz wesentlichen Punkt drehen: den universellen Wunsch nach Erfüllung. Die einen träumen von Reichtum, andere wären gern berühmt, wieder andere würden gern die Welt verändern, doch alle stimmen darin überein, dass Erfolg sich letztendlich am Gefühl der

Erfüllung misst. Auch Warren Buffett, einer der reichsten Männer der Welt, entschied sich eindeutig für das Glücksgefühl als Schlüsselelement zur Definition wahren Erfolges.

Die nächste Frage, die sich mir nun förmlich aufdrängte war: Was ist der Unterschied zwischen Erfolg und Erfüllung? Ich entdeckte, dass Erfolg hauptsächlich an äußeren Standards gemessen wird, während Erfüllung innerlich bewertet wird. Niemand außer Ihnen selbst kann beurteilen, ob Sie sich erfüllt fühlen, wohingegen die Außenwelt mit ihren objektiven Kriterien den Erfolg eines Menschen danach bemessen kann, inwieweit vorgegebene Standards erreicht wurden.

Wenn die Welt Sie als erfolgreich einstuft, bedeutet das entweder, dass Sie Ihre eigenen Ziele und Erwartungen verwirklicht haben oder dass Sie normale, durchschnittliche Standards, die für die Mehrheit der Bevölkerung gelten, übertroffen haben. Was ein Mensch vollbracht hat, dient der Welt als wichtigstes Barometer zur Feststellung von Erfolg: Rekorde brechen, Reichtümer anhäufen, etwas als Erster tun oder bestehende Denkweisen verändern. Bei irgendetwas der Beste sein, erobern, heilen, irgendeine Barriere durchbrechen, all diese Dinge berechtigen zum Eintritt in die heiligen Hallen des Erfolges.

Erfüllung hingegen ist etwas ganz anderes. Erfüllung ist ein Gefühl, das in Ihrer Seele entsteht und Ihr ganzes Wesen durchdringt. Das Gefühl tiefer Befriedigung und Zufriedenheit, das Sie am Ende des Tages empfinden, wenn Sie im Bett liegen, kurz vor dem Einschlafen sind und mit jeder Faser Ihres Herzens spüren, dass Sie die Erwartungen an sich selbst erfüllt oder sogar übertroffen haben. Erfüllt zu sein bedeutet, mit einem Gefühl von Wohlbefinden »angefüllt« zu sein.

Wenn Ihr subjektives Wohlempfinden und die externen Maßstäbe für vollbrachte Leistungen übereinstimmen, haben Sie einen »Erfolg« erzielt. Das eine ohne das andere ist wie ein Kerze ohne Streichholz: Jedes kann für sich allein existieren, doch gemeinsam bringen sie eine Flamme von ganz besonderem Glanz hervor.

Die folgenden Regeln für ein erfülltes Leben sind keine Wegbeschreibung ins magische Reich des Wohlstands. Sie beinhalten vielmehr die universellen Wahrheiten, die allem erfolgreichen Streben und Handeln zugrunde liegen. Sie sind die Essenz dessen, was uns als menschliche Wesen verbindet, die wir uns nach der Verwirklichung unseres Potentials sehnen.

Wenn Sie Erfolg haben wollen, müssen Sie in die Fußstapfen derer treten, die schon vor Ihnen den Weg beschritten haben. Auf dieser Fährte werden Sie Ihre eigene innere Wahrheit finden, um dann selbst Fußstapfen zu hinterlassen, die Ihren ganz persönlichen Weg zum Erfolg kennzeichnen.

Um das Erfolgsgeheimnis zu lüften, müssen Sie sich auf die Reise durch diese universellen Wahrheiten begeben, die Ihnen vielleicht auch ohne mein Zutun unterwegs begegnet wären. Der Zweck dieses Buches besteht darin, Ihren Lernprozess zu beschleunigen und Ihnen die individuelle Reise ins Reich der Erfüllung zu erleichtern.

Mögen Sie Ihre eigene Definition von Erfolg finden und auf dem Weg zur Verwirklichung Ihrer Vorstellungen mit reicher Ernte gesegnet sein. Ich wünsche Ihnen die Entdeckung Ihrer inneren Wahrheit, Entschlossenheit und Selbstvertrauen, die notwendigen Mittel zur Erreichung Ihrer Ziele, und den Mut aufzustehen, wenn die Welt Ihren Absturz erwartet. Mögen Sie die Lektionen lernen, die das Leben Ihnen präsentiert, und all das erreichen, was Ihnen tiefe, echte Erfüllung und Glück beschert.

Gute Reise!

Seien Sie gesegnet!
Dr. phil. Chérie Carter-Scott

Regel 1

JEDER MENSCH HAT SEINE
EIGENE DEFINITION VON ERFOLG

Es gibt keine allgemeingültige Definition von »Erfolg«.
Unter einem erfüllten Leben stellt sich jeder etwas anderes vor.

Erfolg ist vielerlei: Ein Konzept, aber auch eine Erfahrung, sowohl ein Moment als auch eine Entwicklung. Das Verschmelzen Ihrer Sehnsüchte mit der Realität, die Manifestation Ihrer Hoffnungen und Träume in Ihrem Alltag. Erfolg ist greifbar und flüchtig zugleich und erweckt den Anschein, allgemein messbar zu sein. Er wird äußerlich bewertet, aber innerlich erfahren; er ist sowohl objektiv als auch subjektiv. Über die für alle Welt ersichtlichen Merkmale hinaus wird Erfolg im Wesentlichen von Ihrem ganz persönlichen Gefühl der Befriedigung und Erfüllung bestimmt.

Was stellen Sie sich vor, wenn Sie an »Erfolg« denken?

Welche Bilder erscheinen vor Ihrem geistigen Auge? Wann haben Sie das Gefühl, erfolgreich zu sein? Möchten Sie auf der

Karriereleiter ganz oben stehen? Oder großen Wohlstand erlangen? Bedeutet Erfolg für Sie, dass Sie Ihr Gesicht auf dem Titelblatt einer großen Zeitschrift sehen oder Ihren Namen in der *Who's-Who*-Liste lesen?

Für manche Leute mag Erfolg in der Erreichung eines oder auch aller dieser Ziele bestehen. Für manche mag es etwas ganz anderes sein: Sie möchten zum Beispiel genug Geld verdienen, um sich mit fünfzig aus der Arbeitswelt verabschieden zu können, oder eine eigene Kunstausstellung in einer Galerie bekommen oder die Mannschaft ihres Kindes als Trainer zum Sieg führen. Für die einen ist Erfolg gleichbedeutend damit, dass sie etwas Großartiges vollbringen, andere denken eher an Erfolgserlebnisse im täglichen Leben, wieder andere messen Erfolg an der Erfüllung einer innerlich empfundenen Mission. Erfolg kann auch bedeuten, ein guter Freund zu sein, Kinder zu sozialer Verantwortung zu erziehen oder ein liebevoller Großelternteil zu sein. Manche betrachten es als Erfolg, wenn es ihnen gelingt, nach ethischen und moralischen Grundsätzen oder in Übereinstimmung mit ihren Werten und ihrem Gewissen zu leben. Viele finden es erstrebenswert, zu heiraten oder ganz allgemein eine Liebesbeziehung aufzubauen und zu erhalten. Die einen setzen das Überwinden einer persönlichen Schwäche oder eines Hindernisses, das Meistern einer Notlage oder einer Herausforderung als Kriterium an, während andere ihre Erfüllung darin sehen, Rekorde sportlicher, finanzieller, historischer oder wissenschaftlicher Art zu brechen.

Da jeder Mensch ein Individuum mit ganz eigenen Vorstellungen und Wertmaßstäben ist, entwickelt auch jeder Mensch seine ganz persönliche Definition von Erfolg. Meine Definition weicht wahrscheinlich von Ihrer ab, genauso wie sich die Ihre nicht exakt mit der Ihrer Bekannten decken wird. Wir sind eine Ansammlung von Individuen, die alle ihren eigenen Platz im Kosmos haben und von dort in einem sehr individuell gefärbten Licht erstrahlen. Die erste und vielleicht wichtigste Grundregel des Erfolges ist die Erkenntnis, dass es keine allgemein gültige Definition von Erfüllung gibt. Jeder hat seine eigene und alle sind gleich kostbar und wertvoll.

DIE ERFOLGSSTANDARDS

In Industrienationen basiert die Definition von Erfolg im Allgemeinen auf drei Hauptkriterien: Macht, Geld und Ruhm. Wer ein großes Vermögen besitzt, über Status oder Macht verfügt oder berühmt ist, gilt in den Augen der Gesellschaft als »erfolgreich«. Die Erfüllung einer dieser drei Anforderungen genügt bereits, um sich zu qualifizieren.

Doch diese Definition wirft ein großes Problem auf: Sie ist enorm begrenzt. Sie schließt eine Menge Menschen aus, die nach eigenem Ermessen sehr wohl erfolgreich sind, dabei jedoch ganz andere Maßstäbe zugrunde legen. Es sind Menschen, deren Kontostand nicht unbedingt bemerkenswert ist, die keine besondere

Machtposition innehaben und nicht notwendigerweise erkannt werden, wenn sie auf der Straße unterwegs sind. Diese Menschen haben Träume und Ziele verwirklicht, die sie ganz persönlich für erstrebenswert hielten, ohne sich dabei nach gesellschaftlich vorgegebenen Standards zu richten.

Betrachten wir doch einmal den Schuldirektor, der dafür sorgt, dass den Kindern in seiner Schule Werte, Selbstvertrauen und Umweltbewusstsein vermittelt werden. Ist das Schaffen einer intakten Umgebung, in der Kinder zu bewussten Menschen mit festen Wertvorstellungen heranwachsen, geringer zu achten als die geglückte Firmenübernahme eines Topmanagers?

Und wie ist es mit einem Menschen, der ehrenamtlich im Krankenhaus tätig ist, um älteren Menschen etwas vorzulesen, weil deren Augen diese Aufgabe nicht mehr bewältigen können? Ist diese Person weniger erfolgreich als der Profifußballer, der das entscheidende Tor für seine Mannschaft geschossen hat?

Oder denken Sie an die Wissenschaftlerin, die ihr Leben der Suche nach einem Mittel gegen Krebs gewidmet hat. Ist sie nur erfolgreich, wenn sie dieses Mittel auch tatsächlich findet? Zählen das Engagement und die Stunden, die sie investiert hat, nur, wenn das gewünschte Resultat erreicht wird? Wird Erfolg nur auf dem Höhepunkt gemessen oder werden auch Hingabe, Ausdauer und Strebsamkeit bewertet?

Und was ist mit dem Mann mittleren Alters, der davon träumt, aus Baumstämmen Kanus zu schnitzen und zu verkaufen, und seine Anwaltskanzlei aufgibt, um seinen Traum zu verwirklichen? Wenn er sein Glück darin findet, zu tun, was ihm Spaß macht, ist er dann weniger mit Erfolg gesegnet als der Filmstar, der 10 Millionen Dollar pro Film kassiert?

Erfolg ist amorph und lässt sich, ähnlich wie eine andere unfassbare Größe – die Liebe –, nicht nach allgemein gültigen Kriterien bemessen. Was er für einen Menschen bedeutet, mag auf einen anderen nicht zutreffen. Es kann sich um das kollektive Ziel vieler Menschen handeln, doch letztendlich gibt es nur einen wahrhaft kompetenten Richter: Sie, und nur Sie, können Ihren Erfolg beurteilen, denn Sie allein bestimmen, was Erfolg für Sie wirklich bedeutet.

DIE VERSCHIEDENEN ERFOLGSMODELLE

Schaffen – und bewahren – Sie sich Ihren eigenen Blickwinkel.

LAURIE BETH JONES

Dana war über dreißig, als sie in meinen Workshop kam, weil sie ein »unterschwelliges Unzufriedenheitsgefühl« mit ihrer Arbeit empfand, wie sie es ausdrückte. Sie hatte einen guten Posten in einer großen Computerfirma und die Arbeit machte ihr Spaß, doch eine leise Stimme in ihrem Herzen flüsterte ihr ständig zu, dass es da noch mehr gebe. Sie hatte sämtliche Ziele erreicht, die sie sich gesteckt hatte – z. B. Beförderungen, Gehaltserhöhungen und ein eigenes Büro –, aber das Gefühl von Erfüllung wollte sich dennoch nicht einstellen.

Während Dana sprach, wurde ich hellhörig bei Sätzen wie »Ich müsste eigentlich glücklich sein« oder »Ich mache einen erfolgreichen Eindruck, aber ich fühle mich als Versagerin«. Deshalb fragte ich Dana rundheraus, was sie denn als Erfolg empfinden würde. Es vergingen keine fünfzehn Sekunden, bis es aus ihr herausplatzte: »Meinen Hund mit zur Arbeit nehmen zu können.«

Offensichtlich trug Dana schon seit langem die Traumvorstellung mit sich herum, ihren geliebten Hund Bodhi in die Firma mitnehmen zu können. Sie hatte einmal eine Freundin in einer kleinen Werbeagentur besucht und dort mit großer Freude beobachtet, wie der Schnauzer des Agenturbesitzers an der Tür die Kunden begrüßte. Ihren Hund zur Arbeit mitnehmen zu können war für Dana gleichbedeutend mit Autonomie; ihre Vision konnte zweierlei bedeuten: Entweder war sie auf der Karriereleiter weit genug emporgeklettert, um sich über die allgemeinen Vorschriften hinwegsetzen zu können, oder sie besaß ihre eigene Firma und konnte die Regeln selbst aufstellen. Es fiel Dana nicht schwer, sich zwischen den beiden Möglichkeiten zu entscheiden, weshalb sie heute mit Freuden ein eigenes Web-Design-Büro betreibt und Bodhi zufrieden unter ihrem Schreibtisch döst.

Für manche Menschen, wie Dana, ist Erfolg gleichbedeutend mit Autonomie. Andere denken bei ihrer Definition eher an finanzielle Unabhängigkeit. Troy zum Beispiel wollte gern so viel Geld verdienen, dass er mit fünfzig aufhören konnte zu arbeiten, um mit seiner Frau durch die Welt zu reisen. Für ihn bedeutete Erfolg, finanziell in der Lage zu sein, zu tun, was er wollte, und sein Leben zu genießen.

Jeff, ein Börsenmakler Mitte vierzig, machte Erfolg ebenfalls an finanziellen Kriterien fest. Doch seine Beweggründe waren anders gelagert als bei Troy. Er träumte davon, so viel Geld zu verdienen, dass er seinen Eltern für ihren Ruhestand ein Haus in Las Vegas kaufen konnte. Jeff war seinen Eltern überaus dankbar für alles, was sie für ihn getan hatten, z. B. dass sie beide zwei Jobs angenommen hatten, um ihm das College zu ermöglichen. Später für seine Eltern sorgen zu können war Jeffs größter Traum.

Nina, Innenausstatterin von Beruf und häufig unterwegs, hatte wenig Lust, sich mit logistischen Fragen auseinander-zusetzen. Sie träumte davon, Hilfspersonal engagieren zu kön-nen, um beispielsweise ihren Computer zu reparieren, wenn er abstürzte, Fächer in ihren Schrank einzubauen oder ihre Wohnung zu putzen, wenn sie keine Zeit dazu hatte, ihre Reise-pläne zu koordinieren und so weiter. Für Nina lag die Erfül-lung darin, genug Geld zu verdienen, um sich Leute leisten zu können, die ihr bei der Organisation ihres geschäftigen Lebens halfen.

Manche Leute definieren Erfolg als emotionale Erfüllung und Stabilität. Sondras Kindheit war schwierig und turbulent gewesen, weshalb sie sich zum Ziel gesetzt hatte, für ihre Familie ein glückliches und harmonisches Zuhause zu schaffen. Jeden Abend, wenn sie sich mit ihrem Mann und ihren drei Kindern zu Tisch setzt, durchströmt sie ein Gefühl der Erfüllung. Für Sondra ist jeder Moment, in dem sie sich über das Zusammensein mit ihrer Familie freut, ein Erfolgserlebnis.

Viele – ich darf wohl hoffen, die meisten – Eltern messen Erfolg daran, ob es ihnen gelingt, ihre Kinder gut zu erziehen. Auch Jacqueline Kennedy Onassis als international bekannte Persönlichkeit, die sich einen luxuriösen Lebensstil leisten konnte und viele wunderbare und aufregende Erfahrungen machte, hielt ihren Job als Mutter eindeutig für das Wichtigste in ihrem Leben. »Wenn du als Elternteil versagst«, hat sie einmal gesagt, »spielt alles andere, was du tust, wohl kaum noch eine Rolle.«

Erfolg kann auch gleichbedeutend mit Ruhm und Ehre sein, beispielsweise für den Sportler, der ein Rennen gewinnt, oder für einen Bergsteiger, der den Mount Everest bezwingt. Auch Soldaten, die ihrem Land dienen, könnten Erfolg in dieser Weise definieren.

Auch Mut ist für manche Menschen ein Anzeichen von Erfolg, zum Beispiel für diejenigen, die all ihre innere Kraft mobilisieren müssen, um eine schwere Krankheit zu überwinden oder einer Tragödie ins Auge zu blicken. In dieser Hinsicht wäre als vielleicht berühmtestes Beispiel Helen Keller zu nennen, denn ihr Triumph über Blindheit und Taubheit steht als Symbol dafür, wozu der menschliche Geist in der Lage ist. Aus ihrem Vermächtnis stammt eines meiner Lieblingszitate: »Das Leben ist entweder ein gewagtes Abenteuer oder gar nichts.« Helen Kellers Leben war sicher das Erste.

Für andere besteht Erfolg darin, Veränderungen zu bewirken, indem sie beispielsweise die Realitätswahrnehmung der Menschen in eine neue Richtung lenken. Elisabeth Kübler-Ross war die Erste, die in Medizinerkreisen öffentlich auf das Phänomen der Trauer aufmerksam machte, was dazu führte, dass die Welt ein vollkommen neues Verständnis und einen veränderten Umgang mit Verlust entwickelte. Ihre lebenslangen Bemühungen ließen wieder Herz in die medizinische Praxis einziehen. Für sie – und andere – bedeutet Erfolg, den Status quo zu verändern.

Vielleicht verstehen Sie unter Erfolg aber auch das Ansammeln von Wissen und Erkenntnissen. Leonardo da Vinci war fasziniert von der Natur des Menschen und seinem Platz im Universum. Einige Tage vor seinem Tod schrieb Leonardo: »So wie ein gelungener Tag glücklichen Schlaf bringt, so bringt ein gut genutztes Leben einen glücklichen Tod.« Obwohl sein Leben in ziemlicher Armut und Zurückgezogenheit endete, geht aus seinen Worten klar hervor, dass er seine Zeit hier als Erfolg bewertete. Für ihn zählte nur die reiche Ausbeute auf seiner Suche nach der Wahrheit in allen Dingen – Philosophie, Kunst, Musik, Anatomie, Mathematik –, die er dann mit anderen teilte.

Was mich betrifft, so vermittelt mir die Einflussnahme auf das Leben anderer Menschen das Gefühl, nicht umsonst gelebt zu haben. Jedes Mal, wenn ich einen Workshop leite und den Funken der Erkenntnis in den Augen einer Teilnehmerin oder eines Teilnehmers aufblitzen sehe, habe ich das Gefühl, erfolgreich gewesen zu sein. Zu beobachten, wie Menschen ihre Verhaltensweisen ändern, sich ihre Träume erfüllen, aufhören, sich selbst im Wege zu stehen, ernsthaft anfangen, sich selbst zu lieben, vermittelt mir ein tiefes Gefühl von Erfüllung.

Natürlich ist keine Definition von Erfolg besser als eine andere. Nach materiellem Wohlstand zu streben ist nicht weniger wert, als davon zu träumen, sein Gesicht eines Tages auf dem Titelblatt einer Zeitschrift zu sehen oder darauf zu hoffen, einen Gesetzentwurf im Parlament durchzubringen. Mutter Teresas Ziel, den Armen und Hungernden zu helfen, ist zweifellos sehr nobel und hat dennoch nicht mehr oder weniger Berechtigung als der Traum meines Klienten Richard von der eigenen Konditorei.

Es spielt keine Rolle, ob Sie von Geld oder Anerkennung, Heiligkeit oder Popularität, Ruhm oder Authentizität träumen; wertvoll und real wird Ihre Zielsetzung dadurch, dass es die Ihre ist. Sie ganz allein setzen die Maßstäbe für den Erfolg in Ihrem Leben, denn nur Sie allein wissen, was Ihr Herz wirklich erfüllt und Ihr Leben lebenswert macht.

IHRE PERSÖNLICHE DEFINITON VON ERFOLG

Bestehen Sie auf sich selbst. Imitieren Sie nicht.

RALPH WALDO EMERSON

Was bedeutet Erfolg für Sie? Was muss geschehen, damit Sie Ihr Leben als erfüllt betrachten? Wonach sehnen Sie sich?

Es ist sehr wichtig, dass Sie zu Ihrer ganz persönlichen Definition von Erfolg finden, damit Sie keine wertvolle Zeit und Energie damit verschwenden, Ziele zu verfolgen, die Ihnen nicht wirklich entsprechen. Sie können sich natürlich einfach am Status quo orientieren und sich die üblichen Ziele setzen. Und die Welt mag derartige Bemühungen auch mit Beifall belohnen, doch Ziele, die keine authentische Verbindung zu Ihnen selbst haben, sind letztendlich sinnlos.

Jedes Mal wenn Sie ein nicht authentisches Ziel erreichen, empfinden Sie wahrscheinlich eher Leere als Befriedigung, denn durch das Streben nach Zielen, die wenig oder gar nichts mit Ihnen selbst zu tun haben, entfernen Sie sich nur von Ihrer persönlichen Erfüllung. Wenn Sie sich blind die gesellschaftlichen Erwartungen zu Eigen machen und Reichtum, Macht oder Ruhm begehren, nur weil Sie glauben, dass Sie eben diese Ziele anstreben sollten, wird der Erfolg Ihnen nichts bedeuten. Wenn es Ihnen nicht gelingt, eine Verbindung zu Ihren persönlichen Werten herzustellen, müssen Sie sich vielleicht eines Tages der Erkenntnis stellen, dass Sie zwar Ihr

Ziel erreicht haben, sich aber dennoch innerlich abgekoppelt fühlen.

Wenn Sie sich um das Büro mit der Fensterfront bemühen, sich aber nicht tatsächlich danach sehnen, wird der Ausblick für Sie niemals atemberaubend sein. Wenn Erfolg für Sie bedeutet, sich eine Hütte im Wald zu bauen und wie Thoreau in friedlicher Einsamkeit zu leben, wird jedwede öffentliche Lobpreisung Ihrer neuesten Public-Relations-Erfolge in Ihren Ohren hohl klingen. Wenn Sie ein Vermögen anhäufen, obwohl Sie persönlich Reichtum an ganz anderen Maßstäben messen, wird das Geld auf der Bank nie Ihre wahren Bedürfnisse erfüllen. Einen Traum zu verwirklichen, der nicht der Ihre ist, ist so, als bekämen Sie einen tollen Eisbecher serviert, der nicht Ihre Lieblingssorten enthält. Er sieht verlockend aus, doch er schmeckt nicht so, wie Sie es eigentlich gern gehabt hätten.

Herausfinden, was Erfolg für Sie bedeutet

Um festzustellen, was Erfolg für Sie bedeutet, könnten Sie zuerst einmal die von der Gesellschaft vorgegebenen Richtlinien, an denen Sie sich vielleicht bisher orientiert haben, daraufhin untersuchen, ob sie in Ihrem persönlichen Fall wirklich zutreffend sind. Ansehen, Einfluss, VIP-Status, Luxusautos, eine feine Adresse, eine »normale« Ehe und teure Uhren sind externe Maßstäbe, nach denen unsere Gesellschaft im Allgemeinen Erfolg beurteilt. Und vielleicht erscheinen diese Dinge vielen Menschen deshalb auch so erstrebenswert. Sollten diese Ziele Sie ebenfalls verlocken, dann haben Sie bereits ein Strickmuster für Ihre Definition von Erfolg. Sie können Ihr Traumschloss bauen und darauf hinarbeiten, die Dinge zu erwerben oder zu erreichen, die Ihnen Freude machen.

Oft träumen Menschen aber auch von allgemein üblichen Statussymbolen und/oder Zielen, ohne genau zu wissen, warum. Vielleicht sind sie in der Tretmühle gefangen, den Nachbarn in nichts nachstehen zu wollen. Wer Erfolg jedoch begehrt, um dadurch die Wertschätzung seiner Umgebung zu erlangen, überlässt die Beurteilung seines Lebens und seiner Bemühungen anderen. Basiert Ihr Erfolgsbegriff hingegen auf Ihrer inneren Wahrheit, die sich dann auch in Ihren Zielsetzungen widerspiegelt, so bringen Sie damit zum Ausdruck, dass Sie Ihre Anwesenheit hier auf Erden als sinnvoll und bedeutsam zu schätzen wissen.

Erfolg kann von externen Beobachtern daran gemessen werden, ob Sie einen von der Gesellschaft festgesetzten Standard erreicht haben, doch am Ende des Tages stellt sich bei Ihnen ganz persönlich entweder ein Gefühl von innerem Frieden oder von Leere ein. Das friedliche Gefühl signalisiert, dass Sie Ihre persönlichen Vorstellungen und Ihre selbst gesteckten Erwartungen erfüllt haben. Leere deutet darauf hin, dass Sie sich an einer Definition von Erfolg und Erfüllung orientiert haben, die nie wirklich die Ihre gewesen ist.

Visionen entwickeln

Um meinen Klienten beim Formulieren ihrer Erfolgsvorstellung zu helfen, lasse ich sie folgende Übung machen, die fast immer zu Tage fördert, worin jeder Einzelne seine Erfüllung sieht:

Vervollständigen Sie die folgenden Sätze, indem Sie Ihre Antworten auf ein leeres Blatt Papier schreiben. Es reicht nicht aus, die Sätze nur im Geiste zu beenden; Sie müssen Ihre Antworten zu Papier bringen. Sie können das Geschriebene ändern, nachdem Sie es schwarz auf weiß in Augenschein genommen haben, aber Sie müssen die Satzergänzungen auf jeden Fall schriftlich festhalten.

1. Menschen, die ich für erfolgreich halte, sind ...
2. Ich empfinde es als Erfolg, wenn ich ...
3. Symbole des Erfolgs sind für mich ...
4. Ich würde es als Erfolg empfinden, wenn ich ...
5. Wenn ich meinen eigenen idealen Nachruf schreiben müsste und ausdrücken wollte, dass mein Leben ein Erfolg war, dann würde er folgendermaßen lauten ...

Als Ergänzung für die erste Aussage könnten Sie zum Beispiel all die Leute aus Ihrem persönlichen Bekanntenkreis auflisten, die Ihrer Meinung nach erfolgreich sind, wie den Direktor Ihrer Firma, ein Mitglied Ihres Clubs oder Ihren Nachbarn Bob, der sich gerade einen Swimmingpool im Garten gebaut hat. Oder Sie zählen Personen auf, die Sie nicht persönlich kennen, aber aus der Ferne bewundern, wie einen erfolgreichen Sportler, einen Wirtschaftsbonzen oder einen angesehenen Journalisten. Mittels der Identifizierung von Vorbildern können Sie sich klar machen, wen Sie bewundern, um dann näher zu bestimmen, welche Eigenschaften und Verhaltensweisen Sie für nachahmenswert halten.

Bianca zählte beispielsweise ihre verstorbene Großmutter Rose zu den Personen, die sie bewunderte. Rose war eine bemerkenswert intelligente und resolute Frau gewesen, die sich die Erlaubnis erkämpft hatte, an der nächstgelegenen Universität zu studieren, obwohl es zu jener Zeit für Frauen fast revolutionär war, ein College zu besuchen. Trotz der massiven Einwände ihrer Familie, der Missbilligung, der sie sich in ihrer kleinen Stadt ausgesetzt sah, und der zahlreichen Hindernisse, die ihr vom Zulassungskomitee der Universität in den Weg gestellt wurden, besuchte Rose die Universität und machte ihren Abschluss in Medizin. Sie wurde Chirurgin zu einer Zeit, als Frauen noch vorgeschrieben wurde, ihre Knöchel zu bedecken, und allgemein erwartet wurde, dass Frauen zu Hause blieben und sich damenhaft benahmen.

Nach genauerem Überlegen gelangte Bianca zu der Erkenntnis, dass sie ihre Großmutter Rose für deren Mut bewunderte, den Widrigkeiten des Lebens zu trotzen, und dass sie selbst diese Eigenschaft auch gern besäße. Als viele Jahre später, lange nach Roses Tod, bei Bianca Kehlkopfkrebs diagnostiziert wurde, besann sie sich auf die spirituelle Verbindung zu ihrer Großmutter, um den Mut zu finden, ihre Krankheit zu überwinden.

Um den zweiten Satz – »Ich empfinde es als Erfolg, wenn ich ...« – fortsetzen zu können, rufen Sie sich am besten die Momente Ihres Lebens in Erinnerung, in denen Sie echte Erfüllung gespürt haben. Hatten Sie etwas Bestimmtes erreicht? Wurde Ihnen Lob oder Anerkennung zuteil? Haben Sie das Leben anderer entscheidend beeinflusst? Was gibt Ihnen das Gefühl, Ihr Potential genutzt zu haben? Ihre Antwort wird Ihnen zeigen, welche Richtung Sie auf dem Weg zum Erfolg einschlagen müssen.

Abe, von Beruf Autoverkäufer, schrieb als Antwort zu Punkt zwei: »Ich empfinde es als Erfolg, wenn meine Provision jeden Monat die Summe X überschreitet.« Das Erreichen eines bestimmten monetären Ziels stärkte Abes Selbstwertgefühl als Verkäufer und vermittelte ihm das Gefühl, erfolgreich zu sein.

Die Ergänzung des dritten Satzes – »Symbole des Erfolgs sind für mich ...« – lässt Sie erkennen, welche konkreten Resultate Sie in Ihrem Leben verwirklicht sehen möchten. Ein Erfolgssymbol kann alles Mögliche sein, vom dicken Bankkonto über Kleidergröße 36 bis hin zu viel Freizeit. Seien Sie in diesem Punkt so genau wie möglich, denn die Antworten liefern Ihnen den Schlüssel dazu, welcher Lebensstil zu Ihrem persönlichen Gesamtbild von Erfolg passt.

Punkt vier – »Ich würde es als Erfolg empfinden, wenn ich ...« – eröffnet Ihnen die Möglichkeit, sich über Ihre Träume für die

Zukunft klar zu werden. Dabei geht von dem Wort »ich«, das Sie all Ihren Wünschen voranstellen, eine ganz besondere Kraft aus. Erinnern wir uns noch einmal an Dana mit ihrem Hund. Zu sagen, dass es für sie Erfolg bedeute, den Hund zur Arbeit mitnehmen zu können, war die eine Sache. Ganz anders sah es aber aus, als sie klar und deutlich formulierte »Ich würde es als Erfolg empfinden, wenn ich meinen Hund zur Arbeit mitnehmen könnte«, denn plötzlich hatte sie selbst auch einen Platz in ihrer Vision. Das Wort »ich« machte sie zum Bestandteil ihres Traumbildes und zur Eigentümerin ihres Wunsches.

Punkt fünf – »Wenn ich meinen eigenen idealen Nachruf schreiben müsste und ausdrücken wollte, dass mein Leben ein Erfolg war, dann würde er folgendermaßen lauten …« – mag düster erscheinen, doch in Wirklichkeit handelt es sich bei dieser Aufgabe um eine der hilfreichsten und inspirierendsten Übungen, die Sie machen können. Mein Finanzberater Gary Wollin, ein großartiger Mann, der seine Lebensaufgabe darin sieht, Menschen bei der Verwirklichung ihrer finanziellen Ziele zu helfen, hat mich einst gebeten, diese Übung zu machen. Er meint, wenn Menschen eine klare Vorstellung davon haben, wie ihr Leben aussehen soll, dann können sie ihre Finanzen viel besser zur Erreichung ihrer Ziele nutzen.

Ich habe bemerkt, dass viele Menschen Probleme mit dieser Übung haben, weil sie darin mit ihrer eigenen Sterblichkeit konfrontiert werden. Doch genau diese schonungslose Betrachtungsweise ist es, die Ihnen hilft, mit absoluter Ehrlichkeit zu formulieren, was Sie in Ihrem Leben erreichen möchten. Es mag Ihnen ein wenig peinlich sein, große Träume niederzuschreiben, weil Sie sich damit in der Nähe von übertriebenem Ehrgeiz oder Selbstverherrlichung wähnen, doch wenn Sie sich selbst nicht erlauben, das Ideal Ihres Lebens zu entwerfen, können Sie niemals anfangen, es zu verwirklichen. Die Vorstellung, am Ende des Lebens Rückschau zu halten, hilft Ihnen mit Sicherheit dabei herauszufinden, was Sie im Laufe Ihres Lebens zu realisieren hoffen.

Suchen Sie sich einen schönen, ruhigen Platz, wo Sie ungestört nachdenken können. Beginnen Sie damit, Ihre Lebensgeschichte bis zum heutigen Tag schriftlich festzuhalten. Schreiben Sie in der Vergangenheitsform und in der dritten Person. Zum Beispiel »Er wurde in ... geboren« und so weiter. Erwähnen Sie alle wichtigen Momente, Erfolge, Ereignisse und Erfahrungen, die Ihre Entwicklung bis heute geprägt haben.

Der zweite Teil sollte mit dem morgigen Tag beginnen und den Zeitraum bis zu Ihrem Todestag umfassen. Auch dieser Abschnitt sollte in der Vergangenheitsform formuliert werden, denn schließlich handelt es sich ja um Ihren Nachruf. Gehen Sie beim Abfassen des Textes davon aus, dass all Ihre Träume und Herzenswünsche in Erfüllung gegangen sind. Bringen Sie in diesem Nachruf die ganze Bedeutung und Effektivität Ihres erfüllten Lebens zum Ausdruck. Erwähnen Sie alles und jedes, was Sie sich für Ihr Leben vorstellen können, und nehmen Sie auch ein paar Dinge hinzu, die Sie sich eigentlich nicht so recht vorstellen können, sich aber dennoch wünschen würden, wenn die Welt perfekt wäre. Das bietet Ihnen die Gelegenheit, Ihre »Ach, das würde ich doch nie schaffen«-Fesseln abzuwerfen und Ihren Wunschphantasien freien Lauf zu lassen.

Während Sie schreiben, sollten Sie Ihren Text weder korrigieren noch beurteilen. Bringen Sie Ihre Wünsche, Hoffnungen, Träume, Ziele und Sehnsüchte einfach so zu Papier, wie sie Ihnen in den Kopf kommen. Korrekturen können Sie später vornehmen, wenn Sie wollen. Wenn Sie fertig sind, schauen Sie sich genau an, was Sie angeblich aus Ihrem Leben gemacht haben, und dann fragen Sie sich, ob Sie sich tatsächlich wünschen, dass all diese Dinge Realität werden. Ist das nicht der Fall, so können Sie Ihren Nachruf beliebig korrigieren. (Das ist der Vorteil, wenn man ihn schreibt, während man noch lebt!) Wenn Sie mit Ihrem Text zufrieden sind, verwahren Sie ihn an einem Ort, an dem Sie ihn regelmäßig wieder lesen können, und beginnen Sie, eine Strategie zur Verwirklichung Ihrer Ziele auszuarbeiten.

* * *

Erfolg definiert sich in erster Linie dadurch, dass es keine allgemein gültige Interpretation des Begriffs gibt. Jeder Mensch hat seine eigene Vorstellung davon, was Erfolg bedeutet und wann jemand erfolgreich ist, und diese Vorstellung ist genauso persönlich und einzigartig wie ein Fingerabdruck. Das Erfolgsgeheimnis jedes Einzelnen liegt darin, das eigene Herz zu befragen, was es für wichtig hält, und dann ganz persönliche Standards zu setzen. Mit diesem Wissen ausgerüstet erhöhen sich die Chancen auf die Erfüllung Ihrer Wünsche um das Tausendfache. Sie können nun den Mutsprung wagen und die Reise ins Land Ihrer persönlichen Erfüllung antreten, um die Befriedigung zu erlangen, die Ihnen zusteht.

DER WILLE ZUM ERFOLG IST DER
ERSTE SCHRITT IN DIE RICHTIGE RICHTUNG

Sobald Sie den Zündfunken des Verlangens in sich spüren,
kann das Erfolgsspiel beginnen

Erfolg ist ein Prozess, der im Innern entsteht. Ein anfänglicher Hoffnungsschimmer entwickelt sich zu einem Gedanken, der die Saat der Verheißung in Ihre Seele pflanzt. Die Reise zum Erfolg beginnt mit innerer Unruhe. Wovon auch immer Sie träumen, Sie müssen Ihren Traum erst in aktives Verlangen umwandeln, bevor Sie an die Verwirklichung denken können. Mit anderen Worten, Sie müssen den Erfolg von ganzem Herzen wollen, um ihn zu erreichen.

Diese Erfolgsregel ist so substantiell, dass Sie sich vielleicht wundern, warum sie überhaupt erwähnt werden muss. Denn schließlich will ja wohl jeder Erfolg haben in seinem Leben. Oder gibt es jemanden, der lange darüber nachdenken muss, ob er als

Gewinner eines Spiels den Lohn seiner Mühen einstreichen möchte, oder lieber im Mittelfeld hängen bleiben oder gar als Verlierer dastehen möchte?

Nun fragen Sie sich einmal Folgendes: Wenn jeder gern Erfolg hätte, warum ist dann nicht jeder erfolgreich? Ganz einfach deshalb, weil nicht jeder begreift, dass man nur Erfolg haben kann, wenn man auch mit Mut und Überzeugung sagt: »Ich will«.

Nehmen wir einmal an, Sie begeistern sich für Boote. Jedes Mal, wenn Sie auf dem Meer sind oder in einem Restaurant am Jachthafen essen, denken Sie darüber nach, wie schön es wäre, ein eigenes Boot zu besitzen. Sie machen sich vielleicht sogar Gedanken über die Art des Bootes – ein Katamaran, ein schnelles Rennboot, eine Luxusjacht – und malen sich lebhaft aus, wie Sie genussvoll im tiefblauen Wasser herumkreuzen und sich eine frische, salzige Brise um die Nase wehen lassen. Vielleicht lassen Sie gegenüber Ihrer Partnerin oder im Freundeskreis hin und wieder die sehnsüchtige Bemerkung fallen, wie herrlich es wäre, ein Boot zu haben.

Unter diesen Voraussetzungen ist es wenig wahrscheinlich, dass Sie irgendwann in nächster Zeit Besitzer eines Bootes werden, falls nicht ein Wunder geschieht. Warum? Weil »es wäre schön« nicht das Gleiche ist wie »ich will«. Es hat einfach nicht die gleiche Intensität, Dynamik oder Kausalität.

»Es wäre schön« ist ein passiver, ziemlich vager Wunsch, wohingegen »ich will« Sie zum Inhaber Ihres Wunsches macht und Ihre Person in den Vordergrund rückt. »Es wäre schön« verlagert Ihren Wunsch nach außen und hält Sie auf Distanz; »ich will« bringt den Wunsch in Ihre Reichweite. Konkrete, starke Wünsche lassen Sie auf dem Fahrersitz Platz nehmen, während vage Träume Sie auf Ihrem eigenen Rücksitz festhalten. Als Inhaber Ihres Wunsches halten Sie den Schlüssel zum Starten des Erfolgsmotors in der Hand.

DIE MACHT DES WÜNSCHENS

Nichts auf der Welt ist unmöglich,
wenn man es sich von Herzen wünscht.

ABRAHAM LINCOLN

In der Geschichte des Football-Sports hat noch kein Super-Bowl-Team die Vince-Lombardi-Trophäe dadurch gewonnen, dass die Spieler dachten »es wäre schön, wenn«. Nein, die Mitglieder der Mannschaft wollten unbedingt gewinnen, so unbedingt, dass sie Himmel und Hölle in Bewegung gesetzt hätten, um den Sieg zu erringen. Aus diesem intensiven Wunsch entstand die Entschlossenheit, die sie letztendlich zum Erfolg führte.

Bei Einzelpersonen verhält es sich nicht anders. Wenn Sie etwas wollen – richtig wollen –, dann schalten Sie innerlich auf »*Ja*«. Der Impuls ist immer gleich stark, ob Sie sich als Fünfjähriger ein Spielzeug wünschen oder als Fünfzigjähriger Ihr Traumhaus. Die Energie, die in diesem Moment des Begehrens freigesetzt wird, erschafft eine der stärksten Magnetkräfte des Universums.

Als ich einundzwanzig Jahre alt war, wollte ich nach der Abschlussprüfung mit meinem damaligen Mann eine Rucksacktour auf Hawaii machen. Wir wollten diese Reise unbedingt machen und dabei die Urwüchsigkeit und atemberaubende Schönheit dieser Inselwelt abseits der Touristenpfade kennen lernen. Dabei wollten wir uns mit dem begnügen, was wir auf unserem Rücken tragen konnten, um der Natur ganz nahe zu sein. Zu Hause waren wir ständig von den Sachzwängen des realen Lebens umgeben, deshalb wollten wir uns eine Pause für ganz andere Erfahrungen gönnen, bevor wir unsere Aufmerksamkeit der Karriere- und Lebensplanung zuwenden mussten.

Ich wünschte mir dieses Abenteuer so sehr, dass ich fast alles getan hätte, um es zu verwirklichen. Obwohl wir wenig Geld hatten und einige Familienmitglieder unsere Pläne ganz und gar nicht billigten, packten Bill und ich unsere Rucksäcke und zogen los. Die drei Monate, in denen wir versteckte Höhlen ausfindig machten, Eingeborenen begegneten, die alten Bräuche kennen lernten, Früchte aßen, die wir eigenhändig geerntet hatten, und in einsamen Grotten schwammen, gehören zu meinen kostbarsten Erinnerungen. Die Realisierung dieser Reise war eines der schönsten Erfolgserlebnisse für mich. Ich bezweifle jedoch, dass sie jemals zustande gekommen wäre, wenn wir nur das Gefühl gehabt hätten: »Es wäre sicher schön, eine Rucksacktour auf Hawaii zu machen.«

Denken Sie an einen Moment in Ihrem Leben, als Sie irgendetwas mit jeder Faser Ihres Herzens wollten. Vielleicht eine besondere Reise, eine bestimmte Beziehung oder auch nur ein Stück vom berühmten Käsekuchen Ihrer Großmutter. Hätten Sie Himmel und Hölle in Bewegung gesetzt, damit Ihr Wunsch in Erfüllung geht?

Echtes Wünschen stammt aus der Tiefe Ihres Herzens. Es widersetzt sich jeder Vernunft, Logik und Rationalität. Es ist ein nicht zu verleugnendes Gefühl, eine plötzliche Idealvorstellung davon, wie die Dinge sein sollten. Ob es darum geht, Ihr Badezimmer neu zu streichen, eine Reise zu machen oder ein Geschäft abzuschließen, »Wünsche« sind die Geheimnisse Ihrer Seele. Sie spiegeln Ihre innere Wahrheit wider.

Wünsche melden sich ungefragt zu Wort. Ohne jede Vorwarnung bringen sie bislang wohl gehütete Geheimnisse ans Licht, wobei das plötzlich entfachte Begehren durchaus widerstreitende Gefühle auslösen kann, denn Wünsche bringen auch Risiken mit sich. Wünsche verlangen von Ihnen, dass Sie Ihre Bequemlichkeit aufgeben und etwas verändern. Sie sind Eintrittskarten ins Abenteuerland, wo mit Sicherheit nicht nur Veränderungen, sondern auch Herausforderungen auf Sie warten.

Wollen und brauchen ist nicht dasselbe

Meine Freundin Adrienne sagte mir einmal, wie gerne sie so einen Stift hätte wie ich. Es ist ein spezieller, ergonomisch geformter Stift, der das Schreiben per Hand erleichtert, weshalb er ein wenig teurer ist als normale Stifte. Als ich Adrienne fragte, ob sie sich nicht auch einen kaufen wolle, da sie als Journalistin oft mit der Hand schreiben müsse, schaute sie mich verwundert an und sagte: »Aber, ich brauche doch keinen.«

»Ja«, sagte ich, »aber hättest du nicht trotzdem gern einen? Ich weiß, dass du keinen brauchst, aber ich hatte dich gefragt, ob du einen *willst*. Was ist mit deinen Wünschen?«

Darauf wusste Adrienne keine andere Antwort als das, worauf sie ein Leben lang programmiert worden war: Wenn sie etwas nicht brauchte, konnte sie es auch nicht bekommen. »Wünsche« waren unwesentlich, unnötig und überflüssig.

Viele Menschen betrachten wie Adrienne alles nur unter dem Aspekt der Notwendigkeit. Seit frühester Kindheit wurde ihnen eingedrillt, dass es darum gehe, Bedürfnisse zu erfüllen, nicht Wünsche. Unterschwellig wurde ihnen damit die zerstörerische Botschaft vermittelt, Wünsche seien egoistisch, unnötig, anmaßend und frivol. Konsequenterweise gelangen sie dadurch zu der Auffassung, sie sollten sich nur das genehmigen, was sie brauchen. Da sie Wünsche für überflüssigen Luxus halten, den sie – aus welchen Gründen auch immer – nicht verdient haben, empfinden sie ein starkes Schuldgefühl, wenn sie sich die Erfüllung eines Wunsches erlauben. Sobald sie ein inneres Verlangen spüren, lösen sie ihr Problem dadurch, dass sie sich ihren Wunsch entweder versagen oder sich selbst davon überzeugen, dass sie das Gewünschte tatsächlich brauchen. Sie rationalisieren ihren Wunsch und verwandeln ihn in ein Bedürfnis, um die Erfüllung zu rechtfertigen.

Der grundlegende Unterschied zwischen einem Bedürfnis und einem Wunsch besteht darin, dass Bedürfnissen eine Insuffizienz zugrunde liegt, während bei Wünschen keinerlei Mangel zu beheben ist. Wenn wir etwas brauchen, dann fehlt uns tatsächlich etwas. Wenn wir uns etwas wünschen, wollen wir das, was wir schon haben, vermehren oder ergänzen. Die Erfüllung von Bedürfnissen versteht sich von selbst, weil dadurch das Überleben gesichert wird. Aber um glücklich zu sein, muss man sich auch Wünsche erfüllen.

Wenn Sie wissen, was Sie wollen, und sich die Erfüllung Ihrer Wünsche gestatten, lösen Sie damit Gefühle von Freude und Macht aus, die Sie als Person wachsen lassen. Das wiederum stärkt Ihr Selbstbewusstsein, Ihr Selbstvertrauen, Ihre Intuition, Ihren fundamentalen Glauben an sich selbst. Ihr authentisches Selbst wird von Mal zu Mal stärker.

Das heißt natürlich nicht, dass Sie einen Freibrief für unethisches, egoistisches, unmoralisches oder illegales Verhalten hätten, nur weil Sie etwas »wollen«. Es bedeutet nicht, dass sich Ihr Verlangen unkontrolliert Bahn brechen kann, ohne geprüft, gewogen und auf mögliche Konsequenzen untersucht worden zu sein. Vorausgesetzt, Ihre Wünsche schaden weder Ihnen selbst noch irgendjemand anders, bewegen sich im Rahmen der Legalität und verstoßen nicht gegen die guten Sitten, gibt es keinerlei Grund, warum Sie sich das Gefühl, etwas zu wollen, versagen sollten. Genauso wenig sollten Sie sich die Gelegenheit entgehen lassen, Ihre Wünsche zu realisieren.

VERSTECKTE BARRIEREN

Die größten Schlachten kämpft man mit sich selbst aus.
SHELDON KOPP

Jeder kann und darf erfolgreich sein. Für alle Menschen gibt es einen Weg von dort, wo sie sich befinden, zu dem Punkt, wo sie gern wären. Ist dieser Weg klar und liefert ein inniger Wunsch die notwendige Motivation, so ist der Erfolg realisierbar. Ist der Weg jedoch blockiert, müssen Sie die Barrieren ausfindig machen und wegräumen, um Ihre Reise zum angestrebten Ziel fortsetzen zu können.

Wenn ich meine Klienten auffordere, die Hindernisse zu benennen, die ihrem Erfolg im Wege stehen, zählen sie mir sofort alle möglichen externen Gründe auf. Entweder ist ihr Chef schuld daran, dass sie nicht befördert werden, oder die Bank hat ihnen das Darlehen für das neue Geschäft verweigert, oder die Freunde, die Familie oder der Ehegatte halten sie zurück. Ist das

Ziel eine bedeutende Gewichtsabnahme, so machen sie ihren Stoffwechsel, ihre Drüsen oder ihre genetische Veranlagung für ihren Misserfolg verantwortlich. Träumen sie von Umsatzsteigerungen, so müssen die Börse, der Markt oder die hohen Zinssätze als Entschuldigung herhalten. Geht es um eine Rolle beim Film, so ist der Casting Director schuld. Merkwürdigerweise nennt fast niemand von sich aus persönliche Gründe, die ihn daran hindern würden, den angeblich so heiß ersehnten Erfolg zu erlangen.

Ich denke da zum Beispiel an Marcus, einen dynamischen Tontechniker Ende zwanzig, der seit Jahren von einer »Pechsträhne« verfolgt wurde. Marcus träumte von einem coolen Job mit einem Verdienst im sechsstelligen Bereich, schien andererseits aber nicht in der Lage zu sein, länger als sechs Monate bei einem Job zu bleiben. Als ich ihn fragte, was bei seinen letzten drei Arbeitsstellen schief gelaufen sei, erzählte er mir, dass es bei der ersten Stelle nicht geklappt habe, weil sein Boss inkompetent gewesen sei. Den zweiten Job habe er verloren, weil das Management der Firma chaotisch gewesen sei. Beim dritten Mal habe es nicht funktioniert, weil seine Mitarbeiter eifersüchtig auf ihn gewesen seien und sein Fortkommen sabotiert hätten.

Marcus übersah eine Konstante in all diesen Situationen: sich selbst. Ich erklärte ihm, dass es vielleicht ganz sinnvoll sei, einmal bei sich selbst Ursachenforschung zu betreiben, anstatt immer nur äußere Faktoren in Betracht zu ziehen. Auf diesen Versuch wollte Marcus sich gern einlassen und fand schon nach kurzer Zeit heraus, dass er Angst davor hatte, endgültig erwachsen zu werden. Die dauerhafte Ausübung eines angesehenen Berufs war in seinen Augen ein Zeichen der Reife, was für ihn dann auch das Ende seiner Jugend (und damit des unbeschwerten Lebens) bedeutete. Erst als Marcus sich über diesen Zusammenhang klar wurde, konnte er sich mit seiner Angst auseinander setzen und langsam erkennen, welche Rolle er selbst bei der Abfolge der Ereignisse spielte. Dann konnte er damit beginnen, die Barriere zu entfernen, die ihn auf seinem Weg zum Erfolg behinderte.

Die Selbstblockade ist die Hauptursache dafür, dass sich gewünschte Erfolge nicht einstellen. Natürlich gibt es auch so etwas wie Pech oder unglückliche Umstände, doch wenn Sie derlei Dinge als Hauptursachen dafür anführen, dass Sie nicht bekommen können, was Sie wollen, dann geraten Sie in einen endlosen Kreislauf von falschen Begründungen oder Schuldzuweisungen. Wenn es eine Diskrepanz gibt zwischen dem, was Sie nach eigener Aussage wollen, und dem, was Sie bekommen, dann ist das ein Zeichen dafür, dass Sie ein wenig tiefer graben müssen, um die wahre Ursache aufzudecken.

Stellen Sie sich vor, Sie spielen Tennis. Sie wollen den Ball auf die Grundlinie der linken Ecke des Spielfeldes schlagen, doch der Ball geht immer wieder ins Aus und Sie verlieren wertvolle Punkte. Jetzt können Sie den Schläger, den Belag des Spielfeldes, die Qualität der Bälle, den Wind, Ihren Gegner oder auch Ihren Mangel an Trainerstunden dafür verantwortlich machen, doch

Ihr Schlag wird sich erst verbessern, wenn Sie etwas ändern. Sie müssen Ihren Griff, Ihre Stellung, Ihren Schwung, Ihre Schlägerhaltung oder die Krümmung Ihrer Knie verändern, wenn der Ball die Grundlinie treffen soll. Die Diskrepanz zwischen Ihrer Absicht und der Realität liefert den entscheidenden Hinweis darauf, dass etwas bei Ihnen selbst verändert werden muss. Die Problemlösung beginnt damit, dass Sie die Ursache bei sich selbst suchen.

Ambivalenz

Ambivalenz wird definiert als »Unsicherheit oder Schwanken aufgrund der Unfähigkeit, sich zu entscheiden«. Es mag sich lächerlich anhören, dass Sie vielleicht unterbewusst ablehnen, was Sie angeblich wollen, aber wenn sich gewünschte Erfolge nicht einstellen, sollten Sie diese Möglichkeit nicht außer Acht lassen. Erfolg ist für viele Menschen ein Begriff, der auch mit Gefühlen von Angst, Sorge und Schuld befrachtet ist, was dazu führen kann, dass eine tiefe innere Zerrissenheit ihre Bemühungen zum Scheitern verurteilt.

Es kann sein, dass Sie sich keiner ambivalenten Gefühle bewusst sind, doch das bedeutet nicht, dass diese nicht vielleicht doch irgendwo im Verborgenen lauern. Ambivalenz ist wie Kohlenmonoxid – unsichtbar, aber tödlich. Versteckte Zweifel an der Rechtmäßigkeit Ihrer Wünsche oder an den eigenen Fähigkeiten können sich in Ihr Unterbewusstsein einschleichen, ohne dass

Sie es überhaupt merken. Das Einzige, was Sie bewusst registrieren, sind misslungene Versuche, ans Ziel zu gelangen, und die anschließende Enttäuschung.

Angst vor einer neuen Identität

Häufig basiert unsere Identität auf unserem gegenwärtigen Daseinszustand, weshalb es natürlich schwierig ist, sich mit einer neuen Realität anzufreunden. Wenn Sie Erfolge, gleich welcher Art, anstreben, können Sie auf Schwierigkeiten treffen, wenn Sie die Identitätsveränderung außer Acht lassen, die damit möglicherweise verbunden ist.

Wer werden Sie sein, wenn Sie Ihr Ziel erreichen?

Ken, 35 Jahre alt, hatte seit Jahren Probleme mit seinen Finanzen. Obwohl er eine leitende Stellung in einer Sportbekleidungsfirma innehatte und gut verdiente, war er hoch verschuldet und konnte seinen monatlichen Verpflichtungen häufig nicht nachkommen. Er träumte davon, zahlungsfähig (und damit schuldenfrei) zu sein, doch stattdessen schien er sich Monat für Monat tiefer in sein Loch einzugraben und von seinem Ziel zu entfernen. Die Geldnot war Ken inzwischen so vertraut, dass er anfing, sich als Person mit finanziellen Schwierigkeiten zu betrachten. Er hatte sich daran gewöhnt, die Einladungen seiner Freunde zu teuren Reisen ausschlagen zu müssen und sich nicht zu einem schönen Essen im Restaurant verabreden zu können. Obwohl er liebend gern an derlei Aktivitäten teilgenommen hätte, fügte er sich in die Tatsache, dass er eben ein Mensch war, der sich solche Sachen nicht leisten konnte.

Als Ken zu mir kam, fragte ich ihn, ob es vielleicht einen unbewussten Grund dafür gebe, dass er nicht in stabilen finanziellen Verhältnisse leben wolle. Er dachte ein wenig darüber nach und erzählte dann zögernd ein paar Details aus seiner Vergangenheit. Ken hatte mit seinen Eltern in bürgerlichen Verhältnissen gelebt, bis sein Vater eines Tages das große Geld machte, als Ken fünfzehn Jahre alt war. Der Vater erklärte daraufhin sofort, er werde die Familie verlassen und mit seiner neuen Freundin zusammenziehen. Ken und seine Mutter brauchten Jahre, um den emotionalen Verlust zu überwinden und finanziell wieder auf die Füße zu kommen, denn der Vater hatte sie ohne einen Pfennig sitzen lassen.

»Wahrscheinlich glaube ich irgendwo tief in mir, dass Geld alles verändert«, meinte Ken gequält. »Vielleicht halte ich an meiner Finanzmisere fest, um mich davor zu bewahren, jemals so zu werden wie mein Vater.«

Ich nickte und freute mich innerlich über Kens Durchbruch. Aufgrund einer einzigen Frage von mir war es ihm gelungen, seine Angst aufzudecken. Nachdem ihm klar geworden war, dass er eine Persönlichkeitsveränderung befürchtete, wenn er erst einmal zu Geld gekommen wäre, konnte er sich seiner Angst stellen und eine Strategie zur Verwirklichung seines Ziels festlegen.

Manchmal kann unsere Angst vor der Veränderung unserer Identität so groß sein, dass wir den Misserfolg selbst herbeiführen. Das passiert recht häufig, wenn Menschen persönliche Veränderungen anstreben, wie zum Beispiel mit dem Rauchen aufzuhören oder abzunehmen. Ihre Identität als Person ist so mit ihren Verhaltensmustern verstrickt, dass der Gedanke an deren Veränderung unüberwindliche Ängste auslöst.

Anna hatte schon seit Teenagerzeiten dreißig Kilo Übergewicht. Im Alter von achtunddreißig Jahren beschloss sie, das Gewicht endlich loszuwerden, das ihr all die Jahre so viel bitteres Unglück und Selbstverachtung eingebracht hatte. Sie probierte es mit den verschiedensten Diäten, Pulvern und Getränken, ging zu Selbsthilfegruppen und reduzierte ihre Portionen, aber das nutzte alles nichts. Sobald die ersten Pfunde purzelten, war es mit Annas Durchhaltevermögen vorbei, und sie wog bald wieder genauso viel wie vorher und mehr.

Annas große blaue Augen füllten sich mit Tränen, als sie mir gegenübersaß und ihre Geschichte erzählte. Ich empfand tiefes Mitleid mit ihr, als sie schilderte, wie sie in der Grundschule gequält und in der High School von den Jungen entweder links liegen gelassen oder gehänselt worden war und sich seither für sich und ihren Körper schämte. Sie erzählte mir von all den Diäten, die so enttäuschend verlaufen waren, und bat mich, ihr bei der Suche nach einem Ausweg aus ihrem Labyrinth behilflich zu sein.

Interessant für mich war Annas Selbstdarstellung während der ganzen Erzählung. Sie bezeichnete sich ständig als »die Fette« oder »die dickere Tochter« oder »eine schwere Frau«. Sie lebte schon so lange mit diesem Bild von sich selbst, dass sie keinen anderen Bezugsrahmen mehr besaß, mit dem sie sich identifizieren konnte. Ihre Identität war dermaßen eng an ihr Übergewicht gekoppelt, dass sie sich unterbewusst keinen Raum für mögliche Alternativen zugestand. Sie fühlte sich zwar unwohl in der Rolle, die sie spielte, doch es war die einzige, die ihr vertraut war. Eine signifikante Gewichtsabnahme (ihre Definition von Erfolg) hätte sie gezwungen, sich neu zu definieren – sowohl in Bezug auf ihre eigene Person als auch gegenüber dem Rest der Welt. Doch dazu war Anna noch nicht so ganz bereit.

Erfolg kann eine Identitätskrise hervorrufen. Sie könnten gezwungen sein, über die Frage »Wer werde ich sein, wenn …?« nachzudenken, was manch einer sich nur schwer vorstellen kann. Die Menschen tendieren nämlich dazu, sich über ihre Schwächen zu definieren (»der Dicke«, »der Kleine«, »der X-Beinige«, »der Stumme« usw.). Über ihre Stärken definieren sich viele Leute nur sehr ungern.

Hatte Anna also zu Beginn jeder Diät schon deren Scheitern im Sinn, um nicht in die Verlegenheit zu kommen, sich einer neuen Realität stellen zu müssen? Natürlich nicht. Anna war felsenfest davon überzeugt, dass sie ihr Übergewicht loswerden wollte. Doch sie vergaß dabei, sich zu überlegen, welche Konsequenzen der Gewichtsverlust mit sich bringen würde. Anders gesagt, sie übersah die Kehrseite der Medaille. Um tatsächlich Erfolg haben zu können, müsste Anna zuerst einmal alle damit verbundenen Folgen begreifen und bejahen.

Wenn sich auch bei Ihnen ein angestrebter Erfolg nicht einstellen will, so fragen Sie sich, mit welchen Begleiterscheinungen bei der tatsächlichen Realisierung Ihres Ziels zu rechnen wäre. Würde sich Ihr Selbstverständnis, Ihr Lebensstil, Ihr finanzieller Status oder Ihre Zeiteinteilung ändern? Könnten Ihre Freunde oder Ihre Familie Sie anders behandeln? Müssten Sie vielleicht neue Verpflichtungen übernehmen, die Ihnen Angst machen oder zu viel sind? Zählen Sie alles auf, was Ihnen in den Kopf kommt, mögen die Gedanken auch noch so lächerlich sein. Vielleicht werden Sie überrascht feststellen, dass es die unbewusste Angst vor den Konsequenzen Ihres Erfolges ist, die Sie zurückhält.

Angst vor Veränderung

Jeder Erfolg bringt eine Veränderung mit sich. Jede neue Ebene, die Sie erreichen, jeder Traum, den Sie sich erfüllen, jedes Ziel, das Sie verwirklichen, bringt sowohl positive als auch negative Veränderungen mit sich. Die gedankliche Vorwegnahme dieser Veränderungen kann Ängste hervorrufen, die wiederum dazu führen können, dass Sie Ihre Bemühungen unterbewusst sabotieren.

Philip arbeitete seit zweieinhalb Jahren an seiner Doktorarbeit. Das war möglich, weil er mit seiner Frau Ellen ein Arrangement getroffen hatte. Ellen arbeitete fünf Tage pro Woche in einer Versicherungsgesellschaft, um die Familie zu unterhalten, während Philip morgens an seiner Dissertation arbeitete und sich jeden Tag nach der Schule um die siebenjährigen Zwillinge kümmerte. Sie hatten geplant, dass Ellen aufhören würde zu arbeiten, um sich wieder ganz den Kindern zu widmen, sobald Philip seine Dissertation beendet und eine Arbeit gefunden hätte. Das Arrangement funktionierte gut, vor allem für Philip, der seine Söhne vergötterte und die lustigen Nachmittage liebte, an denen er mit seinen Kindern aus Pappkartons wunderbare Rennautos baute oder Videospiele machte.

Doch nun hatte Philip große Schwierigkeiten, seine Dissertation zu beenden. Er kam zu mir, um herauszufinden, warum es für ihn so problematisch war, die Arbeit abzuschließen, denn das war das Einzige, was ihn noch von seinem heiß begehrten Dr. phil. trennte.

Als ich Philip fragte, was sich denn ändern würde, wenn er seine Dissertation beendet hätte, ging ihm plötzlich ein Licht auf. »Das ist ein Teil des Problems!«, rief er aufgeregt. »Wenn ich fertig bin, wird sich alles ändern. Ich muss mir wieder eine Arbeit suchen und habe keine Zeit mehr für meine Jungen. Sie werden mir sehr fehlen.«

Was Philip im Wege stand, war die mangelnde innere Bereitschaft, seine gegenwärtige familiäre Situation zu verändern.

Nachdem ihm das klar geworden war, konnte er mit Ellen darüber sprechen. Die beiden beschlossen, ein neues Arrangement zu treffen, bei dem Philip weiterhin genügend Zeit mit seinen Söhnen verbringen konnte *und* wieder anfangen würde zu arbeiten, wie ursprünglich vereinbart. Nachdem Philip nun keinen Anlass zur Sorge mehr hatte, beendete er seine Dissertation innerhalb von drei Monaten.

Was wird sich in Ihrem Leben ändern, wenn sich der gewünschte Erfolg tatsächlich einstellt? Schauen Sie unter die Oberfläche und prüfen Sie, ob es da irgendeinen dunklen Punkt gibt, der Sie davon abhält, Ihr Ziel zu erreichen. Ist das der Fall, so müssen Sie sich mit dem Problem auseinander setzen und es entweder beseitigen oder eine kreative Lösung finden, die Sie nicht daran hindert, Ihr anvisiertes Ziel zu erreichen.

Selbst auferlegte Beschränkungen

»Ich könnte nie ...«

    »Es steht mir nicht zu ...«

    »Ich sollte lieber nicht ...«

    »Ich habe nicht die Voraussetzungen dafür.«

Haben Sie jemals solche Äußerungen von sich gegeben? Wahrscheinlich schon, auch wenn Sie sich vielleicht nicht bewusst daran erinnern können. Viele von uns haben ganz bestimmte, feste Vorstellungen von den eigenen Grenzen – was wir tun können, was wir sein können, was uns zusteht –, weshalb es von ausschlaggebender Bedeutung ist, diese geistigen und emotionalen Schranken zu durchbrechen.

Ihre Selbsteinschätzung bestimmt Ihr Verhalten. Das gilt für die Liebe ebenso wie für den Beruf und das Leben im Allgemeinen. Was Sie von sich selbst glauben, wird sich bewahrheiten, weil Glauben und Handeln untrennbar miteinander verbunden sind. Wenn Sie glauben, dass Sie scheitern werden, dann werden Sie scheitern. Nehmen Sie hingegen an, dass Sie Erfolg haben werden, so werden Sie Erfolg haben. Sind Sie der Meinung, Sie hätten das, was Sie sich wünschen, nicht verdient, so werden Sie es nicht bekommen. Sind Sie jedoch der Auffassung, auch Sie hätten das Recht, auf der Sonnenseite des Lebens zu stehen, dann sind Sie schon auf dem besten Wege dorthin. Wenn Sie der Überzeugung sind, Sie hätten nicht die notwendigen Voraussetzungen für irgendetwas, so werden Sie dafür sorgen, dass dies auch zutrifft. Sind Sie hingegen überzeugt davon, Sie hätten genau das zu bieten, was gebraucht wird, dann wird sich diese Annahme mit großer Wahrscheinlichkeit bestätigen. Wie Henry Ford einmal sagte: »Ob Sie glauben, Sie könnten etwas tun, oder ob Sie glauben, Sie könnten es nicht tun, Sie haben in jedem Fall Recht.« Wie Sie sich selbst und Ihre Lebensumstände einschätzen, hat direkte Auswirkungen auf die Realität, die Sie in Ihrem Leben schaffen.

George glaubte, dass er nie zum Partner in seiner Kanzlei aufsteigen würde. Er sagte, dieser Wunsch sei bei ihm so stark, dass seine gesamte Karriere davon abhinge. Doch sein Glaube war stärker als seine Absicht. Er glaubte, dass er immer wieder übergangen würde, dass andere immer wieder die besseren Voraussetzungen hätten und dass er nie ausgewählt würde. George hatte Recht. Seine Annahmen bewahrheiteten sich nach dem Gesetz der sich selbst erfüllenden Prophezeiung.

Stellen Sie sich vor, es gäbe keine Grenzen

Ihre Phantasie kann Ihnen helfen, selbst konstruierte Barrieren zu erkennen und zu beseitigen. Erlauben Sie sich, um anzufangen, einen neugierigen Blick unter den Deckel des Gefäßes, in dem Ihre Träume gefangen sind. Überspringen Sie die innere Grenze, die Sie selbst gezogen haben, begeben Sie sich ins Reich der Phantasie, und erlauben Sie dem Kind in sich zu träumen, zu phantasieren und den Zündfunken Ihres inneren Verlangens kreativ zu nutzen. Begeben Sie sich an diesen kindlichen Ort, an dem Sie alles sein, tun und haben können, was Sie wollen.

Was wollen Sie sein? Was wollen Sie tun? Wohin wollen Sie gehen? Was wollen Sie haben? Geben Sie sich die Möglichkeit, größer zu sein, als Sie es sich jemals vorgestellt haben, Heldentaten zu vollbringen, auf die Sie stolz sind, und alles zu haben, was Sie sich nur denken können.

Stellen Sie sich vor, die Welt sei Ihr Versuchslabor und Sie hätten nicht nur unbegrenzt Zeit, sondern auch alle notwendigen Hilfsmittel und Fähigkeiten, sich die Realität zu erschaffen, die Ihr Herz begehrt. Wie würde das Meisterwerk Ihrer Existenz aussehen?

Die »Ja, abers« in Angriff nehmen

Als unmittelbare Reaktion auf ihre wilden Phantasien werden sich sofort die »Ja, abers«, wie ich sie nenne, zu Wort melden. Mit diesen »Ja, abers« will Ihr Kopf Sie vor Enttäuschungen bewahren. Die winzigen Funken Ihres Verlangens werden mit Kübeln voller Eiswasser gelöscht. Die »Ja, abers« sind wie Erwachsene, die die Traumvorstellungen von Kindern mit Vernunftargumenten zunichte machen. »Ja, aber ich bin zu alt. Ja, aber es ist zu spät. Ja, aber ich habe nicht die Ausbildung.« Die Liste lässt sich beliebig fortsetzen.

Knöpfen Sie sich alle »Ja, abers« einzeln vor, werden Sie zum Strategen! Wenn Sie zum Beispiel davon träumen, CEO Ihrer Firma zu werden, seien Sie auf das »Ja, aber« gefasst, dass Sie dazu vielleicht gar nicht in der Lage seien. Bevor Sie sich diesem Negativurteil anschließen, nehmen Sie Ihre Vision noch einmal genau unter die Lupe. Ist es wirklich so absurd? Ist es tatsächlich so unmöglich? Wenn nicht, wären Sie bereit dafür zu kämpfen, wenn Sie es wirklich und ernsthaft wollten?

Es ist nicht Sinn und Zweck dieser Übung, Sie zu radikalen Veränderungen in Ihrem Leben zu nötigen oder Sie von jeglicher Vernunft abzubringen, so dass Sie sich am Ende ein rotes Cape auf den Rücken binden und vom nächsten Hochhaus springen, weil Sie glauben, Sie könnten fliegen. Es geht vielmehr darum, mentale und emotionale Schranken zu öffnen, um Raum für andere Möglichkeiten zu schaffen.

Wenn Sie aus einem »Ich könnte nie« ein »Ja, ich *kann*« und aus einem »Ich habe nicht die Voraussetzungen dafür« ein »Ich bin den Anforderungen gewachsen« machen wollen, müssen Sie Ihren Erwartungshorizont und Ihren Entscheidungsspielraum erweitern.

Wer weiß? Vielleicht erträumen Sie sich eine Möglichkeit, gegen die selbst Ihr stärkstes »Ja, aber« nichts mehr ausrichten kann.

Druck von außen

Es ist eine traurige Tatsache, dass nicht jeder sich über den Erfolg anderer freut. Es wäre schön, wenn jeder mit sich selbst zufrieden wäre und nicht das Bedürfnis hätte, andere Menschen herabzusetzen oder klein zu halten, nur um das eigene Selbstwertgefühl zu steigern. Doch die Realität sieht anders aus. Viele Menschen leiden unter Minderwertigkeitsgefühlen und können sich deshalb nur zähneknirschend über das Vorwärtskommen anderer freuen.

Ihre Mitmenschen haben vielleicht große Anstrengungen unternommen, um Sie dorthin zu bringen, wo Sie heute stehen, und möchten Sie wahrscheinlich auch gern weiterhin kontrollieren, damit Sie nicht plötzlich von dannen ziehen und alle anderen hinter sich lassen. Diese Personen beurteilen sich selbst vielleicht danach, in welchem Maße Sie auf Ihrem Weg vorankommen, und wenn Sie sich ändern, dann hätte das unweiger-

lich auch Auswirkungen auf den Lebensstil und die Entscheidungen der anderen. Ihre Beobachter fühlen sich vielleicht von
Ihrem Erfolg bedroht und versuchen deshalb ganz geschickt, Sie
von der Verwirklichung Ihrer Träume abzubringen. Es kann aber
auch sein, dass Ihre Mitmenschen nur Ihr Bestes im Sinn haben
und Sie vor Enttäuschungen bewahren wollen, weshalb sie Ihnen
dann von zu hoch gesteckten Zielen abraten.

Was hat das alles nun mit Ihrem Erfolg zu tun?

Alles. Wenn Sie von Menschen, die Ihnen nahe stehen, direkt
oder indirekt die Botschaft erhalten, Sie seien zu gierig, zu ehrgeizig, zu unrealistisch oder zu anspruchsvoll, dann geht das
nicht spurlos an Ihnen vorüber. Zweifel und Unsicherheit können sich in Ihr Bewusstsein einschleichen und Ihr Selbstvertrauen untergraben.

Kelly und Vanessa waren seit der High School die besten
Freundinnen. Nach der Schule hatten sie einen recht ähnlichen
Lebensweg. Sie gingen beide nach New York City und begannen
dort ihre Karriere, Kelly als Modedesignerin und Vanessa im
kulinarischen Bereich. Sie träumten gemeinsam davon, dass Kel-
lys Kreationen auf den Pariser Laufstegen zu sehen sein würden
und Vanessa zur »besten Köchin von New York« gekürt würde.
Kelly würde in einer großen Mansardenwohnung mit riesigen
Fenstern in Tribeca leben und Vanessa in einem vierstöckigen
Stadthaus ganz in der Nähe der Fifth Avenue. Gleichzeitig
bedauerten sie sich gegenseitig für ihre niedrigen Anfangsgehäl-
ter, ihre langen Arbeitszeiten und ihre schwierigen Chefs.

Kurz nachdem sie beide achtundzwanzig geworden waren, kündigte Kelly ihren Job und machte sich selbständig. Es dauerte nicht lange, bis sie mit ihren Entwürfen für eine teure Tennisbekleidungmarke einen Riesenerfolg landete, und plötzlich wurde sie von Aufträgen aus aller Welt regelrecht überschwemmt. Sie verdiente immer besser und konnte sich schließlich die Mansardenwohnung in Tribeca, von der sie immer geträumt hatte, leisten. Vanessa hingegen arbeitete immer noch in einem französischen Bistro und hoffte auf ein Angebot von einem erstklassigen Restaurant, das ihr mehr Prestige verschaffen würde.

Obwohl Kelly sich alle Mühe gab, bei ihrer Freundin keine Neidgefühle zu erwecken, reagierte Vanessa gekränkt. Sie nannte Kelly plötzlich »Miss Modehose« und gab bissige Kommentare über Leute ab, die ihr Geld für Designer-Tennismode ausgaben. Vanessas Meinung war Kelly immer sehr wichtig gewesen, weshalb sie sich die Kommentare ihrer Freundin sehr zu Herzen nahm. Sie begann sich zu fragen, ob sie ihren Erfolg vielleicht nicht verdient hätte.

Es gibt noch viele andere Beispiele, die weit weniger eklatant sind. Häufig wollen Familienmitglieder einander vor Enttäuschungen bewahren und hindern sich deshalb gegenseitig daran, etwas anderes als sichere und vernünftige Ziele anzustreben. Eine Klientin erzählte mir einmal, sie wolle ihren Sohn nicht darin bestärken, sich um einen Studienplatz für Medizin zu bewerben, weil eine Ablehnung total niederschmetternd für ihn wäre.

Manchmal stehen sich Ehepartner gegenseitig im Weg und merken es nicht einmal. Als Wendys Mann Bob, Musiker von Beruf, die ersten Angebote bekam, bei größeren Konzerten zu spielen, war Wendy plötzlich eifersüchtig und ängstlich, anstatt sich über den Erfolg ihres Mannes zu freuen. Sie fing an, spitze Bemerkungen zu machen, und sagte Dinge wie: »Du meinst wohl, du wärst jetzt ein Star und hättest es nicht mehr nötig, den Müll rauszutragen.« Als Bob sie zur Rede stellte, offenbarte sie ihm ihre Angst, er könne berühmt werden und sie – und ihre Ehe – vergessen. Bob versicherte Wendy, dass er sie liebe und dass er sie nie verlassen würde, egal wie seine Karriere verlief. Das versetzte Wendy wieder in die Lage, ihren Mann zu ermutigen und zu unterstützen. Wenn Bob jetzt irgendwo auftritt, fühlt er sich vom Anblick seiner Frau beflügelt, die ihm voller Stolz aus der ersten Reihe zulächelt.

Schauen Sie sich um. Wenn es in Ihrem Leben irgendjemanden gibt, der Sie direkt oder indirekt fragt: »Was glaubst du, wer du bist?«, dann seien Sie vorsichtig. Die mit der Frage quasi schon mitgelieferte Beurteilung Ihrer Person könnte weit weniger glanzvoll und positiv ausfallen als die, nach der Sie sich sehnen. Der Fragende fordert Sie – vielleicht sogar völlig unbeabsichtigt – auf, der zu bleiben, der Sie immer waren, was gleichbedeutend ist mit: »Wachse nicht.« Seien Sie auf der Hut vor Menschen, die nicht bereit sind, Sie und Ihre Träume in vollem Umfang anzunehmen. Die Akzeptanz mag sich irgendwann einstellen, aber bis dahin tun diese Leute nichts anderes, als Ihnen im Wege zu stehen.

Wenn Sie glauben, dass irgendjemand in Ihrem näheren Umkreis versucht, Sie zu bremsen oder im Zaum zu halten, ist es oft hilfreich, das direkte Gespräch mit dieser Person zu suchen. Dem anderen ist vielleicht gar nicht bewusst, was er tut oder dass er Sie durch sein Handeln beeinflusst. Wenn Sie deutlich machen, wie dringend Sie Unterstützung benötigen, sind Ihre Lieben meistens nur allzu gern bereit, Ihnen diese zu gewähren. Sie betrachten sich plötzlich als integralen Bestandteil Ihres Teams und verwandeln sich von Bremsern zu Mitstreitern.

FALSCHE BESCHEIDENHEIT

Manche Leute sehen Dinge und fragen: »Warum?«
Ich dagegen erträume mir Dinge,
die es noch nie gab, und frage: »Warum nicht?«
GEORGE BERNARD SHAW

Es gibt den Standpunkt, das Leben sei »keine Schale voller Kirschen« und, wie es in dem Rolling-Stones-Klassiker heißt, »du kannst nicht immer bekommen, was du willst«. Dieses Denkmuster verleitet viele Menschen dazu, sich mit einem mittelmäßigen Leben zufrieden zu geben und nicht nach Höherem zu streben.

Dieses Paradigma steht in direktem Widerspruch zu meinen drei Thesen über Menschen und ihre Erfolgschancen:

1. Jeder Mensch hat seine ganz persönliche Glücksvorstellung.
2. Jeder hat die Kraft, diese Glücksvorstellung zu verwirklichen.
3. Jeder kann das Leben haben, das er sich wünscht.

Als Gegenentwurf zu dem Negativmuster können diese drei Leitsätze entweder Mut oder Angst machen, je nachdem was Sie glauben, verdient zu haben, und von welchen Erwartungen Sie ausgehen.

Ihre Einstellung beeinflusst den Filter, durch den Sie die Realität wahrnehmen. Schließen Sie sich dem Negativstandpunkt an, dann wird Ihre Wirklichkeit dementsprechend aussehen. Wer sich für Grenzen stark macht, der muss auch mit ihnen leben. Entscheiden Sie sich jedoch für die positive Sichtweise, so haben Sie sehr viel größere Chancen, die Sterne, nach denen Sie greifen, eines Tages auch wirklich in der Hand zu halten.

Sie können alles als Erfolg betrachten, ob Sie nun die Schale mit den Kirschen bekommen oder sich mit den Kernen zufrieden geben. Die entscheidende Frage lautet nur: Ist die Schale mit Kernen das, was Sie sich unter einem erfüllten Leben vorgestellt haben?

* * *

Das Erfolgsspiel kann erst beginnen, wenn Sie anfangen zu würfeln: mit dem Wunschwürfel. Wenn Sie Ihre Erfolgsphantasien

zulassen, Anspruch auf Erfüllung der Ihnen rechtmäßig zuste-
henden Wünsche erheben und die Hindernisse ausräumen, die
Ihnen im Wege stehen, kann Sie nichts mehr davon abhalten,
Ihre Träume zu verwirklichen. Wenn Sie den Erfolg wirklich wollen, sind Sie bereits auf dem besten Wege dorthin.

Regel 3

SELBSTVERTRAUEN IST UNENTBEHRLICH

*Um Erfüllung zu finden, müssen Sie sich selbst kennen und
Ihrem Herzen folgen*

Jeder von uns weiß, was ihn mit Leben erfüllt. Wir alle wissen ziemlich genau, was unsere Augen zum Leuchten bringt und die Flamme der Begeisterung in unseren Herzen entfacht. Es fällt uns nicht sonderlich schwer herauszufinden, was uns Spaß und Freude bereitet. Unsere Talente zu erkennen und festzustellen, was wir uns wünschen, erfordert auch keine größeren Anstrengungen. Das einzig Schwierige ist, mit dem notwendigen Selbstvertrauen auf diese inneren Botschaften zu reagieren.

Selbsterkenntnis und Selbstvertrauen führen Sie auf Ihren ganz individuellen Weg. Wenn Sie Ihre innere Wahrheit anerkennen, haben Sie die größten Chancen auf Erfolg, denn wenn Sie

nach dieser Erkenntnis handeln und sich an Ihren inneren Weg-
weisern orientieren, leben Sie authentisch und schöpfen Ihr
Potential optimal aus.

Doch Selbstvertrauen ist nicht nur vonnöten, um Sie auf
Ihren authentischen Weg zu führen, sondern auch, um Sie auf
Kurs zu halten, wenn die ersten Stolpersteine auftauchen. Es ist
unerlässlich, wenn Ihnen unterwegs Zweifel kommen; wenn
andere denken, Sie seien »verrückt«, das zu wollen, was Sie wollen, oder das zu tun, was Sie tun; wenn Sie harte Entscheidungen
treffen müssen; wenn Sie auf die Probe gestellt werden und Hindernisse zu überwinden haben. Wenn Sie sich selbst vertrauen,
können Sie über die beste Vorgehensweise zur Erreichung Ihrer
Ziele »aus dem Bauch heraus« entscheiden, weil etwas in Ihnen
einfach weiß, was richtig ist. Dieses unerschütterliche Selbstvertrauen kann nur entstehen und aufgebaut werden, wenn Sie den
inneren Kern Ihres Wesens wirklich kennen, akzeptieren und
respektieren.

Ihre innere Wahrheit ist eine Kraftquelle. Wenn Sie mit sich
selbst eins sind, erfüllen Sie sich mit Leben. Jeder Schritt, den Sie
machen, führt Sie entweder näher an Ihre Wahrheit heran oder
weiter von ihr weg. Jeder Schritt in Richtung Wahrheit verschafft Ihnen Energie; jeder Schritt in die entgegengesetzte
Richtung raubt Ihnen Energie. Es entstehen Diskrepanzen zwischen dem, was Sie als wahr erkannt haben, und den Konzessio-
nen, die Sie machen, und Sie benötigen Energie, um mit diesem
Zwiespalt, der Sie an der zügigen Umsetzung Ihrer Lebensziele

hindert, zu leben. Je näher Sie also an Ihrer inneren Wahrheit bleiben, desto schneller werden Sie die angestrebte Erfüllung finden.

ZUM INNEREN WESENSKERN VORDRINGEN

Um ganz nach oben zu kommen,
muss man den Dingen zuerst auf den Grund gehen.
ROBERT C. SAVAGE

Ihr authentisches Selbst entdecken Sie, nachdem Sie sich durch die vielen Schichten Ihres imaginären Selbst hindurchgegraben haben: Ihre Rolle, die Fassade, wer Sie zu sein glauben, wer Sie gern wären, wer Sie zu sein fürchten.

Ihr wahres Selbst zu finden bedeutet, mit Ihrem Wesenskern in Verbindung zu treten. Es bedeutet, die Wahrheit darüber zu sagen und zu glauben, wer Sie sind und wer Sie nicht sind. Das kann ganz einfach oder auch schmerzvoll sein, je nachdem, wie nahe Sie der Realität bislang schon waren. Ihr wahres Selbst zu entdecken ist unerlässlich für Ihren Erfolg, denn nur so können Sie Ihren authentischen Weg finden: den Weg, der zur Erfüllung führt.

Die Selbsterkenntnis verschafft Ihnen Zugang zu Ihren inneren Bedürfnissen und damit zu dem Punkt, an dem Sie mit der Planung Ihres Weges beginnen können. Wenn Sie wissen, wer Sie sind, wissen Sie, was Sie wollen. Wenn Sie wissen, was Sie wollen, können Sie aus verschiedenen Möglichkeiten den Weg auswählen, der für Sie der richtige ist.

Um die Richtung zu finden, müssen Sie sich die Frage nach Ihrem Daseinszweck stellen. Warum sind Sie hier? Was ist Ihre Aufgabe? Was ist wichtig in Ihrem Leben? Welchen Beitrag wollen Sie zu dieser Welt leisten? Welches Vermächtnis möchten Sie hinterlassen? Mithilfe Ihres authentischen Selbst können Sie all diese Fragen beantworten und Ihre wahre Berufung erkennen.

Den Daseinszweck entdecken

Manche Leute erkennen den Zweck ihres Daseins schon sehr früh. Ein Freund von mir weiß zu berichten, dass er schon als kleiner Junge jeden Tag mit einer Kinder-Aktentasche zur Schule ging. Auf dem Klassenfoto vom zweiten Schuljahr ist er mit Anzug und Krawatte und seriösem Gesichtsausdruck zu sehen. Heute lacht er darüber, doch er erinnert sich, dass er schon von Kindesbeinen an immer »Geschäftsmann« werden wollte. Im Alter von sieben Jahren wusste er zwar noch gar nicht genau, was das bedeutete, doch er sah sich immer mit einer Aktentasche unter dem Arm den Zug »in die Stadt« besteigen, genau wie sein Vater. Dieser Berufswunsch blieb ihm erhalten. Er studierte Betriebswirtschaft, machte sein Diplom und ist heute Generaldirektor einer internationalen Juwelierfirma. Er hat natürlich immer noch eine Aktentasche bei sich, nur mittlerweile eine größere Ausführung, damit auch sein Laptop darin Platz findet.

Andere Leute – die meisten – brauchen Jahre, um sich über den Zweck ihres Daseins klar zu werden. Dies sind die Menschen, die ihr Selbst noch weiter ergründen müssen – vielleicht genau wie Sie – und die versuchen, im Labyrinth ihrer Fähigkeiten, Vorlieben, Erwartungen und Ängste den richtigen Weg zu finden.

Eine Übung, die wir seit Jahrzehnten in Teamfindungsseminaren einsetzen, hat sich als sehr hilfreich erwiesen, um herauszufinden, worin jeder Einzelne seine Bestimmung sieht. Als Hintergrund dient die Annahme eines Überlebenskampfes. Versuchen Sie sich in eine Situation hineinzuversetzen, in der es nur noch um das Notwendigste geht: Nahrung, Wasser, Schutz und Überleben. Sie können sich vorstellen, dass Sie nach einem Schiffbruch auf einer einsamen Insel gestrandet sind, bei einer Expedition in der Wildnis den Kontakt zum Basislager verloren oder ein Erdbeben überlebt haben. Dabei kommt es nicht auf die Katastrophensituation an sich an, sondern darauf, dass Sie sich vorstellen, Sie hätten nur begrenzte Ressourcen und müssten nicht nur die Überlebenden versorgen, sondern auch einen Aktionsplan ausarbeiten und eine Möglichkeit finden, die Leute wieder nach Hause zu ihren Familien zu bringen.

Sie gehören zu einer Gruppe von fünfundzwanzig Überlebenden. Die Rollen sind nicht festgelegt und jeder Einzelne hat für sich zu entscheiden, was er allein und als Mitglied der Gruppe tun muss, damit Sie alle wieder nach Hause zu Ihren Familien kommen. Sie haben eine bestimmte Menge Wasser und einige Vorräte, die Ihnen das Überleben ermöglichen, während Sie Ihre Strategie ausarbeiten. Diese Übung hilft den Leuten zu erkennen, was sie ohne die Annehmlichkeiten des modernen Lebens instinktiv tun würden.

Fragen Sie sich selbst: Welche Rolle würden Sie spielen? Wozu würden Sie sich in dieser Situation berufen fühlen? Würden Sie organisieren, Strategien entwerfen, delegieren oder anderen helfen? Würden Sie versuchen, die Stärken der einzelnen Leute herauszufinden, und sie dann in Teams einteilen, oder würden Sie nach dem Motto verfahren, dass jeder für sich selbst verantwortlich ist? Würden Sie sich um Materialbeschaffung, Obdach oder Kleidung kümmern oder käme es Ihnen in erster Linie darauf an, die Überlebenden zu ernähren? Würden Sie sofort untersuchen, ob jemand verletzt ist? Würden Sie sich um das mentale und emotionale Wohlbefinden der Leute kümmern und versuchen zu helfen?

Bei der Durchführung dieser Übung habe ich die unterschiedlichsten Antworten gehört. Einige Menschen übernehmen automatisch Verantwortung, während andere von Natur aus lieber zuarbeiten. Einige fangen an, Materialien zu organisieren, andere beschäftigen sich mit den geographischen und klimatischen Gegebenheiten und den natürlichen Ressourcen. Wieder andere suchen nach Möglichkeiten, mit der Außenwelt in Kontakt zu treten. Einige sprechen sofort über Sicherheitsfragen, während andere die Überlebenden beruhigen, behandeln und pflegen wollen. Manche denken an Behausungen und Hygiene, während andere sich vor wilden Tieren schützen wollen.

Eine Frau sagte, sie würde in die Rolle einer Historikerin schlüpfen und alles festhalten, was die einzelnen Personen sagen und tun. Außerdem würde sie die Lernerfolge und die Fortschritte der Gruppe dokumentieren. Das war sehr interessant, denn im »richtigen« Leben arbeitete sie als Verkaufsangestellte in einem Bekleidungsgeschäft und hatte insgeheim schon immer davon geträumt, für eine Zeitung zu schreiben.

Eine andere Frau sagte, sie würde eine Tauschbörse einrichten, damit jeder seine Habseligkeiten gegen Dinge eintauschen könne, die er brauche. Da war es nicht weiter verwunderlich zu erfahren, dass sie Betriebswirtschaft studierte.

Ein Mann sagte, er würde Schutzhütten bauen, damit alle ein Dach über dem Kopf hätten. Im realen Leben war er Architekt und bekam durch diese Übung noch einmal bestätigt, dass ihm sein Beruf wirklich am Herzen lag.

Ein anderer sagte, er würde sofort allen Leuten helfen, mit ihren Gefühlen, Ängsten und Sorgen aufgrund der Trennung von Familie und Freunden fertig zu werden. Kurz nachdem er an dieser Übung teilgenommen hatte, ging dieser Mann zurück an die Universität, um seinen Abschluss in Soziologie zu machen. Diese Übung hilft den Menschen, zur Basis zurückzukehren und

ihre Bestimmung zu erkennen. Wozu würden Sie sich instinktiv
hingezogen fühlen?

Was würden Sie tun? Wo würden Sie automatisch zupacken?
Welche Aufgabe verlockt Sie? Was wäre Ihre Hauptsorge? Wenn
Sie sich in diese Situation hineinversetzen und diese Fragen
beantworten können, dann sind Sie am Ende mit ziemlicher
Sicherheit um einige Erkenntnisse über Ihre persönlichen Nei-
gungen reicher.

DEN WEG FINDEN

Folge deinem inneren Mondlicht.

ALLEN GINSBERG

Die Formel, nach der Sie Ihren Weg zur Erfüllung finden, ist
überraschend einfach: Folgen Sie Ihren Neigungen, und Sie werden auf den richtigen Weg geführt. Finden Sie heraus, was Ihnen
Freude und Befriedigung verschafft, und vertrauen Sie darauf,
dass es Ihnen auch Glück bringt. Finden Sie heraus, was Ihr Blut
in Wallung bringt, und vertrauen Sie darauf, dass es Ihnen auch
den Treibstoff für Ihre Existenz liefert. Entdecken Sie, was Ihr
Herz in Schwingung versetzt, und vertrauen Sie darauf, dass es
Musik in Ihr Leben bringen wird. Mit anderen Worten, finden
Sie heraus, was Ihnen wichtig ist, und vertrauen Sie darauf, dass
es der Wegweiser ist, nach dem Sie suchen.

Folgen Sie Ihrem Herzen

Larry war ein hervorragender Landschaftsgärtner. Er arbeitete in diesem Metier seit Anfang zwanzig, als er eine Teilzeitstelle als Landschaftsgärtner angenommen hatte, um sein Studium zu finanzieren. Er liebte den Geruch von frisch gemähtem Gras, das Geräusch von knirschendem Kies, die Herausforderung, einen leeren Garten zu gestalten, und die Freude in den Gesichtern seiner Kunden, wenn er ihre Gärten in Schmuckstücke verwandelt hatte.

Nachdem er sein Psychologiestudium abgeschlossen hatte, wollte er eigentlich in diesem Bereich tätig werden. Doch er stellte fest, dass ihn der Gedanke daran, seine geliebte Landschaftsgärtnerei aufzugeben, traurig stimmte. Er wusste, dass ihm die Befriedigung fehlen würde, die er bislang daraus gezogen hatte, an der frischen Luft zu arbeiten, der Natur nahe zu sein, gestalterisch tätig zu werden und etwas mit seinen eigenen Händen zu erschaffen. Er schob es fast ein Jahr lang vor sich her, auf Stellensuche zu gehen oder eine eigene Praxis aufzumachen, bevor er sich eingestand, dass seine wahre Liebe dem Garten- und Landschaftsbau gehörte, nicht der Psychologie. Mittlerweile besitzt er ein eigenes Gartenbauunternehmen und kann nachts wieder ruhig schlafen, weil er weiß, dass er tut, was sein Herz begehrt. Die kommunikativen Fähigkeiten, die er sich während seiner Ausbildung zum Psychologen angeeignet hat, nutzt er jetzt, um seinen Kunden zu helfen, die richtige Wahl für ihren Garten zu treffen.

Ginny war schon als Kind eine begeisterte Bastlerin. Sie fabrizierte wunderschöne Klebearbeiten und bedachte ihre Familie und ihre Freunde mit allerlei selbst gebastelten Geschenken. Im Laufe der Zeit baute sie ihre künstlerischen Fähigkeiten immer weiter aus. Ebenso begeistert war Ginny von Hochzeiten. Sie betrachtete die Eheschließung zwischen Mann und Frau als den schönsten Moment des Lebens. Mit der Zeit wurde ihr klar, wie ihr Weg auszusehen hatte. Sie verband ihre zwei Interessen miteinander und eröffnete ein Geschäft für Hochzeitsaccessoires. Ginny machte die Entwürfe und ließ sie von Leuten, die sie selbst ausgebildet hatte, anfertigen. Mit der Klebetube in der Hand hatte sie es bis zum Altar gebracht. Heute, zehn Jahre später, macht die Firma einen Umsatz von 1 Million Dollar pro Monat. Nicht schlecht für ein bastelfreudiges Mädchen mit Hochzeiten im Kopf.

Drew bestritt seinen Lebensunterhalt mit dem Verkauf von medizinischen Artikeln. Er machte seine Arbeit gut, doch er war nicht richtig mit dem Herzen bei der Sache. Ihn faszinierte das Börsengeschehen, und er studierte liebend gern den Wirtschaftsteil der Zeitung oder verfolgte die Entwicklung des Dow bis Börsenschluss. Schließlich gelangte Drew zu der Überzeugung, er kenne sich jetzt gut genug mit der Börse aus, um Erfolg zu haben, und kündigte seinen Job, um in den Börsenhandel einzusteigen. Er ist zwar kein Millionär geworden, doch er kann von seiner Tätigkeit leben und hat viel Spaß dabei.

Manchmal entspringt die Berufung einem individuellen Talent oder Interesse wie bei Larry, Ginny und Drew, manchmal ergibt sich ein Lebensziel aber auch aus einem unvorhergesehenen Ereignis. Eine Frau, Candy Lightner, der eine der größten Tragödien widerfuhr, die einem Menschen passieren können – ihr Kind starb durch einen betrunkenen Autofahrer –, machte es sich zur Lebensaufgabe, andere Kinder vor diesem Schicksal zu bewahren. Sie gründete MADD, Mothers Against Drunk Driving (Mütter gegen Alkohol am Steuer), eine bekannte Organisation, die sich dafür einsetzt, dass Autofahrer keinen Alkohol trinken. Dank Candy und MADD ernennen jetzt mehr Teenager und Erwachsene, wenn sie abends ausgehen, von vornherein eine Person zum Fahrer, wodurch Millionen von Leben gerettet werden.

Alice hatte eine Brustkrebserkrankung überstanden. Wie bei vielen anderen Frauen mit diesem Leiden hatte auch in ihrem Fall der Kontakt zum medizinischen Personal sehr zu wünschen übrig gelassen. Aufgrund dieser Erfahrung machte sie es sich zur persönlichen Aufgabe, den Umgang von Ärzten und Krankenschwestern mit Krebspatientinnen zu ändern. Heute ist sie Vorsitzende einer Brustkrebsorganisation, die sich auch für politische Reformen in der medizinischen und pharmazeutischen Industrie einsetzt. Sie unterstützt Frauen mit Brustkrebs physisch, emotional, psychologisch und manchmal sogar finanziell. Ihre Krise wurde zu ihrer Lebensaufgabe.

Bei anderen hat der Lebenszweck mit einer Kindheitserfahrung zu tun, die einen unvergesslichen Eindruck auf sie gemacht hat. Viele Kinderärzte führen die – positiven oder auch negativen – Erfahrungen, die sie selbst in jungen Jahren mit Ärzten gemacht haben, als Motiv für ihre Berufswahl an. Dave Thomas, der Gründer und Besitzer von Wendy's, wuchs in eher trostlosen Verhältnissen auf. Die einzigen schönen Familienerlebnisse, an die er sich erinnert, waren die Restaurantbesuche mit seinem Adoptivvater, bei denen er glückliche Familien um sich herum sitzen sah, die ihr gemeinsames Essen genossen. Aus dieser speziellen Erinnerung entstand eine der erfolgreichsten Fastfood-Ketten Amerikas.

Ihr Herz ist Ihre Lebenskraft. Es pumpt Blut durch Ihre Adern, und macht es Ihnen möglich zu leben. Ihr spirituelles Herz liefert Ihnen darüber hinaus den Schlüssel zu Ihrer Zweckbestimmung. Es beherbergt die Inspiration und die Leidenschaft. Es ist Ihr wahrer Führer in die Zukunft. Folgen Sie Ihrem Herzen, und es wird Ihnen den Weg zu Ihrem rechtmäßigen Platz auf der Sonnenseite des Lebens zeigen.

Was sagt Ihnen Ihr Herz?

Sind Sie bereit, auf Ihr Herz zu hören?

Werden Sie dem vertrauen, was Sie hören?

Begabungen erkennen

Rennen Sie schnell wie der Wind oder spielen Sie mit Begeisterung Saxophon? Kochen Sie mit Liebe oder machen Sie tolle Fotos? Haben Sie ein Auge für Farben, können Sie gut Geschenke verpacken oder übernehmen Sie gern Verantwortung? Haben Sie einen Sinn für Zahlen oder können Sie meisterhaft kommunizieren? Haben Sie ein Ohr für Sprachen, eine Nase für Parfüm oder eine heilende Hand? Sind Sie ein Finanzgenie oder ein Organisationstalent? Können Sie einen Baseball vom Platz schlagen oder anmutig tanzen?

Die Antworten auf diese Fragen geben Auskunft über Ihre Begabungen und Ihren Weg. Wenn Sie sich Ihre Begabungen, Talente, Vorzüge und Fähigkeiten bewusst machen, sind Sie dem richtigen Weg schon ein gutes Stück näher gekommen. Das zu tun, was Sie besonders gut können, ist eine wichtige Zutat in Ihrem Erfolgsrezept für die Zukunft.

Als ich fünfundzwanzig war, stellte ich fest, dass ich eine Begabung dafür hatte, Fragen zu stellen. Die Menschen fingen nicht nur an sich zu öffnen und sich anhand meiner gezielten Fragen mitzuteilen, sondern hatten auch das sichere Gefühl, mir Dinge erzählen zu können, die sie sonst kaum jemandem anvertrauten. Ich dachte, das sei völlig normal. Ich dachte, das könne jeder. Ich dachte, Bewusstwerdungsprozesse kämen in der Gegenwart anderer Menschen ständig vor.

Erst als meine liebe Freundin Kathy mich darauf hinwies, dass nur wenige Menschen anderen ihre tiefsten Geheimnisse entlocken und positives Denken vermitteln können, begriff ich, dass ich eine echte Begabung besaß. Kathy wusste, dass ihre Begabung darin bestand, nach Gehör Klavier zu spielen und Freunde mit ihrer Musik zu unterhalten. Sie machte mich darauf aufmerksam, dass es eines meiner ganz besonderen Talente sei, ein sicheres Umfeld zu schaffen, in dem Menschen ihre innere Wahrheit entdecken und offenbaren können. Nachdem ich mir meiner Begabung bewusst geworden war, begann ich, sie zu nutzen. Ich hörte auf mir einzureden, dass ich keine besonderen Talente hätte, und fing an, das Leben anderer Menschen in einer Weise zu beeinflussen, die mich zutiefst befriedigte.

Auf die Frage, wozu sie begabt sind, antworten viele Menschen mit »Ich weiß nicht« oder »zu nichts«. Doch dabei übersehen sie fast immer ihre natürlichen Talente, weil diese ihnen einfach zu nahe sind, um objektiv gesehen zu werden. Denken Sie einmal nach: Hat nicht jeder Mensch, den Sie kennen, mindestens *ein* Talent? Jeder hat irgendetwas Einzigartiges zu bieten, ob er es sich selbst, seinen Mitmenschen und der Welt nun eingestehen will oder nicht.

Die Schriftstellerin Sue Bender meinte: »Vielleicht bemerken wir unsere natürlichen Begabungen nicht, weil sie uns so selbstverständlich erscheinen.« Wenn Sie Ihre Talente nicht erkennen können, bitten Sie Menschen aus Ihrem näheren Umkreis, dies für Sie zu tun. Höchstwahrscheinlich werden diese Personen Ihnen nur allzu bereitwillig die Augen für die einzigartigen Talente und Fähigkeiten öffnen, die Sie zu bieten haben.

Haben Sie eine Begabung, die Sie sich selbst nicht eingestehen, negieren, anzweifeln oder gering schätzen? Wissen Sie, was Sie zu geben haben? Sind Sie bereit, ehrlich zu sagen, was Sie zu bieten haben?

Bedürfnisse abklären

Um erfolgreich zu sein, müssen für jeden Menschen ganz individuelle Voraussetzungen erfüllt sein. Wenn Sie den bestbezahlten, interessantesten Job der Welt haben, aber eigentlich viel lieber eine ruhigere, gemeinnützige Arbeit machen würden, werden Sie sich wahrscheinlich nicht optimal entwickeln. So wie Sie in einer Liebesbeziehung mit dem falschen Partner nicht glücklich werden können, so können Sie auch Ihr Potential nicht voll ausschöpfen, wenn Ihre Lebensumstände nicht auf Ihre speziellen Bedürfnisse abgestimmt sind.

Zur Abklärung Ihrer persönlichen Bedürfnisse gilt es viele Faktoren zu beachten, z. B. Umfeld, Tempo, Druck, Zeit und Flexibilität. Aber auch Ihre Sinne sollten Sie nicht außer Acht lassen, denn Ihr Wohlbefinden hängt auch davon ab, was Sie sehen, hören, fühlen oder riechen. Natürlich müssen Sie sich auch die Frage stellen, welche Rolle Ihnen am ehesten zusagt: ob Sie lieber führen oder zuarbeiten.

Manchmal entdecken Sie persönliche Vorlieben auch nach dem Prinzip von Versuch und Irrtum. Eine der besten Methoden herauszufinden, welche Arbeitsbedingungen für Sie am geeignetsten sind, besteht darin, dass Sie Ihr bisheriges Leben anhand der genannten Faktoren unter die Lupe nehmen.

Versuchen Sie zuerst einmal, sich daran zu erinnern, in welchen Zeiten Ihres Lebens Sie das Gefühl hatten, in Bestform zu sein. Schreiben Sie alle Bedingungen auf, die Ihrer Meinung nach am geeignetsten für Sie waren. Wahrscheinlich werden Sie schon bald feststellen, dass die Abschnitte, in denen Sie sich am lebendigsten gefühlt haben, gewisse Gemeinsamkeiten aufweisen.

Ben zum Beispiel hatte in drei Lebenslagen das Gefühl, sich selbst am nächsten zu sein: als er mit achtzehn als Betreuer in einem Camp arbeitete, als er mit zweiundzwanzig als Skilehrer tätig war und – überraschenderweise – immer wenn er in seinem Garten arbeitete. Diese drei Anhaltspunkte gaben Ben zu verstehen, dass sein optimaler Arbeitsplatz unter freiem Himmel angesiedelt sein musste.

Nach diesen ersten Überlegungen können Sie anfangen, die für Sie günstigsten Bedingungen zu definieren. Beachten Sie dabei folgende Faktoren:

1. Arbeiten Sie lieber allein oder im Team?
2. Probieren Sie gern Neues aus oder ist Ihnen Routine lieber?
3. Mögen Sie flexible Arbeitszeiten oder kommt Ihnen ein fester Tagesablauf mehr entgegen?
4. Empfinden Sie Autoritätspersonen (Chefs, Mentoren etc.) als Hilfe oder als Ärgernis?
5. Mögen Sie vielseitige Aufgaben oder konzentrieren Sie sich lieber nur auf einen Punkt?
6. Befragen Sie gern andere Leute nach ihrer Meinung oder arbeiten Sie lieber nach eigenem Gutdünken?
7. Gehen Sie gern früh zur Arbeit oder müssen Sie sich immer beeilen, um rechtzeitig zu erscheinen?

8. Arbeiten Sie morgens, nachmittags oder spätabends am besten?

9. Ist visuelle Stimulation wichtig für Sie?

10. Arbeiten Sie besser unter Druck oder in Ruhe?

11. Haben Sie mehr Energie, wenn Sie draußen arbeiten, oder fühlen Sie sich in geschlossenen Räumen wohler?

12. Sind Sie eher der aktive oder der gemütliche Typ?

Einige dieser Fragen beziehen sich auf Ihre Lebensweise, andere sollen Ihre Vorlieben zu Tage fördern, und bei einigen geht es einfach um Persönlichkeitsmerkmale. Doch um den richtigen Weg einschlagen zu können, sollten Sie alle diese Fragen beantworten. Wenn Sie unter optimalen Bedingungen arbeiten, eliminieren Sie die negativen Faktoren, die Ihren Energiefluss unterbrechen können.

Als ich Anfang zwanzig war und noch nicht wusste, was ich machen wollte, nahm ich einen Teilzeitjob in einer großen Kosmetikfirma an. Meine Aufgabe bestand darin, in einem kleinen, käfigartigen Raum ganz oben in der Firma zu sitzen und darauf zu warten, dass Geld durch eine Vakuumröhre hochgeschickt wurde. Da ich mit großen Summen zu tun hatte, war ich auf allen vier Seiten von Schutzgittern umgeben, und Fenster gab es natürlich auch nicht. Den ganzen Tag wartete ich darauf, dass die Geldkapsel hochgesaust kam. Dann nahm ich das Geld heraus, verbuchte es und legte es in den Safe, gab das richtige Wechselgeld und die Quittung heraus, schickte den Behälter zurück und wartete auf die nächste Kapsel.

Am Ende des vierten Tages war ich ein Zombie. Ich bin ein geselliger Typ und brauche außerdem viel Bewegung, weshalb es sich wohl erübrigt zu sagen, dass dieser Job nicht ideal für mich war. In diesem Umfeld konnte ich nicht überleben – und schon gar nicht gedeihen. Auf Anraten meiner Schwester, die mich und meine Bedürfnisse gut kennt, kündigte ich den Job und verschwendete keinen Gedanken mehr daran.

Wenn Sie wider Ihre Natur arbeiten, ist das Unbehagen vorprogrammiert. Jody zum Beispiel war sehr geräuschempfindlich. Sie lebte im neunzehnten Stock eines Apartmenthochhauses in New York City und musste sich schalldichte Fenster einbauen lassen, um die hupenden Autos nicht zu hören, denn sonst hätte sie nachts gar nicht schlafen können. Sie kaufte sich einen speziellen Wecker, der sie mit dem Klang rollender Wellen statt mit ohrenbetäubendem Klingeln weckte, damit sie nicht morgens schon entnervt aufstand.

Zu Hause hatte Jody also bestens vorgesorgt, doch bei ihrer Arbeit als Assistentin des Aufnahmeleiters bei einem Musiklabel war es mit der Ruhe vorbei. Sie machte ihren Job zwar hervorragend, doch ihr Arbeitstag war eine einzige Strapaze für sie. Den ganzen Tag hörten die Leute um sie herum Radio, jeder einen anderen Sender. Nach diesem Musikgeplärre und dem ständigen Klingeln der Telefone und Faxgeräte in der Nähe ihres Schreibtisches war Jody jeden Abend total abgespannt und erschöpft, wenn sie die Firma verließ. Zu Hause musste sie sich dann oft einen Eisbeutel auf den Kopf legen, um ihre Kopfschmerzen zu lindern.

Diese Arbeitssituation war ganz offensichtlich nicht optimal für Jody. Sie wandte sich schließlich an den Personaldirektor und konnte in die Klassikabteilung der Firma wechseln, wo der Geräuschpegel wesentlich niedriger lag. Die Telefone klingelten weniger, und der Abteilungsleiter hatte angeordnet, dass eine gewisse Lautstärke beim Musikhören von niemandem überschritten werden durfte. In diesem Umfeld konnte Jody ihre natürlichen Talente endlich richtig zur Geltung bringen.

Roberto war von Natur aus ein unabhängiger Geist. Er hatte noch nie gut im Team arbeiten können, vor allem weil er nicht durch die Meinungen und Ideen anderer gebremst werden wollte. Als Roberto in der Kreativabteilung einer Werbeagentur zu arbeiten anfing, eckte er mit seinem Elan sofort an. Er versuchte seine unabhängige Natur zu unterdrücken, weil er glaubte, man müsse in einer großen Firma arbeiten, um im Werbegeschäft voranzukommen, doch am Ende waren sein Chef und er nur noch frustriert.

Zu den Abteilungstreffen kam Roberto meistens zu spät, wenn er überhaupt erschien. Er unterbrach seine Kollegen, wenn sie sprachen, weil er seine Ideen für besser hielt. Wenn die Abteilung ein Projekt bekam, verschwand Roberto sofort und fing an, irgendwelche Dinge zu kreieren, die ihm gerade in den Kopf kamen. Er wartete nicht ab, um zu erfahren, was die anderen dachten, und hielt sich auch nicht an die Verteilung der Zuständigkeiten. Robertos Arbeitsergebnisse waren zwar für gewöhnlich brillant, doch leider auf Kosten der Gefühle seiner Kollegen und der Geduld seines Vorgesetzten.

Nach acht Monaten kamen Roberto und sein Chef überein, dass Roberto in diesem Job fehl am Platze war. Doch die Firma schätzte seine Arbeit und erklärte sich damit einverstanden, ihn als Freiberufler weiterzubeschäftigen. Jetzt hat Roberto die Freiheit, nach seinem Zeitplan zu arbeiten, ohne sich nach Kollegen und Teamvorgaben richten zu müssen.

Das Wissen um die eigenen Bedürfnisse ist ein wichtiger Teil der Selbsterkenntnis. Wenn Sie wissen, was für Sie richtig ist, können Sie optimale Situationen schaffen, die Sie zu Höchstleistungen motivieren und echte Befriedigung versprechen.

Den Instinkten vertrauen

Wenn ich mit College-Studenten spreche, fragen Sie mich oft Dinge wie »Ich hätte Lust, Jura zu studieren, möchte aber nicht Jurist werden. Meinen Sie, ich sollte vier Jahre darauf verwenden?« oder »Ich würde gern unterrichten. Meinen Sie, ich sollte Pädagogik studieren?« oder »Ich glaube, ich würde gern mit Strafgefangenen arbeiten. Finden Sie das verrückt?« oder »Ich komponiere gern, aber ich weiß nicht, ob ich mich auf Hip-hop oder Jazz spezialisieren soll. Was meinen Sie?«

Die meisten dieser Studenten haben eine Ahnung davon, was sie gern tun würden, haben aber Angst, ihrem Gefühl zu vertrauen. Einige interessieren sich für so viele Dinge, dass sie sich überfordert fühlen und Angst haben, die falsche Entscheidung zu treffen oder die falsche Richtung einzuschlagen. Wenn sie mich um Rat fragen, dann wollen sie in erster Linie die Erlaubnis bekommen, sich selbst zu vertrauen. Was ich sie eigentlich fragen höre, ist »Ich will keinen Fehler machen. Könnten Sie mir bitte helfen, mich mit meiner Entscheidung wohler zu fühlen?« »Ich habe Angst, einen Fehler zu machen – die falsche Richtung einzuschlagen – Zeit zu verlieren. Ich habe Angst, dass ich eines Tages bereuen könnte, was ich heute entschieden habe.« Die unterschwellige Botschaft, die sie damit vermitteln, ist, dass sie Angst haben, sich selbst zu vertrauen.

Woher die Angst kommt

Kein Kind wird ängstlich geboren. Angst ist ein erlerntes Verhalten. Wir lernen, ängstlich zu sein, wenn wir uns unfähig fühlen, wenn wir meinen, Anforderungen nicht gerecht werden zu können, wenn wir in Gefahr sind und wenn unsere Bedürfnisse nicht erfüllt werden. Wir lernen, ängstlich zu sein, wenn wir uns allein fühlen und nicht für uns selbst sorgen können. Während wir heranwachsen und älter werden, lehrt die Welt uns auf ganz subtile Weise, unseren eigenen Instinkten nicht mehr zu trauen und unsere Fähigkeiten in Frage zu stellen. Wir hören auf, uns selbst zu vertrauen. Wenn Pläne sich nicht so erfüllen wie erwartet, fangen wir an, unsere Entscheidungen in Zweifel zu ziehen. Dadurch kann das Selbstvertrauen erschüttert werden. Wir alle wollen die richtigen Entscheidungen treffen und Fehler nach Möglichkeit vermeiden.

Die College-Studenten, die mir Fragen zu ihrer Berufswahl stellen, blicken auf eine Welt, von der ihnen erzählt wurde, dass sie mindestens sechs Mal den Beruf wechseln werden, eine Welt, in der sich alles sehr schnell verändert, eine Welt voller Unsicherheit und ohne Garantien. Sie blicken auf eine Welt der Rationalisierungen, Umstrukturierungen, Fusionen und Übernahmen. Sie erleben, wie Verwandte und Freunde nach jahrzehntelanger Berufstätigkeit arbeitslos werden. Menschen, die ins Berufsleben eintreten, fragen sich, was sie zu bieten haben und was ihnen geboten wird.

Unter diesen Umständen kann ich es den Studenten nicht verdenken, dass sie sich Sorgen um ihre Zukunft machen. Doch was ich tun kann, ist, sie daran zu erinnern, dass das Einzige, worauf sie sich in dieser schnelllebigen Welt verlassen können, sie selbst sind. Wenn sie sich das klar machen, sind sie schon auf dem direkten Weg zurück zum Selbstvertrauen.

Angst versus Vertrauen

Angst und Vertrauen bilden ein Gegensatzpaar. Wo das eine existiert, ist das andere entweder blockiert oder nicht vorhanden. Wenn Sie Angst haben, können Sie Ihren Entscheidungen nicht vertrauen. Und andersherum: Wenn Sie sich selbst vertrauen, dann werden Sie keine Angst vor Ihren Entscheidungen haben.

Vertrauen ist ein inneres Licht, das Ihnen zu verstehen gibt, dass Sie sich auf dem richtigen Weg befinden. Wenn Sie sich selbst vertrauen, nehmen Sie den Funken, den Sie in sich spüren, ernst. Sie wissen, dass Sie auf Ihre Instinkte und Ihre Intuition hören müssen. Sie sind bereit zu handeln, auch wenn es für Ihre Handlungen keine Garantie gibt.

Angst schleicht sich ein, wenn Sie an sich selbst zweifeln, wenn Sie darüber nachdenken, was schlimmstenfalls passieren könnte, wenn Ihre Gedanken sich um mögliche Konsequenzen drehen, die verheerend für Sie wären. Angst setzt sich am Rande Ihres Bewusstseins fest und wartet nur darauf, eingelassen zu werden. Sie lässt sich nur in Schach halten, wenn man fest verwurzelt in seinem Selbstvertrauen bleibt.

Wenn Sie merken, dass Sie in Richtung Angst tendieren, dann sollten Sie sich die Zeit nehmen, wieder zu Ihrem Wesenskern zurückzufinden. Wählen Sie dazu die Methode, die für Sie persönlich am besten ist – meditieren, allein im Park spazieren gehen, mit einem guten Freund sprechen, etwas tun, was Ihnen Spaß macht. Wenn Sie sich wieder an Ihre einzigartigen Talente, Ihre Fähigkeiten und Ihren wahren Wert erinnern, werden Sie die Angst genauso schnell wieder verschwinden sehen, wie sie gekommen ist.

»Richtige« und »falsche« Entscheidungen

Manchmal verstehen wir nicht oder vergessen, dass es keine Fehler gibt, sondern nur Lektionen. Besonders College-Studenten, die vor der ersten großen Entscheidung ihres Lebens stehen, haben damit ihre Schwierigkeiten. Erfüllung besteht jedoch nicht darin, alles perfekt zu machen und alle Fehler zu vermeiden. Es geht vielmehr darum, nach bestem Wissen und Gewissen eine Entscheidung zu treffen, und dann die Pferde zu satteln und loszureiten, um zu sehen, wo man ankommt.

Woher wissen Sie nun aber, welche Entscheidungen die richtigen und welche die falschen sind?

Sie wissen es nicht. Sie treffen die Entscheidung, die Sie zu dieser Zeit für richtig halten, und folgen der Route entweder in Richtung Erfolg oder in Richtung der Lektionen, die Sie zu lernen haben. Unterwegs werden Sie sicher ein Menge über sich selbst, über andere Leute und das Leben im Allgemeinen lernen. Wenn Sie wollen, haben Sie natürlich auch die Möglichkeit, Ihre Route neu festzulegen oder ein ganz anderes Ziel anzusteuern. Das bedeutet nicht, dass Sie am Anfang die falsche Entscheidung getroffen und in Ihren Bemühungen versagt hätten. Es bedeutet lediglich, dass Sie klugerweise Ihren ursprünglichen Plan geändert haben, nachdem Sie mehr Informationen hatten.

Vor kurzem führte ich ein Beratungsgespräch mit einer Frau namens Audrey, die sich als Versagerin empfand. Ich fragte sie, wie sie zu dieser Selbsteinschätzung gekommen sei. Sie sagte: »Ich bin fünfunddreißig Jahre alt und habe meinen Platz immer noch nicht gefunden. Ich weiß immer noch nicht, was ich will. Ich gehe von einem Job zum anderen, von einem Ort zum anderen, und habe immer noch nicht das Richtige gefunden.«

Ich forderte Audrey auf, mir alle Jobs aufzuzählen, die sie bisher gemacht hatte, angefangen bei ihrer ersten Beschäftigung als Babysitterin bis hin zu ihrer letzten Stelle als Verwaltungsassistentin eines Hypothekenmaklers. Während sie die einzelnen Tätigkeiten noch einmal Revue passieren ließ, fragte ich sie, was ihr an den einzelnen Positionen gefallen habe und was nicht. Ich wollte auch wissen, was sie dabei gelernt habe und warum sie schließlich gekündigt hatte. Während sie sprach, machte ich mir fleißig Notizen. Als sie mit ihrer Geschichte fertig war und ihre Einschätzung abgegeben hatte, las ich mir alles noch einmal durch und sagte: »Ich kann hier nichts entdecken, was auch nur im Entferntesten nach einem Versagen aussieht. Ich habe die Geschichte einer Frau zu hören bekommen, die in den verschiedensten Bereichen eine Menge gelernt hat; Sie sind lange genug geblieben, um all das zu lernen, was es für Sie zu lernen gab. Sie sind gegangen, sobald Sie alles gelernt hatten, was es zu lernen gab. Darin kann ich kein Versagen entdecken.«

Audrey schaute mich verblüfft an. Sie wusste, dass ich Recht hatte, doch sie hatte ihr Leben nie aus dieser Perspektive betrachtet. Ihr wurde klar, dass sie selbst sich für dieses Leben entschieden hatte. Die Frage war: Wollte sie ihr Augenmerk darauf richten, was an ihren Entscheidungen richtig war oder was daran falsch war?

Es gibt keine unnützen Fehler. Die »Fehlschüsse« auf Ihrem Weg sind nichts anderes als Chancen, Dinge zu sehen, die Sie nicht gesehen hätten, wenn Sie immer auf Kurs geblieben wären. Wenn Sie sich selbst vertrauen und an Ihre Fähigkeit glauben, Rückschläge ertragen und überstehen zu können, wird Ihnen die Entscheidung für einen bestimmten Lebensweg wesentlich weniger Angst einflößen.

DIE RICHTUNG WECHSELN

> *Blicken Sie einer Million Möglichkeiten*
> *ruhig und gelassen ins Auge.*
> WALT WHITMAN

Im Laufe der Jahre habe ich Tausende von Menschen beraten, die mir mit Tränen in den Augen eingestanden, dass der Weg, für den sie sich entschieden hätten, nicht der richtige für sie sei. Viele stecken in Berufen, die nicht ihren tatsächlichen Neigungen entsprechen, sitzen im »goldenen Käfig« oder richten sich nach den Erwartungen anderer und wissen dabei insgeheim, dass sie nicht in das Leben gehören, das sie führen.

Viele kennen in ihrem tiefsten Innern schon die Wahrheit. Sie wissen, was ihnen Erfüllung bringen würde, doch sie haben

Angst davor, ihre eigene Wahrheit anzuerkennen. Meistens sind Unsicherheit oder äußerer Druck der Grund dafür, dass sie die leise innere Stimme ignorieren, die ihnen sagt, was richtig für sie wäre. All diesen Menschen ist eines gemeinsam: die Notwendigkeit, anzuerkennen, wer sie in Wirklichkeit sind.

Die Erwartungen anderer

Josh, vierunddreißig Jahre alt, war Staatsanwalt von Beruf. Er machte seine Arbeit gut und hatte hart an seiner Karriere gearbeitet. Als er nach zehn Jahren zu mir kam, gestand er sich zum ersten Mal die Wahrheit ein.

»Ich hasse meinen Beruf«, bekannte er. »Es gefällt mir überhaupt nicht, Anwalt zu sein, und auch das ganze Rechtssystem geht mir gegen den Strich.« Er sagte, ihm graue jeden Tag davor, zur Arbeit zu gehen, und er sei oft deprimiert. Ich fragte Josh, warum er Anwalt geworden sei, und er antwortete, er habe es seinem Vater zuliebe getan, der selbst ein renommierter Staatsanwalt sei. Josh hatte sich immer nach der Anerkennung seines Vaters gesehnt, und der Beruf des Staatsanwalts war die Garantie dafür, dass er bei seinem Vater immer gut angesehen war.

Als ich ein wenig tiefer bohrte und Josh fragte, was ihm denn Spaß mache, sagte er: »Ich arbeite gern mit den Händen. Ich bastele gern an Getrieben und Ketten herum.« Ich muss ziemlich verblüfft ausgesehen haben, denn er erklärte: »Zweiräder, ich liebe es, an Fahrrädern und Motorrädern herumzuwerkeln. Ich habe gern schmierige Hände. Ich mag den Geruch von Öl.« Ich war überrascht, versuchte aber meine Verwunderung zu verbergen. Ist es nicht interessant, dass jemand zehn Jahre damit verbringen kann, etwas zu tun, was ihm nicht gefällt, nur um die Anerkennung eines anderen zu bekommen? Es ist verwunderlich, aber nicht schockierend. Um die Wahrheit zu sagen: Es passiert jeden Tag.

Äußeren Erwartungsdruck können Sie abschütteln, wenn Sie bereit sind, sich selbst, Ihrer Familie, Ihren Freunden und der ganzen Welt die Wahrheit zu erzählen. Ihre Instinkte sollten auf dem Fahrersitz sitzen, nicht die Erwartungen anderer Leute. Wenn Sie anderen die Macht geben, über Ihren Weg zu bestimmen, sind Sie nur ein passiver Teilhaber an Ihrem eigenen Leben. Sie haben die Wahl: Fahrer oder Passagier.

Was möchten Sie sein?

Den Negaholikern die Stirn bieten

Auch Sie kennen gewiss Negaholiker, notorische Neinsager mit Sprüchen wie »kann nicht«, »sollte nicht«, »das geht nicht«, »das ist unmöglich«. Es sind die Leute in Ihrem Leben, die ihre Erwartungen auf Sie projizieren und Ihnen raten, klein zu bleiben und auf Sicherheit zu setzen. Negaholiker meinen, sie seien Realisten und würden Sie lediglich vor Enttäuschungen bewahren, doch in Wirklichkeit sind sie risikoscheu. Ihre Absichten mögen gut sein, doch unwissentlich nehmen diese Neinsager Ihnen die Freiheit, Ihre eigenen Instinkte als Steuerruder zu benutzen.

Sie müssen stark genug werden, um diesen Menschen die Stirn bieten zu können, wenn sie Ihren Traum attackieren. Träume können zerbrechlich sein, wenn sie dem grellen Licht der Außenwelt ausgesetzt sind, und Sie müssen Ihre wertvollsten Träume schützen. Die folgende Liste mit Übungen soll Sie bei Ihrem mentalen Fitnessprogramm unterstützen, damit Sie Ihr Selbstvertrauen behalten und nicht vom Kurs abkommen.

1. Kleben Sie Notizzettel zur Selbstermutigung an den Kühlschrank, an den Badezimmerspiegel, an Ihren Küchenschrank und an die Ecke Ihres Computerbildschirms. Durch das ständige Lesen werden Sie die Botschaften verinnerlichen.
2. Lesen Sie Biographien und Kurzgeschichten von Menschen, die mit Ablehnung zu kämpfen hatten und sich durchgesetzt haben. Lesen Sie zwei bis drei Seiten abends im Bett, damit Ihnen die Inspiration erhalten bleibt.
3. Umgeben Sie sich mit Menschen, die an Sie glauben. Wenn Sie auf Negaholiker stoßen, verlangen Sie Respekt für Ihre Pläne, verbitten Sie sich unerwünschte Kommentare, oder entfernen Sie diese Menschen aus Ihrem Leben.
4. Stellen Sie sich Ihr Assistententeam zusammen und sagen Sie den einzelnen Leuten genau, was Sie von ihnen erwarten. Bitten Sie Ihre größten Befürworter darum, Sie jeden Tag an Ihr Ziel zu erinnern und zur Durchführung zu ermuntern.

5. Schreiben Sie Ihre Vision und Ihre Aufgabe auf ein Blatt
   Papier und lesen Sie den Text jeden Morgen nach dem Aufwachen durch, damit Sie für den Tag richtig programmiert sind.
6. Seien Sie auf Negativattacken gefasst und machen Sie sich
   Gedanken darüber, wie Sie gegebenenfalls reagieren wollen.
   Was werden Sie sagen? Wie werden Sie antworten? Es ist hilfreich, eine Antwort parat zu haben, um gegen Überraschungs-
   angriffe gefeit zu sein. Was werden Sie sich selbst erzählen, um
   zentriert zu bleiben?

Nehmen wir noch einmal das Beispiel Josh, um zu verdeutlichen,
wie die Übung anzuwenden ist. Nachdem Josh sich endlich dazu
durchgerungen hatte, die Anwaltstätigkeit aufzugeben, um sich
fortan mit Zweirädern zu beschäftigen, klebte er Notizzettel an
alle Spiegel seines Hauses, auf denen seine neu gewonnenen positiven Überzeugungen zu lesen waren. Er schrieb Dinge wie »Ich
kann es schaffen!« und »Es ist wichtig, dass ich tue, was mir
gefällt, nicht was meinem Vater gefällt.« Dadurch, dass er diese
kleinen Ermunterungen nun jedes Mal erblickte, wenn er sein
Spiegelbild betrachtete, wurde sein Selbstvertrauen gestärkt.

Er sammelte Biographien von Menschen, die er bewunderte,
wie zum Beispiel den Gebrüdern Wright, die den Menschen Flü-
gel verliehen hatten, obwohl niemand dies für möglich gehalten
und ihnen zugetraut hatte, und dem Amerikaner Lance Arm-
strong, der an Krebs erkrankte, nur noch 30 Prozent Überlebens-
chance hatte, seine Krankheit besiegte und 1999 die Tour de

France gewann. Er las die Bücher immer wieder, um seine Motivation zu stärken.

Er erzählte seinen besten Freunden von seinen Plänen und bat sie, ihre üblichen Scherze über ernsthafte Angelegenheiten zu unterlassen. Außerdem ersuchte er seine Freundin Lisa darum, ihn immer wieder daran zu erinnern, dass Liebe nicht davon abhängig sei, womit man sein Brot verdiene.

Er schrieb seinen Auftrag und seine Vision auf ein Stück Papier und las es sich jeden Morgen und jeden Abend laut vor, um sich in seinem Tun zu bestärken.

Zu guter Letzt tat Josh das, was in seinem Fall am wichtigsten war: Er übte, was er sagen würde, wenn sein Vater Enttäuschung oder Missfallen bekunden würde. Wenn sein Vater anführen würde, wie viel Geld er für Joshs Jurastudium und seinen »anständigen« Beruf ausgegeben hätte, würde Josh tief Luft holen und zu seinem Vater sagen: »Ich verstehe deine Ansicht und ich respektiere sie. Aber ich muss auch meine eigenen Wünsche respektieren, und ich hoffe, du kannst das auch.« Er würde sich im Stillen auch daran erinnern, dass sein Vater lediglich versuchte, ihm Liebe zu zeigen, auch wenn es in Form von Kontrolle geschah, und dass er dankbar dafür war, einen Vater zu haben, der sich so sehr um ihn sorgte.

Etwa zwei Jahre nachdem all dies passiert war, lief ich Josh zufällig über den Weg und fragte ihn, wie es ihm mit seinem Vater gehe. Er grinste und erzählte mir, dass er seinem Vater zum letzten Geburtstag ein Hightech-Mountainbike geschenkt habe und sie beide jetzt jeden Sonntag eine Radtour machten. Immer wenn sie unterwegs jemandem begegnen, der eine Panne hat, ist Joshs Vater der Erste, der anhält, die Mechanikerdienste seines Sohnes anbietet und Joshs Karte verteilt.

Der goldene Käfig

Paul kam zu mir, weil er unglücklich war. Er schämte sich einzugestehen, dass er mit seinem Schicksal haderte, obwohl er hervorragend verdiente und ein riesiges Haus, vier Autos und eine wertvolle Kunstsammlung besaß. Als Vizepräsident einer Bank kam er zudem in den Genuss vieler Sondervergünstigungen. So durfte er beispielsweise die firmeneigene Wohnung auf Jamaica benutzen, verfügte für seine Dienstfahrten über einen Wagen samt Chauffeur und derlei Dinge mehr. Angesichts all dessen hatte Paul das Gefühl, er habe kein Recht, unzufrieden zu sein. Aber er war es.

Paul wachte jeden Morgen mit einem leichten Unbehagen auf. Er verrichtete sein Tagesgeschäft und fühlte dabei, dass irgendetwas in seinem Leben nicht ganz richtig lief, aber er wusste nicht was. Als ich Paul fragte, ob es etwas gebe, was er lieber tun würde, erwiderte er sofort: »Das wäre ohnehin egal. Ich kann noch nicht einmal daran denken, den Beruf zu wechseln. Ich habe eine Hypothek, meine Autos, Clubbeiträge und andere Rechnungen zu bezahlen. Ich kann mich nicht verändern mit all diesen Verpflichtungen.«

»Vielleicht nicht«, sagte ich, »aber was nutzen Ihnen Haus, Autos oder Clubs, wenn Sie keine Freude daran haben?«

Paul war im goldenen Käfig gefangen. Er ließ den Gedanken daran nicht zu, dass es auch andere Möglichkeiten geben oder dass er seine Situation in den Griff bekommen könnte. Sein Lebensstandard war ihm so wichtig, dass er sein inneres Wohlbefinden dafür vernachlässigte.

Wie sich herausstellte, hätte Paul sehr wohl etwas anderes lieber getan, als Bankier zu sein. Er wollte sich als Kunsthändler betätigen. Er liebte seine Kunstsammlung und glaubte, ein gutes Auge für neue Talente zu haben. Es vergingen jedoch viele Monate, bis Paul wieder zu mir kam, um mit mir über einen Berufswechsel zu sprechen. Er hatte warten müssen, bis seine Unzufriedenheit stärker geworden war als die süße Verführung, die von seinen materiellen Besitztümern ausging. Ein Gefangener der Harmonie ist für neue Möglichkeiten blind.

Mittlerweile sind fünf Jahre vergangen und Paul ist ein erfolgreicher Kunsthändler geworden. Er verdient fast genauso viel wie früher, nur dass ihm seine Einkünfte jetzt Freude bringen, anstatt ihn an einen bestimmten Lebensstil zu fesseln.

Bindet Ihr Lebensstil Sie an einen Weg, der nicht der richtige für Sie ist? Wenn ja, besteht Ihre einzige Chance darin, mutig aus Ihrem Gefängnis auszubrechen und sich von einer neuen Möglichkeit herausfordern zu lassen. Das ist nicht unbedingt leicht, aber es hat auch niemand gesagt, dass Erfüllung leicht zu erreichen sei.

Vertrauen Sie darauf, dass Sie das, was Sie einmal aufgebaut haben, auch wieder aufbauen können. Wenn Sie klug genug, stark genug und entschlossen genug waren, sich mit einer Tätigkeit, die Ihnen nicht gefiel, ein bequemes Leben einzurichten, dann stellen Sie sich doch einmal vor, was Sie schaffen können, wenn Sie mit echter Begeisterung ans Werk gehen.

Die Möglichkeiten sind unendlich!

Ausgefahrene Gleise verlassen

Nur allzu oft verstricken sich Menschen in ihrem eigenen Netz der Unzufriedenheit. Sie beschweren sich über das Leben, das sie führen, tun aber nichts dagegen. Wir alle kennen jemanden, der ernsthaft glaubt, nichts an seinen Lebensumständen ändern zu können. Diese Menschen sagen Dinge wie »Es ist zu spät, um noch einmal von vorn anzufangen« oder »Ich kann mir keinen Einkommensverlust leisten« oder »Ich bin schon zu hoch verschuldet, um jetzt noch an Veränderungen zu denken«. Es ist ihnen vielleicht nicht bewusst, aber sie haben sich in einen Negativgraben hineinmanövriert, der von Mauern aus Gewohnheit und Bequemlichkeit umgeben ist.

Sie kennen dieses nagende innere Gefühl. Sie wissen, wie es ist, wenn Sie immer nur auf den richtigen Augenblick warten – und so der Tag, die Woche, der Monat, das Vierteljahr vergeht. Sie spüren es, wenn etwas in Ihrem Leben fehlt. Sobald sich dieses Gefühl bei Ihnen bemerkbar macht, haben Sie zwei Möglichkeiten: Sie können versuchen, es zu ignorieren und in Ihrer Misere ausharren, oder Sie können die Dinge ändern.

Wollen Sie sich aus dem Netz der Unzufriedenheit befreien, so müssen Sie den ersten mutigen Schritt tun und sich selbst die Wahrheit eingestehen. Wenn Sie auf der Schiene der Selbstverleugnung weiterfahren und sich einreden, »mittelprächtig« sei genug für Sie, dann ist das alles, was Sie je erreichen werden. Wenn Sie sich vor der Wahrheit verstecken, können Sie nie etwas ändern. Die Wahrheit zu sagen hilft Ihnen, sich zu lösen.

Haben Sie sich die Wahrheit erst einmal eingestanden, dann können Sie zum Zwecke der Veränderung, falls Sie eine solche anstreben, die nächsten vier Schritte unternehmen: Entscheidung (definitiver Beschluss, das altbekannte Muster aufzugeben), Strategie (einen realistischen Plan aufstellen), Engagement (die Aktion durchführen) und Feiern (sich selbst für den Erfolg belohnen).

Die wichtigste Voraussetzung für den Aufbruch zu neuen Ufern ist Ihr Wille. Ohne den festen Willen zur Verbesserung Ihrer Lebensumstände können Sie die Energie und Kreativität, die Sie zur Veränderung Ihres Lebens brauchen, nicht aufbringen.

Haben Sie den Willen, eine Wende zum Besseren herbeizuführen, oder möchten Sie lieber da bleiben, wo Sie sind? Denken Sie daran, dass es an Ihnen liegt, was Sie aus Ihrem Leben machen.

AN SICH SELBST GLAUBEN

Letztendlich ist nichts heilig außer der Integrität des eigenen Geistes.
RALPH WALDO EMERSON

Wenn Sie an sich selbst glauben, sind Sie in der Lage, authentische Entscheidungen zu treffen. Ihr Selbstvertrauen verleiht Ihnen den Mut zum Handeln, den Glauben an Ihre Ideen und Fähigkeiten und die innere Gewissheit, auf dem richtigen Weg zu sein.

Viele erfolgreiche Menschen unserer Zeit wurden aufgrund der Visionen oder Fähigkeiten, auf die sie ihre Zukunft aufbauen wollten, für verrückt erklärt. Amelia Earhart wurde verspottet, nur weil sie davon überzeugt war, dass eine Frau ein Flugzeug ebenso gut fliegen könne wie ein Mann. Die meisten Ideen Thomas Edisons wurden für lächerlich, ja sogar unmöglich gehalten. Als Katharine Graham, die legendäre Publizistin, die *The Pentagon Papers* und Woodward und Bernsteins historische Watergate-Stories veröffentlichte, die *Washington Post* übernahm, wurde allgemein angenommen, dass sie an der Aufgabe scheitern würde. All diese Menschen besaßen einen tiefen inneren Glauben an ihre Vision und auch den Mut, sich selbst zu vertrauen. Sie hatten den Willen, ihrem inneren Radar um jeden Preis zu folgen.

Der einzige Unterschied zwischen diesen Menschen und Ihnen ist, dass deren Erfolge schon bekannt sind, während Ihre noch im Entstehen begriffen sind. Wir alle haben das Potential zu großartigen Leistungen, auch Sie. Der erste Schritt besteht darin, dass Sie die innere Quelle Ihrer Großartigkeit zum Sprudeln bringen: Ihr Selbstvertrauen.

Selbstvertrauen

Selbstvertrauen ist innerer Glaube. Es ist ein Gefühl der Gewissheit in den Knochen, dass Sie zur Erfüllung jedweder Aufgabe, die Sie sich stellen, die notwendigen Voraussetzungen mitbringen. Das Wissen darum, dass Sie auf sich selbst zählen können, gibt Ihnen ein einmaliges und mächtiges Gefühl.

Selbstvertrauen ist uns allen angeboren. Es ist ein natürlicher Zustand. Deshalb sind Kinder ihrer selbst so sicher und wirken oft anmaßend, furchtlos oder sogar unbesiegbar. Wenn ein Baby kein Selbstvertrauen hätte, würde es gar nicht erst versuchen aufzustehen. Babys verfügen über ein inneres Wissen, das ihnen signalisiert, dass sie ihre gummiartigen Gliedmaßen in funktionierende Transportwerkzeuge umwandeln können.

Dieses angeborene Selbstvertrauen wird im Laufe der Jahre zerstört, indem wir zu hören bekommen »Nein«, »Fass das nicht an«, »Du bist noch zu klein«, »Sei nicht albern«. Alltägliche Erfahrungen lehren uns, dass es Dinge gibt, die außerhalb unserer Fähigkeiten liegen. Bis wir erwachsen sind, ist unser Selbstvertrauensvorrat manchmal schon so dezimiert, dass wir kaum noch darauf zurückgreifen können.

Wie können wir diesen Vorrat nun wieder auffüllen?

Es gibt zwei Wege, verlorenes Selbstvertrauen wiederzugewinnen: von innen und von außen. Sokrates glaubte an die Macht des inneren Wissens, während Aristoteles äußere Einflüsse für notwendig hielt, um zu wachsen und zu lernen. Sie hatten beide Recht, denn Sokrates sprach von der Seele und Aristoteles vom Geist.

Um zerstörtes Selbstvertrauen wiederaufzubauen und Ihr Selbstbewusstsein zu stärken, müssen Sie sich kleine Erfolgserlebnisse verschaffen. Stellen Sie sich vor, Sie müssten ein Haus bauen. Die Aufgabe mag schier unlösbar erscheinen, wenn Sie Derartiges noch nie zuvor gemacht haben, weshalb Sie vielleicht nicht an Ihre Fähigkeit glauben, das Projekt zu realisieren. Das Geheimnis liegt darin, mit kleinen Dingen zu beginnen, zum Beispiel mit dem Mauern eines einzelnen Steins. Wenn Ihnen dies gelingt, bauen Sie bereits Selbstvertrauen auf. Der zweite, dritte und vierte Stein dienen der Konsolidierung und schließlich entsteht aus dem ersten Impuls ein Gefühl von »Ich kann das«. Und ehe Sie sich's versehen, setzen Sie nicht nur Steine aufeinander, sondern bauen ein ganzes Haus.

Um Ihr wieder erblühendes Selbstbewusstsein zu erweitern und zu vervollständigen, brauchen Sie auch Unterstützung und Motivation von außen. Aristoteles riet dazu, sich umzuschauen. Richten Sie Ihr Augenmerk auf Menschen, die schon vor Ihnen Erfolg hatten, und schöpfen Sie Vertrauen aus deren Leistungen. Lernen Sie aus deren Handlungen und auch aus deren Fehlern. Betrachten Sie diese Menschen als Modell und deren Werdegang als Spiegel für Ihr eigenes, noch brachliegendes Potential.

Nicholas war Drehbuchautor. Obwohl der Erfolg bereits einige Male zum Greifen nahe gewesen war, hatte er es bisher noch nicht geschafft, eines seiner Drehbücher zu verkaufen. Er lebte seit zwei Jahren von seinen Ersparnissen und verschickte immer wieder Anfragen an Agenten und Produzenten, während er sich am Abend weiterbildete, um an seinem Können zu feilen. Nach Ablauf des ersten Jahres hatten seine Freunde und seine Familie bereits angefangen zu fragen, wie lange er dieses »kreative Experiment« denn noch betreiben wolle. Als sich das Ende des zweiten Jahres näherte, erklärten die meisten es schon für töricht, dass er von seinem Ziel nicht ablassen wollte, und rieten ihm, sich einen gut bezahlten Job zu suchen.

Doch Nicholas wollte nicht lockerlassen, bis sich sein Traum erfüllt hätte. Er *wusste*, dass er eines Tages ein Drehbuch verkaufen würde. Seine Entschlossenheit beruhte zum Teil auf reiner Sturheit, doch tragende Kraft war seine innere Entscheidung, für sein Ziel zu kämpfen. Er vertraute auf sein Talent ebenso wie auf seine Fähigkeit, sich zu vermarkten und aus Fehlern zu lernen.

Wenn Nicholas manchmal von unvermeidbaren Selbstzweifeln heimgesucht wurde, erinnerte er sich an Erfolgsstorys wie James Camerons *Titanic*. Obwohl ganz Hollywood es für verrückt gehalten hatte, so viele Millionen in einen Film zu investieren, dessen Ende bereits jeder kannte, hatte sich James Cameron nicht beirren lassen. Sobald die Negaholiker oder innere Zweifel

Nicholas zusetzten, erinnerte er sich (und sie) daran, dass *Titanic*, der erfolgreichste Film aller Zeiten, nie auf die Leinwand gekommen wäre, wenn James Cameron nicht so viel Selbstvertrauen und Beharrlichkeit besessen hätte.

Glücklicherweise hat die Geschichte ein Happy End, denn Nicholas verkaufte eines seiner früheren Drehbücher (für viel Geld) und eine größere Filmgesellschaft will es in den nächsten Jahren als Spielfilm in die Kinos bringen.

Es gibt keine Garantien im Leben. Nicholas hätte auch kein Drehbuch verkaufen können, doch das hätte er nie herausgefunden, wenn er sich keine Chance gegeben hätte. Wenn Sie sich selbst vertrauen, stecken Sie natürlich auch all Ihre Energie in Ihre Entscheidung. Wenn Sie hinter Ihrer Entscheidung stehen, sind Ihre Chancen auf Erfolg ungleich größer. Erfolg kommt daher, dass Sie sich mit jeder Faser Ihres Wesens für Ihr Ziel engagieren. Wenn Sie an sich selbst glauben und sich hinter Ihre Entscheidungen stellen, werden Sie für Ihre Investition an Zeit, Energie, Mühe und Kapital belohnt werden.

* * *

Jeder von uns besitzt eine spirituelle DNS, einen Code, der unsere Stärken, Talente, Vorlieben und Leidenschaften beinhaltet. Wenn wir unseren Daseinszweck herausfinden wollen, müssen wir diese spirituelle DNS entschlüsseln. Wir sind erfolgreich, wenn wir unsere Bestimmung erfüllen. Wir alle stehen vor der

Herausforderung, unseren individuellen Weg zu entdecken, und uns selbst zu vertrauen, damit wir dem Weg folgen und unsere ganz persönlichen Träume verwirklichen können.

Wenn Sie sich selbst vertrauen, entdecken Sie Ihre Wahrheit. Wenn Sie Ihre Wahrheit respektieren, erkennen Sie Ihren authentischen Weg. Auf Ihrem authentischen Weg gelangen Sie zu der Glücksvision, die schließlich Ihren Geist beflügelt, Ihr Herz entflammt und Ihre Seele zum Singen bringt.

ZIELE SIND DIE MEILENSTEINE
AUF IHREM WEG

*Auf dem Weg zur Erfüllung werden Sie
von Ihren Zielen vorangetrieben*

Der Weg zum Erfolg wird von Ihren Träumen geebnet, mit Ihren Begabungen und Talenten gepflastert und mit Entschlossenheit asphaltiert. Antrieb bekommen Sie durch die Ziele, die Sie am Wegesrand abstecken. Sie dienen Ihnen als Meilensteine und markieren jeweils den nächsten Schritt, den Sie auf Ihrer Reise zur Erfüllung zu gehen haben.

Das Abstecken eines Ziels weist Ihnen die Richtung. Es ist das »Dort«, das Sie von Ihrem Ausgangspunkt des »Hier« erkennen können. Zwischen dem Punkt, an dem Sie sich befinden, und dem Punkt, zu dem Sie gelangen möchten, verläuft ein unsichtbares Band. Sobald Sie das Ziel markiert und definiert haben, wohin Sie gehen möchten, laden Sie dieses Band mit Energie auf.

Die Aussicht auf Erfüllung des Ziels schafft die dynamische Spannung, die Sie zur Realisierung brauchen.

Wir alle haben Visionen: Was wir leisten, vollbringen oder erreichen wollen; Vorstellungen davon, wie wir gern leben würden. Wollen Sie diese Visionen verwirklichen, so müssen Sie reale Ziele formulieren. Dadurch skizzieren Sie einen Kurs, der Sie mitten ins Herz Ihrer kühnsten Visionen und Träume führt und die Realisierung möglich macht.

DIE MACHT DER ZIELE

Ich kenne nichts Ermutigenderes als die Tatsache,
dass der Mensch sein Leben durch bewusstes Streben verbessern kann.
HENRY DAVID THOREAU

Der Begriff der »Zielsetzung« wurde zwar im Bereich der Karriere- und Lebensplanung ein wenig überstrapaziert, doch trotz alledem führt kein Weg daran vorbei: Es ist immer noch die effektivste Methode, von »hier« nach »dort« zu gelangen. Alte Weisheiten mögen banal erscheinen, doch das Geheimnis ihrer Effektivität liegt in ihrer Universalität.

Ich stütze mich persönlich wie auch in der Arbeit mit meinen Klienten seit fast drei Jahrzehnten auf das Setzen von Zielen, und ich weiß, dass der Prozess funktioniert. Er funktioniert, weil man seine Wünsche und Sehnsüchte artikuliert, weil man präzise werden muss, und weil man sich mutig ein Zeitlimit setzt. Alle Menschen, die ich auf dem Weg zum Erfolg begleitet habe, setzten den Prozess dadurch in Gang, dass sie Ziele festlegten. Hätten sie kein Ziel gehabt, dann hätte ich nicht gewusst, wie ich sie unterstützen soll, und auch sie selbst hätten nicht gewusst, wann sie welche Schritte unternehmen sollen.

Ihre Ziele weisen Ihnen auf dem Spielbrett Ihres persönlichen Erfolgsspiels den Weg. Jedes Mal, wenn Sie ein Ziel erreichen, sind Sie der Erfolgsvision in Ihrem Kopf wieder ein Stückchen nähergerückt. Ziele sind Zapfstellen am Wegesrand, die Sie mit Motivation versorgen, damit Sie bis zum Ende durchhalten. Größe und Umfang der Ziele sind nicht von Bedeutung – sie können klein oder groß sein; wichtig ist allein, dass Sie sich die Zeit nehmen, sie zu artikulieren.

Ohne Ziele können Sie nur hoffen, dass etwas geschehen wird. Sie können die Daumen drücken, sich etwas wünschen, während Sie eine Wimper wegpusten, oder Glückskekse öffnen, die Ihnen die Erfüllung Ihrer geheimen Hoffnungen versprechen. Sich beim Anblick einer Sternschnuppe etwas zu wünschen ist eine zauberhafte Methode, die Realisierung von Träumen heraufzubeschwören, doch eignet sie sich kaum dafür, im Leben tatsächlich das zu bekommen, was man will. Wie Benjamin Franklin sagte: »Wer sich von Hoffnung ernährt, wird fastend sterben.«

Das Erreichen Ihrer Ziele wird Sie nicht nur motivieren, sondern auch auf Kurs halten, damit Sie nicht im Kreis herumlaufen. Mein Freund David Campbell sagte: »Wenn du nicht weißt, wohin du gehst, kommst du wahrscheinlich irgendwo anders an.« Wie können wir wissen, wohin wir gehen oder wie wir dorthin kommen, wenn wir keine klare Zielvorstellung im Kopf haben?

VISIONEN SIND KEINE ZIELE

> *Aus Träumen werden reale Handlungen.*
> *Die Handlungen beflügeln wiederum die Träume;*
> *und aus dieser Wechselseitigkeit entsteht*
> *die höchste Form des Lebens.*
>
> ANAÏS NIN

Wenn ich Menschen nach ihren Zielen frage, sagen sie oft Dinge wie »glücklich sein«, »gesund sein«, »eine Million Dollar verdienen« oder »eine gute Beziehung haben«. Sie äußern umfassende und sehr allgemeine Wunschvorstellungen, wie sie gern leben würden, was sie sein, tun oder haben möchten. Die meisten sind überrascht, wenn ich ihnen sage, dass es sich bei dem, was sie mir genannt haben, gar nicht um Ziele handelt, sondern um Wünsche, Absichten und Visionen.

Ziele und Visionen sind Cousins ersten Grades. Sie gehören zur selben Familie, weisen aber doch einige wesentliche Unterschiede auf. Beiden gemeinsam ist, dass sie beschreiben, was

Menschen wollen und was sie sich vorstellen. Beide sind optimistische Porträts dessen, was Menschen sich wünschen. Doch es gibt einen großen Unterschied: Visionen sind allgemein und Ziele sind speziell.

Visionen beschreiben, wie Sie sich selbst in dem großen Bild sehen. Die Vorstellungen, die Sie bei Regel eins entwickelt haben, sind Visionen. Sie stellen die innere Landschaft Ihrer Wünsche dar; sie fungieren als Kompass, der Sie in die gewünschte Richtung führt. Visionen sind hochfliegende, umfassende Absichtserklärungen, bei denen immer das leise Echo von »irgendwann« mitschwingt.

Ziele hingegen sind konkret. Sie sind datiert, präzise, auf einen bestimmten Punkt ausgerichtet und messbar. Ziele beschreiben kalkulierbare Ergebnisse, die es zu erreichen gilt. Mithilfe von Zielen lassen sich Wünsche auf den Boden der Realität stellen und somit in tatsächliche Ergebnisse verwandeln. Sie geben uns Auskunft darüber, worin der »Gewinn« besteht und worauf die Anstrengungen konzentriert werden sollten. Sie verwandeln »irgendwann« in »heute«.

Visionen sind wichtig, um das große Bild zu entwerfen und in der Phantasie eine Vorstellung davon zu entwickeln, wer wir sein können. Sie sind das Rohmaterial für Träume. Visionen sind überlebensgroß und liefern uns etwas, wonach wir streben können; ein Ziel hingegen können wir in die Arme schließen. Visionen sind die Leinwand; Ziele sind die Pinselstriche, mit denen wir das Bild unserer Lebens malen.

Ali zum Beispiel träumte schon seit Jahren von einem Haus in einem Skigebiet. Sie war begeisterte Skifahrerin und fuhr sehr gern nach Colorado. Ein Häuschen irgendwo in den Bergen zu besitzen war ein absolutes »Muss« in ihrer allgemeinen Lebensplanung. Doch es verging eine Skisaison nach der anderen, und Ali tat nichts, um ihre Vision zu realisieren.

Was hätte Ali tun können? Welche Ziele hätte sie sich setzen können, um den Prozess in Gang zu bringen, der sie zu ihrem Traumhaus geführt hätte?

Nun, für den Anfang hätte sie sich das Ziel setzen können, innerhalb der nächsten sechs Monate ihre Finanzen zu ordnen, um für das Haus sparen zu können. Oder, wenn sie das Geld schon gehabt hätte, hätte sie sich selbst Aufgaben erteilen können, zum Beispiel vor Ablauf der nächsten Saison mit mindestens drei Maklern zu sprechen. Alles – selbst das kleinste Ziel, wie sich noch vor dem nächsten Jahr für einen bestimmten Ort zu entscheiden – hätte genügt. Wichtig ist nur, ein genaues Ziel festzulegen, das auch erreichbar ist, und dieses dann tatsächlich zu verfolgen.

Mike hatte ein Vision, die viele Menschen mit ihm teilen: Er wollte reich sein. Seit seiner Kindheit träumte Mike von einem sechsstelligen Kontostand, Luxusautos, einem großen Haus mit Swimmingpool, vielen Gästezimmern und einem Schrank voller Designeranzüge. Sein Geschmack tendierte in Richtung Extravaganz, und er hatte die Vision von einem entsprechenden Lebensstil.

Doch Mikes Wirklichkeit sah ganz anders aus: Er lebte in einer bescheidenen Zweizimmerwohnung, fuhr einen geleasten Mittelklassewagen, erwarb seine Kleider meistens im Schlussverkauf beim ortsansässigen Herrenausstatter, und sein Kontostand überschritt nur selten vierstellige Zahlen.

Um seine Vision in die Realität umzusetzen, müsste Mike zuerst einmal ganz grundlegende Ziele ins Auge fassen. Er könnte sich beispielsweise zum Ziel setzen, eine Gehaltserhöhung zu bekommen, einen Finanzierungsplan aufzustellen oder einen besser bezahlten Job zu bekommen. Um den Ball dann tatsächlich ins Rollen zu bringen, könnte er zum Beispiel einen Finanzberater aufsuchen, um eine Gehaltserhöhung bitten oder nach einem neuen Job Ausschau halten. Er könnte sich auch das ganz einfache Ziel setzen, regelmäßig einen kleinen Betrag beiseite zu legen, um sich einen Designeranzug kaufen zu können. Die Befriedigung, die ihm aus der Erfüllung einer ersten kleinen Aufgabe erwüchse, würde ihn höchstwahrscheinlich zu weiteren und auch größeren Zielen anspornen.

Werfen Sie einen Blick auf die folgenden Visionen und die möglichen Zielsetzungen zu deren Realisierung. Dadurch werden Sie ein besseres Gefühl für den Unterschied zwischen Visionen und Zielen bekommen und auch dafür, wie Sie persönlich damit beginnen können, Ihre Visionen zuerst in Ziele und schließlich in Realität umzuwandeln:

Visionen und Ziele

VISION	ZIEL
Am Meer leben.	2002 in einem Ferienhaus in Malibu leben
Branchenführer werden	Innerhalb der nächsten fünf Jahre im *Wall Street Journal* erwähnt werden
Heiraten	Bis zum nächsten Valentinstag eine liebevolle, befriedigende, ernste und dauerhafte Beziehung zu einem wichtigen Menschen aufbauen, zu dem ich mich hingezogen fühle und den ich liebe
In Form kommen	Bis 15. Juni 80 kg wiegen, durchtrainiert und fit sein
Finanziell unabhängig sein	Bis Ende 2005 schuldenfrei sein und $ 500 pro Monat anlegen
Ein Baby bekommen	Bis Ende nächsten Monats zum Arzt gehen und alles in Erfahrung bringen, was ich wissen muss, um schwanger zu werden

Einen besseren und befriedigenderen Job finden	Aktiv mit Dingen beschäftigt sein, die mir Spaß machen, und mir den gewünschten Lebensstil leisten können, bevor ich 40 werde
Ein eigenes Geschäft aufmachen	Erkundigungen über Franchise-Möglichkeiten einholen und bis Ende des Jahres für eine entscheiden
Mit Kindern arbeiten	Einen Tag pro Woche ehrenamtlich im Krankenhaus arbeiten und den Kindern auf der pädiatrischen Station etwas vorlesen
Ein Buch schreiben	So rechtzeitig einen Entwurf für meinen Krimi erstellen, dass ich ihn in der Schreibwerkstatt, die in diesem Frühjahr beginnt, zur Diskussion stellen kann.

Welche Ihrer persönlichen Visionen möchten Sie verwirklichen? Welche meinen Sie in erreichbare Ziele zerlegen zu können? Es könnte eine der hier genannten sein oder auch eine ganz andere und sehr persönliche. Wahrscheinlich wissen Sie schon, welche Ihrer Visionen Sie insgeheim verlockt. Falls nicht, dann gebe ich Ihnen einen Tipp: Es ist diejenige, die sich leise zu Wort meldet, wenn Sie zur Ruhe kommen, diejenige, die an den Ecken Ihrer Seele zerrt, und wahrscheinlich diejenige, die Sie sich am wenigsten eingestehen mögen. Diese Vision rollt bereits auf Ihrer Startbahn und wartet darauf abzuheben, wenn Sie sie nur endlich auf Ihrem Radarschirm erkennen würden.

ZIELE SETZEN

Erleuchte morgen mit heute!
ELIZABETH BARRETT BROWNING

Das Setzen von Zielen bietet Ihnen zwei große Vorteile: ein Gefühl für Kausalität und Meilensteine zur Markierung Ihres Weges. Ziele machen Sie zum Steuermann Ihres Lebens; mit der Verfolgung der Ziele unterstellen Sie Ihr Handeln dem Kausalgesetz. Sie bestimmen den Kurs selbst, anstatt dahinzutreiben und das Leben geschehen zu lassen.

Ziele zu setzen hört sich einfach an, ist für die meisten Leute aber dennoch eher schwierig, weil sie Angst vor der eigenen Courage haben. Ein Ziel, das Sie sich setzen, beinhaltet nämlich immer auch die Möglichkeit, dass Sie selbst oder jemand anders enttäuscht werden. Die Angst vor dem Scheitern lässt sich völlig umgehen, wenn Sie sich erst gar kein Ziel setzen. Man kann schließlich nicht scheitern, wenn man nie sagt, was man erreichen möchte.

Das Nicht-jetzt-Syndrom

Eine der Sachen, für die mich meine Klienten und Freunde gleichzeitig hassen und lieben, wenn sie eine Vision äußern, ist meine Angewohnheit, immer sofort zu fragen: »Wann wollen Sie das machen?« Ich tue das, weil ich mir von Herzen wünsche, dass sie bekommen, was sie wollen, und weil ich weiß, dass ihre einzige Chance darin besteht, sich verbindlich festzulegen.

Einmal unterhielt ich mich mit meiner lieben Freundin Dolores. Wir fingen an, über ihre Wünsche, Träume und Ziele zu diskutieren.

»Irgendwann hätte ich gern mal einen Sportwagen«, sagte sie.

Ich fragte wie üblich: »Wann denn?«

»Ach, irgendwann. Das eilt nicht«, antwortete sie.

Ich bohrte natürlich weiter: »Wann?«

Sie behauptete ihren Standpunkt und erwiderte: »Wenn ich es mir leisten kann.«

»Wann wird das sein?«, hakte ich nach.

»Wenn es so weit ist«, widersetzte sie sich meiner Nachfrage.

»Wann wäre denn für dich der ideale Zeitpunkt?«, insistierte ich.

(Ob man mich liebt oder hasst, ich gebe nur selten auf, wenn ich derlei Dinge höre!)

»Ach, ich weiß nicht«, jammerte sie, »nicht jetzt, aber irgendwann.«

Ich wechselte die Strategie und fragte sie, wie sie sich fühle.

»Bedrängt«, antwortete sie.

Ich fragte sie, warum, und sie sagte: »Weil ich weiß, dass ich einen Sportwagen haben möchte, aber ich will mich nicht auf ein Datum festlegen.«

Ich fragte wieder: »Warum?«

»Weil das von vielen Faktoren abhängt.«

Ich wusste, dass wir mit dieser Aussage weiterkommen würden.

»Wovon zum Beispiel?«, beharrte ich.

»Na ja«, sagte sie, »zu meiner Vision vom Sportwagen gehört zum Beispiel auch die Vorstellung, dass ich ein Landhaus besitze, zu dem ich am Wochenende mit meinem Wagen fahren kann. Aber momentan habe ich kein Haus und Geld habe ich auch nicht. Diese Autos sind sehr teuer, und ich kann mir einfach keines leisten. Und solange ich weder das Haus noch das Geld für das Auto habe, wäre es doch dumm, ein Datum festzulegen.«

Dolores Antwort erinnerte mich an Hunderte meiner Klienten, die auch immer kein Ziel formulieren wollen, wenn sie nicht genug Geld auf der Bank haben, um ihr Ziel unverzüglich zu realisieren. Ich verriet ihr eines der Geheimnisse beim Setzen von Zielen: Ein Ziel zu fixieren ist ein Schritt für sich und erfüllt einen Selbstzweck. Es bedeutet nicht, dass man sofort die Ernte einfahren kann. Ein Ziel zu setzen ist wie das Pflanzen eines Samens. Zuerst steckt man ihn in die Erde, dann bewässert man ihn, lässt ihn von der Sonne bescheinen und düngt ihn. Und irgendwann kommt dann ein Spross zum Vorschein. Diesen pflegt man nun weiter, bis eine robuste, widerstandsfähige Pflanze mit Blüten und/oder Früchten daraus geworden ist. Man pflanzt nicht den Samen und starrt dann den Boden an, um unverzügliche Resultate zu sehen.

Dieses Gespräch war eine Offenbarung für Dolores. Bislang hatte sie immer geglaubt, es sei Selbstbetrug, sich ein Ziel zu setzen, ohne die notwendigen Mittel dafür zu besitzen. Sie glaubte, »nicht jetzt, aber irgendwann« entspreche eben einfach der Wahrheit und sei realistisch. Ihr war gar nicht klar, dass sie sich damit selbst schachmatt setzte und mit einem »Vielleicht-Wunsch« an der Nase herumführte.

Viele Menschen leiden, genau wie Dolores, an diesem Nicht-jetzt-Sydrom, wie ich es nenne. Wer davon befallen ist, hat entweder Angst, nicht das zu bekommen, was er will, oder Angst, tatsächlich zu bekommen, was er will. Das mag sich sonderbar anhören, enthält aber viel Wahres.

Hin und wieder ist eine gesunde Portion des Nicht-jetzt-Syndroms für uns alle ganz nützlich. Zum Beispiel wenn die Augen größer sind als die Brieftasche, oder wenn unsere Träume größer sind, als unser Leben derzeit fassen kann. Sie können die Reise nach China nicht machen, wenn Sie nur $ 250 auf der Bank haben und auch keinen Kredit bekommen; genauso wenig können Sie CEO eines Unterhaltungskonzerns werden, wenn Sie gerade erst angefangen haben zu studieren. Es gibt für alles einen richtigen Zeitpunkt, und diesen gilt es für die Zukunft zu finden, um sein Ziel konkretisieren zu können, anstatt es ängstlich beiseite zu schieben.

Wenn Sie zögern, einen Traum in ein realistisches Ziel zu verwandeln, fragen Sie sich, was Ihnen im Wege steht. Wenn sich die Antwort eher nach einer Aneinanderreihung von Entschuldigungen als nach legitimen, realistischen Fakten anhört, haben Sie die Lösung schon. Dann ist es Zeit, das Nicht-jetzt-Syndrom abzuschütteln und die Zukunftsträume mit ein paar realistischen Daten zu versehen.

Smarte Ziele

In der Gegenüberstellung *Visionen und Ziele* ist Ihnen vielleicht aufgefallen, dass alle Ziele fünf Kriterien gemeinsam haben: Sie sind speziell, messbar, ausführbar, realistisch und terminiert. Eine einfache Art, sich an diese Kriterien zu erinnern, ist das Akronym SMART. Ziele, die in Ihrer Reichweite liegen, müssen SMART sein. Ein Ziel, das nicht SMART ist, ist kein Ziel, sondern nur eine Absicht.

Wollen Sie Ihre Wünsche in Ziele verwandeln, so ist es hilfreich, sie erst einmal anhand der fünf Kriterien zu untersuchen, um die Erfolgsaussichten für Ihr Bemühen zu optimieren. Die Kriterien sind der Härtetest, den Ihre Ziele bestehen müssen, um realitätstauglich zu sein.

1. **Ist Ihr Ziel *speziell*?** Um Ihren Wunsch zu spezifizieren, müssen Sie präzise sagen, was Sie sich vorstellen und was *genau* Sie erreichen wollen. Wenn es zum Beispiel Ihr Ziel ist, in Ihrer Firma Karriere zu machen, dann müssen Sie klar zum Ausdruck bringen, was Sie darunter verstehen. Wollen Sie es letztendlich bis zum Geschäftsführer bringen? Oder ein anderes Beispiel, das ich neulich von einem Workshop-Teilnehmer hörte: Wenn Sie Basketballprofi werden wollen, sollten Sie präzisieren, welche Position Sie spielen wollen und für welche Mannschaft.

2. **Ist Ihr Ziel *messbar*?** Das zweite Kriterium ist die Messbarkeit. Sie müssen das Ergebnis irgendwie berechnen oder feststellen können. In dem Firmenbeispiel wäre Ihre Messlatte die Ernennung zum Geschäftsführer durch den Vorstand. Auf dem Basketballfeld wäre es der Spielervertrag für die Lakers oder irgendeine andere Mannschaft Ihrer Wahl.

3. **Ist es *ausführbar*?** Das dritte Kriterium bedeutet, dass Sie die persönlichen Voraussetzungen für die Realisierung Ihres Ziels mitbringen müssen. Ist es angesichts Ihrer körperlichen, geistigen und emotionalen Eigenschaften und Fähigkeiten möglich, dieses Ziel zu erreichen? Um es deutlich zu machen: Wenn Sie 1,50 Meter groß sind, können Sie nicht ernsthaft ins Auge fassen, bei einer Major-League-Basketballmannschaft Center zu spielen. Und wenn Ihre Firma von allen leitenden Angestellten einen Hochschulabschluss verlangt, können Sie ohne einen solchen wohl kaum den Geschäftsführerposten bekom-

men. Mit anderen Worten, die Ziele müssen sich im Rahmen Ihrer Möglichkeiten bewegen.

4. **Ist es *realistisch*?** Ist es realistisch für Sie, professionell Ball zu spielen, wenn Sie Knieprobleme haben? Ist es realistisch für Sie, Geschäftsführer Ihrer Firma zu werden, wenn Sie wissen, dass Sie dafür auf einen anderen Kontinent umziehen müssten, Ihre alten Eltern aber gleichzeitig Ihrer Pflege und Fürsorge bedürfen? Anders gesagt, ist Ihr Ziel sinnvoll? Es macht einen feinen Unterschied, ob Sie nach den Sternen greifen oder den Sinn für die Realität verlieren. Um auszutesten, ob Ihr Ziel realistisch ist oder nicht, achten Sie am besten einmal darauf, wie Sie es sich selbst und anderen präsentieren. Verhalten Sie sich dabei eher defensiv, so lässt der Realitätsbezug wahrscheinlich zu wünschen übrig.

Manche Menschen setzen sich aber auch über die Realität hinweg. Sie sind in der Lage, vollkommen unrealistisch anmutende Ziele real werden zu lassen, was wirklich außergewöhnlich ist. Dass Anne Sullivan es schaffte, Helen Keller, die blind, taub und stumm war, das Lesen, Schreiben und Sprechen beizubringen, grenzte an ein Wunder. Wenn Sie felsenfest davon überzeugt sind, dass Sie Wunder geschehen lassen können, dann zögern Sie nicht, sich außergewöhnliche Ziele zu setzen. Nur Sie allein können Ihre Fähigkeit beurteilen, auch gegen alle Widerstände unbeirrt, fleißig und engagiert an Ihrem Ziel zu arbeiten. Was realistisch ist, richtet sich nach Ihrer subjektiven Einschätzung.

Rudy Ruettinger war ein solch unbeirrbarer Mensch. Er hatte sich zum Ziel gesetzt, für Notre Dame Football zu spielen. Es war eines der unrealistischsten Ziele, die man sich vorstellen konnte. Er war klein, leichtgewichtig und arm, und den Notendurchschnitt, der für die Zulassung erforderlich war, konnte er auch nicht vorweisen. Doch er ließ sich nicht von seinem Ziel abbringen. Er lernte mit seiner Leseschwäche umzugehen und trainierte unverdrossen weiter. Schließlich wurde er zugelassen, bekam ein Stipendium, und konnte tatsächlich durch das Zusammentreffen verschiedener Umstände ganze dreißig Sekunden mit seiner Traummannschaft zusammen auf dem Spielfeld kämpfen. Sowohl das Buch als auch der Film *Rudy* waren sehr inspirierend, weil Rudy sich darin so unermüdlich für sein vollkommen unrealistisches Ziel einsetzt.

Wenn Sie aus ähnlichem Holz geschnitzt sind, dann legen Sie los. Wenn Sie sich aber lieber realistische Ziele setzen möchten, dann tun Sie eben dieses.

5. **Ist Ihr Ziel *terminiert*?** Als Fünftes müssen Sie das gewünschte Resultat in einem zeitlichen Rahmen verankern. Zu jedem Ziel gehört ein Erfüllungsdatum. Ohne Terminierung wird aus dem gewünschten Ergebnis eher eine Intention als ein Ziel; es wird durch das ewige »irgendwann« immer weiter

hinausgeschoben und vom Nicht-jetzt-Syndrom lahm gelegt. Daten binden Absichten an die Realität des Kalenders. Sie liefern den Zeitrahmen für das Ziel und verhindern, dass es in der Unendlichkeit entschwindet.

Wenn Sie zum Beispiel zum Geschäftsführer Ihrer Firma aufsteigen wollen und nicht präzisieren, wann Sie dieses Ziel zu erreichen gedenken, kann der Prozess sich ewig hinziehen. Sie können sogar das Bemühen darum vor sich herschieben, weil es ja keinen Termin gibt, bis wann das gewünschte Resultat sich eingestellt haben muss. Sie können Ihren Plan zur Besteigung des Gipfels schließlich auch morgen in die Tat umsetzen. Warum sollten Sie sich heute beeilen?

Wenn Sie Ihren Plan, Basketballspieler zu werden, nicht mit einem Datum versehen, könnte es passieren, dass Sie schon Anrecht auf einen Seniorenpass haben, bevor Sie merken, dass Sie Ihre Chance vertan haben. Als ich die Lakers neulich spielen sah, waren keine Spieler über fünfundsechzig dabei.

Noch eine Anmerkung zum Faktor Zeit: Natürlich können Sie Fristen jederzeit korrigieren, wenn es notwendig sein sollte. Es hat nichts mit Scheitern zu tun, wenn Sie Ihr Ziel nicht zum ursprünglich festgesetzten Zeitpunkt erreichen. Es empfiehlt sich, regelmäßig auf den Kalender zu schauen und zu überprüfen, ob der von Ihnen gesetzte Zeitrahmen noch angemessen ist. Ist dem nicht so, dann können Sie Ihren Termin entsprechend abändern. Wenn Sie sich selbst nicht die Freiheit einräumen, Ihre

Ziele nach Bedarf zu verändern, zu korrigieren und zu revidieren, kann es zu Misserfolgen kommen.

Auch bestens durchdachte Pläne müssen von Zeit zu Zeit geändert werden. General Motors hatte die Serienproduktion des ersten Elektroautos – EVI – für Mitte 1999 anvisiert. Bis dahin sollten auch die neuen, leistungsfähigeren Batterien einsatzbereit sein. Doch dann tauchten technologische Probleme auf und der Termin wurde auf Anfang 2000 verschoben. Als einer der größten Konzerne Amerikas weiß GM, wann Termine neuen Gegebenheiten anzupassen sind, und zögert auch nicht, dies zu tun, wenn es notwendig ist.

Ein Ziel zu verfehlen heißt nicht, dass Sie gescheitert wären; es bedeutet lediglich, dass Sie den Tatsachen ins Auge blicken, die Sache überdenken und sich einen neuen Termin setzen müssen, der hoffentlich realistischer ist.

Die Anwendung der Smart-Kriterien

Eric kam zu mir, weil er nicht sicher war, ob er seinen Job als Biologieprofessor am College aufgeben sollte, um sein Hobby, das Wandern, zum Beruf zu machen. Er wollte ein kleines Reisebüro eröffnen und Wandertouren in den Blue Ridge Mountains organisieren. Er war fast sein ganzes Leben lang gewandert, kannte die Wege in- und auswendig und wusste auch eine ganze Menge über Flora und Fauna in dieser Gegend. Er hatte große Lust, seine Wandererfahrung mit seinem biologischen Wissen zu kombinieren und einen fachkundigen Wanderführer abzugeben.

Ich erzählte Eric von den SMART-Kriterien und schlug vor, sie zur Überprüfung der Realitätstauglichkeit auf seine Vision anzuwenden. Er war einverstanden, weshalb wir als Erstes untersuchten, ob es sich um ein genau definiertes Ziel handelte. Das war der Fall. Ungenau wäre die Zielsetzung gewesen, wenn Eric nur gesagt hätte, dass er etwas in der freien Natur machen möchte. Da Eric aber genau wusste, was er dort tun wollte, hakten wir diesen Punkt ab.

Als Nächstes fragten wir uns, ob sein Ziel messbar sei. Gab es eine Möglichkeit, seinen Erfolg in Fakten oder Zahlen auszudrücken? Eric dachte einen Augenblick darüber nach, dann antwortete er: »Wenn sich mindestens fünf Personen für eine Wandertour angemeldet haben.« Das war seine Art, seinen Erfolg zu messen; also war das Ziel messbar.

Bei der nächsten Frage ging es um die Erreichbarkeit seines Ziels. Hatte Eric die körperlichen Voraussetzungen, um Menschen durch die Berge zu führen? Ja. War er mental in der Lage, sein kleines Unternehmen zu betreiben und zu vermarkten? Ja. War er emotional in der Lage, das Risiko auf sich zu nehmen? Eric zögerte nicht länger als fünf Sekunden, bevor er mit einem überzeugten »Ja!« antwortete. Gemäß Kriterium 3 bewegte sich Erics Ziel im Rahmen seiner Fähigkeiten, also war es erreichbar.

Als Viertes fragten wir uns, ob sein Ziel realistisch sei. Hier war die Antwort nicht so leicht zu finden – das ist im Übrigen immer so. Der eine würde mit Blick auf Erics Situation vielleicht sagen, er sei verrückt, seinen sicheren Posten an einer achtbaren Institution aufzugeben und in die Berge zu ziehen. Für diesen Menschen wäre Erics Ziel weit davon entfernt, realistisch zu sein. Ein anderer, der sich vielleicht auch zu Abenteuern hingezogen fühlt, würde wahrscheinlich aufs Heftigste widersprechen und behaupten, Erics Ziel sei durchaus pragmatisch. Es ist Auffassungssache, was jeder einzelne unter »realistisch« versteht, deshalb konnte nur Eric selbst beurteilen, ob sein Ziel vernünftig ist.

Er betrachtete seine Lebensumstände und stellte fest, dass ihm nichts im Wege stand. Erics Frau unterstützte seine Pläne aus vollem Herzen, das Geld für die Ausbildung seiner Kinder hatte er bereits beiseite gelegt, und außerdem konnte er jederzeit wieder anfangen zu lehren, wenn sein Wanderunternehmen nicht funktionieren sollte. Eric konnte es drehen und wenden, wie er wollte, es gab eigentlich nichts, was gegen die Verwirklichung seines Traumes sprach. Ich zwickte ihn und stupste ihn und versuchte unermüdlich, in die Tiefen seiner Phantasie vorzudringen, aber sein Ziel entsprach den SMART-Kriterien, und er hatte sogar einen Rückzugsplan in petto.

Zu guter Letzt kamen wir auf den Zeitplan zu sprechen. Bislang hatte Eric sich noch keinen Termin gesetzt, und zwar aus demselben Grund wie viele andere Leute auch: Angst. Ich fragte ihn, ob er gewillt sei, den letzten Schritt zu machen, der zur Realisierung seines Ziels notwendig war. Eric zögerte keinen Moment. »Absolut! Zum Ende des Semesters werde ich meinen

Job an der Universität aufgeben und meinen Plan in Angriff nehmen.«

»Und wann wollen Sie Ihre erste Wandertour durchführen?«, hakte ich nach.

»Im nächsten Frühjahr will ich mit der ersten Gruppe loswandern. Wollen Sie als mein Gast mitkommen?«

Ich lachte und gratulierte Eric zu seinem Mut und zu seinem Enthusiasmus. Nachdem sein Ziel allen fünf Kriterien standgehalten hatte, war er bereits auf dem besten Wege dazu, sein persönliches Erfolgsspiel zu gewinnen.

Welche Ziele verfolgen Sie? Bestehen sie den SMART-Test? Wenden Sie die fünf Kriterien an, um herauszufinden, ob Ihr angestrebtes Ziel der Mühe wert ist oder ob es noch revidiert werden muss. Bringen Sie Ihre Vision zu Papier, verwandeln Sie die Vision in Ziele und überprüfen Sie diese dann anhand der fünf SMART-Kriterien. Und denken Sie daran: Je SMARTer Ihr Ziel, desto größer sind Ihre Aussichten auf Erfolg.

* * *

Visionen, Wünsche, Intentionen und Träume sind allesamt sehr wertvoll. Sie beflügeln Ihre Phantasie und machen es Ihnen möglich, zu definieren, wohin Sie gehen wollen. Doch um dorthin zu gelangen, müssen Sie Ihre überlebensgroßen Vorstellungen auf die Erde herunterholen und ein paar Pläne machen. Das Setzen von Zielen ist der erste Schritt zur Erstellung dieser Pläne.

Visionen leben im Geist; Ziele existieren in der Realität. Visionen geben Ihnen Hoffnung; Ziele bringen Resultate. Visionen sind auf ein hochfliegendes Morgen gerichtet, wohingegen Ziele Ihnen heute greifbare Erfolge liefern.

Natürlich sind beide wichtig, doch es sind die Ziele, die Sie nach vorne durchstarten lassen.

Sind Sie bereit, Ihre Visionen auf den Boden der Tatsachen zu stellen?

IHR HANDELN BESTIMMT DIE RESULTATE

Qualität und Quantität der Energie, die Sie aufwenden,
haben unmittelbare Auswirkungen auf das Ergebnis, das Sie erhalten.

Ihr gesamtes Umfeld, in persönlicher wie auch in beruflicher Hinsicht, ist das Resultat Ihres Handelns. Einmal abgesehen von eher selten vorkommenden Geschenken und Wundern ist alles, was Sie mit Stolz und Befriedigung erfüllt – vollbrachte Leistungen, freudvolle Beziehungen, materielle Besitztümer und Ihr Erfahrungsschatz – das direkte Ergebnis der Mühen, die Sie darauf verwendet haben.

Wahrscheinlich kennen Sie den Spruch »Man erntet, was man sät«, den ich beim Thema Erfolg für besonders zutreffend halte. Ihr Aufwand steht in direkter Beziehung zu dem Ergebnis, das Sie als Gegenleistung dafür erhalten. Sie veranlassen, was in Ihrem Leben geschieht, und Sie bestimmen darüber, wie groß

Ihre Erfolgschancen sind. Den Pokal können Sie nur nach Hause tragen, wenn Sie sich aktiv am Spiel beteiligen und Ihr Möglichstes versuchen, ihn zu erringen.

KAUSALITÄT

> *Das Leben ist wie eine Trompete.*
> *Wenn Sie sich nicht anstrengen, kommt nichts heraus.*
>
> W. C. HANDY

Kausalität bedeutet, dass Sie durch eigenes Bemühen etwas zustande bringen. Sie erkennen und akzeptieren, dass Sie sich Ihre Realität selbst erschaffen, dass alles, was Sie sagen und denken, direkten Einfluss darauf hat, welche Ergebnisse Sie produzieren.

Kausalität bedeutet, dass Sie willens und bereit sind, sich mit voller Kraft für die Realisierung Ihrer Wünsche einzusetzen. Dass Sie gewillt sind, einen Weg zu suchen, und die notwendige Zeit und Energie zur Erschaffung der von Ihnen gewünschten Realität aufzuwenden. Den Gegenpol zur Kausalität bildet das »Nichtstun«. Natürlich gibt es Zeiten und Orte, an denen Nichtstun durchaus angebracht ist, aber wenn Sie Erfolg haben wollen, kommen Sie mit Kausalität wesentlich weiter als mit »Nichtstun«. Wenn Sie nach Erfolg streben, können Sie natürlich einfach warten, bis das Universum Ihnen das Gewünschte frei Haus liefert. Sie können aber auch auf sich selbst setzen und dafür sorgen, dass der Erfolg sich einstellt.

Als ich noch studierte, unterhielt ich mich einmal mit Joe Nordstrom, dem CEO der Nordstrom-Warenhäuser. Er erzählte mir Folgendes: Dem Verkaufspersonal in der Strumpfwarenabteilung eines seiner Kaufhäuser fiel auf, dass die Umsätze der Abteilung zu wünschen übrig ließen. Obwohl die Kunden in gewohnter Anzahl ins Haus strömten, kaufte seit neuestem niemand mehr Socken oder Strümpfe.

Eine Verkäuferin war es schließlich leid, immer nur herumzusitzen und auf Kunden zu warten, und beschloss, einen ganz neuen Ansatz auszuprobieren. Sie füllte einen Korb mit Strumpfhosen und Socken und begab sich damit zu einem nahe gelegenen großen Bürohaus. Sie ging von Büro zu Büro und hatte in kürzester Zeit ihre gesamte Ware verkauft. Ihre Kolleginnen waren begeistert und folgten dem Beispiel. Jede nahm sich ein anderes Bürogebäude vor und versorgte die dankbaren Büroangestellten mit Waren. Sie verkauften körbeweise Strumpfhosen und Socken und hatten viel Spaß dabei.

Ich lobte Joe für seinen Führungsstil und er antwortete: »Wir ermuntern unsere Angestellten, Eigeninitiative zu ergreifen und innovative, lustige und interessante Arbeitsmethoden zu entwickeln, anstatt nur herumzusitzen und auf Kunden zu warten.« Joe Nordstrom und die Belegschaft haben die Bedeutung der Kausalität erkannt. Deshalb gehört Nordstrom auch zu den erfolgreichsten Warenhausketten des Landes.

Man muss Erfolg nicht nur wollen, sondern auch sein Möglichstes tun, um ihn aktiv herbeizuführen. Es ist wie beim Baseball: Nur wer mutig das Spielfeld betritt und aktiv den Schläger schwingt, kann am Spiel teilnehmen und letztendlich Punkte machen.

Wie wollen Sie den Lauf gewinnen, wenn Sie gar nicht erst nach dem Ball schlagen?

Hoffen Sie auf das große Glück?

Wir alle kennen diese Phantasievorstellung: Sie gehen gerade einer alltäglichen Beschäftigung nach, als es plötzlich an der Haustür klingelt. Sie öffnen die Tür und vor Ihnen auf der Treppe steht der Postbote, strahlt sie an und überreicht Ihnen einen Scheck über $ 1 Million.

Könnte Ihnen das passieren? Natürlich, wenn Sie unter Millionen von Lottospielern der eine Glückspilz sind, der den Jackpot gewinnt. In diesem Fall: herzlichen Glückwunsch! Sind Sie es aber nicht und haben dennoch das Ziel, diese Summe auf Ihrem Konto zu sehen, dann müssen Sie wohl die Ärmel hochkrempeln und das Geld mit Ihrer eigenen Hände Arbeit, mit Herz, Talent und Köpfchen verdienen.

Wenn Sie auf die Glücks- oder Schicksalsgöttin vertrauen und meinen, Sie müssten doch auch irgendwann einmal an die Reihe kommen, kann es sein, dass Sie den Jackpot gewinnen. Es kann aber auch nicht sein. Wenn Sie sich hingegen auf herkömmliche

Weise an die Verwirklichung Ihrer Ziele machen – durch Mühe und Arbeit – gewinnen Sie in jedem Fall, selbst wenn Sie Ihr Ziel nicht erreichen. Sie lernen wertvolle Lektionen über sich selbst, Sie eignen sich Wissen an und gewinnen neue Erkenntnisse und Sie investieren in Ihre Selbstwertbank.

Hin und wieder kann die Schicksalsgöttin durchaus einmal mit ihrem Zauberstab wedeln. Doch schauen Sie sich einmal um: Wie viele Menschen, die Sie für erfolgreich halten, sind allein durch Glück so weit gekommen? Hat Bill Gates sein Imperium vielleicht aufgebaut, ohne jahrelang Zeit und Energie zu investieren? War es nur ein glücklicher Zufall, dass aus Bruce Springsteen einer der berühmtesten Sänger der Welt wurde? War es Glück, dass Barbara Wolters zu einer der einflussreichsten Journalistinnen Amerikas avancierte? Ja, in all diesen Fällen hat es eine gewisse Rolle gespielt, zur richtigen Zeit am richtigen Ort zu sein, aber da war noch mehr: eine außergewöhnliche Anstrengung.

Cal hatte es bislang immer leicht gehabt in seinem Leben. Ihm schien alles in den Schoß zu fallen. In seiner Familie hieß es nur: »Cal gelingt einfach alles.« An der High School wurde er in sämtliche Teams aufgenommen, für die er sich bewarb, er bekam ohne Probleme die Zulassung zum College und später auch zur medizinischen Hochschule seiner Wahl, und gleich nach dem Examen wurde ihm eine der begehrtesten Praktikantenstellen angeboten. Alles lief wie geschmiert.

Doch dann stellte er fest, dass ihm der Beruf des Arztes gar nicht zusagte: er wollte lieber seinem Herzenswunsch folgen und in der Sportindustrie arbeiten. Als er genug Geld gespart hatte, um eine gewisse Zeit überbrücken zu können, gab er seinen Job auf. Er unterhielt sich mit Leuten, die in der Sportindustrie tätig waren, um herauszufinden, was er machen wollte, und um kundzutun, dass er einen Job suchte. Cal war zuversichtlich, dass alles wie gewöhnlich ohne größeren Aufwand funktionieren würde.

Das Problem war, dass Cal nichts anderes tat, als seinen Wunsch publik zu machen. Er schickte seinen Lebenslauf an die ein oder andere Adresse, doch der Großteil seiner Anstrengungen bestand darin, zu hoffen, dass jemand ihn anrufen und ihm einen Job anbieten würde.

Als er bereits seit sechs Monaten auf Jobsuche war, kam er zu mir um herauszufinden, ob er die Sache vielleicht anders angehen könne. Ich fragte ihn, was er denn bisher getan habe, und als er antwortete »mit verschiedenen Leuten gesprochen«, war mir das Problem sofort klar. Ich erzählte ihm von einem alten chinesischen Sprichwort, das mir für seine Situation angemessen schien: »Mit Reden kocht man keinen Reis.«

Cal wartete darauf, dass ihm wie üblich das Glück unter die Arme greifen würde. Als dies nicht geschah, sah er sich zum ersten Mal in seinem Leben mit dem Problem konfrontiert, die volle Verantwortung für seine Wünsche zu übernehmen und sich für deren Realisierung zu engagieren. Wir arbeiteten eine besser durchdachte und offensivere Strategie aus, und sechs Wochen später hatte Cal einen Job in einer Sportmarketingfirma.

Glück ist etwas Wunderbares. Doch naturgemäß gibt es keinerlei Garantie dafür. Wenn Sie Ihre Ziele tatsächlich verwirklichen wollen, können Sie *hoffen*, dass Sie Glück haben, doch das ist wahrscheinlich nicht die geeignetste Methode.

Glück ist kein Dauerzustand. Glück wiegt Sie in der Hoffnung auf externe Fügungen des Schicksals. Ziele zu definieren und in Angriff zu nehmen verlagert die Macht hingegen in Ihre Hände. Dann brauchen Sie sich nicht ständig umzusehen, ob das Glück, das Sie bisher hatten, noch da ist oder ob es sich vielleicht schon davongemacht hat. Erst wenn Sie die Macht der eigenen Kausalität in sich spüren, werden Sie das Gefühl haben, in einem stabilen Fahrzeug zu sitzen, das Ihnen auch gehorcht.

AKTIV WERDEN

Auch die längste Reise beginnt mit dem ersten Schritt.

LAO-TSE

Ziele sind so lange nur fromme Wünsche und gut gemeinte Absichtserklärungen, bis man anfängt, sie in die Tat umzusetzen. Je intellektueller und vernünftiger Sie sind, desto eher laufen Sie Gefahr, vor lauter Analysieren nicht aktiv zu werden. Dieses Phänomen wird oft als Analysenparalyse bezeichnet. Es bedeutet, dass Sie nachdenken, analysieren, versuchen zu verstehen, Nachforschungen anstellen, mit Ihren Freunden und Ihrer

Familie diskutieren und ständig grübeln, ohne jemals tatsächlich aktiv zu werden.

In einem Workshop, den ich seit fünfundzwanzig Jahren durchführe – der Inner Negotiation Workshop – fordere ich die TeilnehmerInnen immer auf, in sich hineinzuhören und ihre intuitiven »Botschaften« zu entschlüsseln. Aus diesen »Botschaften« lassen sich die inneren Befehle ableiten, nach denen die betreffende Person sich richten sollte. Die Botschaften zu empfangen ist normalerweise kein Problem, denn die meisten Leute können ihre inneren Ahnungen und Gefühle verstehen, wenn sie bereit sind hinzuhören.

Doch die »Botschaften« in die Tat umzusetzen bringt für gewöhnlich Risiken mit sich, weshalb dieser Teil der Aufgabe oft schwieriger zu bewältigen ist. Viele Menschen versuchen deshalb, ihre risikobehaftete Botschaft zu rationalisieren. Sie versuchen, mit ihrer inneren Führung ins Gespräch zu kommen und eine Alternative auszuhandeln, die mehr Analyse als Aktion erfordert. Echte »Denker« versuchen, alles im Geiste zu lösen; sie planen, antizipieren Resultate, machen sich Gedanken über sämtliche Eventualitäten und wollen alles perfekt haben, bevor sie irgendetwas tun. Doch das funktioniert nie. An einem bestimmten Punkt stellen sie fest, dass Wissen, mag es auch noch so umfangreich sein, keine tatsächlichen Handlungen ersetzt.

Nach etwa einem Tag ist es bei den Workshops meistens erforderlich, ein Ultimatum zu setzen. Die Gruppenleiter oder Gruppenleiterinnen sagen dann Dinge wie: »Sie können entweder über Ihre Botschaft nachdenken oder sie in die Tat umsetzen. So einfach ist das. Wenn Sie lange genug über eine Sache nachgedacht haben, dann ist es an der Zeit, aktiv zu werden. Vergessen Sie nicht, wenn Sie denken, tun Sie nichts.«

Die Denker erkennen sich normalerweise selbst, doch die Erkenntnis allein macht den Sprung vom Sprungbrett noch nicht leichter. Deshalb führen die Gruppenleiter dann mit den Teilnehmern Einzelgespräche, damit ihnen der Übergang vom Denken zum Handeln leichter fällt. Den Gruppenleitern kommt dabei die Aufgabe zu, die Teilnehmer zu ermutigen und ihnen zu helfen, den ersten Schritt zu machen. Der erste Schritt ist immer der schwierigste, und mit etwas Anschwung schreitet man immer ein wenig mutiger voran.

Wenn Sie von Denken auf Handeln umschwenken wollen, müssen Sie eine Linie in den Sand ziehen und sich sagen: »Wenn ich diese Linie überschreite, fange ich an zu handeln und höre auf zu denken.« Durch das Überschreiten der Linie aktivieren Sie zuerst einmal die eigenen Moleküle und dann bringen Sie auch Ihre Umgebung in Schwung. Die Aktionsräder müssen sich drehen, damit Sie Erfolge erzielen können, unabhängig davon, um welchen Bereich Ihres Lebens es dabei geht.

Cindys innere »Botschaft« lautete, dass sie am liebsten Krankenschwester wäre. Sie gestand ein, dass sie sich bereits seit Jahren zu diesem Beruf hingezogen fühlte, ihren Traum bislang aber immer verdrängt hatte. Jedes Mal wenn sie sich schon fast vorstellen konnte, ihre Vision zu realisieren, erstarrte sie in Bewegungslosigkeit. Cindy sah sich oft in einem Krankenhaus arbeiten und für Patienten sorgen, aber sie tat nichts, um dieses Bild reale Gestalt annehmen zu lassen.

Als Erstes machten Cindy und ich uns an die Austreibung ihrer »Ja, abers« – all der Gründe und Umstände, die ihrer Meinung nach dagegensprachen, dass sie Krankenschwester wurde. Nachdem sämtliche »Ja, abers« auf dem Tisch lagen, untersuchte Cindy sie alle nacheinander und stellte fest, dass keines davon unüberwindbar war. Sie erkannte, dass sie sich durch das Festhalten an diesen Negaholikergedanken die Möglichkeit einräumte, in der sicheren Zone des Analysestadiums zu verharren, und so nie gezwungen war, einen Schritt vorwärts zu gehen.

Cindy zog ihre Linie in den Sand. Sie wusste, dass sie schon viel zu viel Zeit mit »Nachdenken« zugebracht hatte, und dass sie wahrscheinlich nie etwas unternehmen würde, wenn sie es nicht jetzt tat. Wir erstellten gemeinsam eine Liste mit zehn Aktionen, zu denen Cindy sich verpflichten wollte, zum Beispiel Informationen von den Krankenpflegeschulen der Umgebung einholen und ihrem derzeitigen Arbeitgeber mitteilen, dass sie gedachte, sich in naher Zukunft beruflich zu verändern.

Manche Menschen brauchen ein wenig Ermunterung, um ihren Traum zum Leben zu erwecken, und ein wenig Unterstützung bei der Ausarbeitung eines Aktionsplans, doch wann er in Kraft tritt, das bleibt jedem selbst überlassen. Niemand kann Ihre Füße voreinander setzen außer Ihnen selbst.

Der Unterschied zwischen Zuschauern und Spielern auf dem Feld besteht darin, dass die einen auf ihrem Platz sitzen bleiben, während die anderen in Aktion treten. Ohne aktiv zu werden, nehmen Sie nicht am Spiel teil; Sie beobachten nur und warten darauf, dass es losgeht. Der Übergang vom Zuschauer zum Teilnehmer beginnt mit einem einzigen Schritt – in Richtung Handeln.

Die Frage nach dem »Wie«

Von Menschen, die ein bestimmtes Ziel erreichen wollen, höre ich immer wieder: »Ich möchte ja gern, aber ich weiß nicht, *wie*.«

Meine spontane Antwort ist immer die gleiche: »Konzentrieren Sie sich nicht auf das *Wie*, sondern auf das *Was*. Das *Wie* führt Sie in Richtung Kopf, wo Sie versuchen, das Mysterium Ihrer Aufgabe zu entwirren; das *Was* lässt Sie mögliche Handlungsschritte erkennen. Das *Wie* ist abstrakt und schwer zu definieren; *Was* führt Sie zu konkreten, präzisen Schritten, die Sie tatsächlich unternehmen können, um Ihr Ziel zu verwirklichen.

Vielleicht können Sie es sich anhand eines Beispiels besser vorstellen: Wenn ich Sie fragen würde, wie Sie atmen, was würden Sie dann antworten? Wahrscheinlich würden Sie innehalten, nachdenken, sich auf Ihre Nase und Ihre Lungen konzentrieren und das Ein- und Ausströmen der Luft beobachten. Sie würden den Prozess studieren und nach den richtigen Worten suchen, um zu beschreiben, was Sie herausgefunden haben, oder Sie würden ein medizinisches Buch zu Rate ziehen, in dem der Vorgang genau erläutert wird. Die meisten Menschen haben Schwierigkeiten zu erklären, *wie* sie etwas machen, weil die Antwort auf die Frage *wie* Analyse erfordert. Um zu atmen, ist es für Sie aber gar nicht notwendig zu verstehen, *wie* Sie atmen. Tun erfordert kein Verständnis. Um etwas zu tun, müssen Sie die Frage nach dem *Was* klären.

Stellen Sie sich vor, ich würde Sie nicht fragen, wie Sie atmen, sondern *was* Sie tun, wenn Sie atmen. Wahrscheinlich würden Sie mir erzählen, dass Sie Luft durch Ihre Nasenlöcher einziehen, bis Sie fühlen, dass Sie genug haben, um dann die Luft wieder auszustoßen und den Prozess zu wiederholen. Die Frage nach dem *Was* führt Sie zu den einzelnen Schritten des Prozesses; *Wie* lässt Sie dagegen nur in den geheimnisvollen Gefilden des Unbekannten umherwandeln.

Die meisten Dinge, die wir tagtäglich tun, verrichten wir ohne jedes Wissen oder Verständnis dafür, *wie* wir sie tun. Wie sprechen wir am Telefon? Wie fliegen wir im Flugzeug? Wie kochen wir mit der Mikrowelle? Um diese Aktivitäten auszuführen, brauchen wir das *Wie* nicht zu verstehen, wir müssen lediglich wissen, welche Schritte erforderlich sind, um die Aufgabe zu erfüllen. Es ist vollkommen legitim, sich mit der Frage nach dem »Wie« unseres Universums zu beschäftigen, aber wenn es darum geht, konkrete Ergebnisse im Leben zu erzielen, sind derlei Nachforschungen eher hinderlich als förderlich.

Wenn Sie bereit sind, in Aktion zu treten, lassen Sie sich nicht vom *Wie* lähmen. Lenken Sie Ihre Aufmerksamkeit auf das unmittelbare *Was*. Anders gesagt, umgehen Sie die großen philosophischen Fragen und steigen Sie direkt in den Prozess des Tuns ein.

Die Schritte planen

Nehmen wir einmal an, es sei Ihre Aufgabe, *Krieg und Frieden* zu lesen. Der außergewöhnliche Umfang des Buches mag Sie abschrecken. Die Vorstellung, 1456 Seiten lesen zu müssen, erdrückt Sie vielleicht. Doch wenn Sie mit einer Seite anfangen – nur einer einzigen! – hat der Prozess bereits begonnen. Sie brauchen ja nicht das ganze Buch an einem Tag durchzulesen. Wenn Sie es Seite für Seite lesen, kommen Sie auch ans Ziel.

Die folgenden Schritte helfen Ihnen, einen für Sie geeigneten Aktionsplan zu entwerfen. Sie zeigen Ihnen, wie Sie Ihr Ziel in machbare Aufgaben unterteilen, die Sie Schritt für Schritt dem Erfolg näher bringen.

1. Erstellen Sie eine Liste aller möglichen Dinge, die Sie tun können, um der Erfüllung Ihres Wunsch näher zu kommen. Notieren Sie sämtliche Schritte, vom kleinsten bis zum größten. Das Aufschreiben bedeutet nicht unbedingt, dass Sie alles auch wirklich tun müssen, also seien Sie mutig und schreiben Sie alles auf, was Ihnen bei der Vorstellung einfällt,

dass *jemand* aktiv wird, um ein Vorhaben wie das Ihre zu verwirklichen.

2. Suchen Sie aus Ihren Notizen den Schritt heraus, der Ihnen spontan zusagt. Denjenigen, der Ihnen am interessantesten oder am attraktivsten erscheint. Wenn Ihnen nichts auf den ersten Blick zusagt, dann wählen Sie den Schritt, der scheinbar am einfachsten zu bewältigen ist – denjenigen, der Sie am wenigsten ängstigt und Sie nicht gleich abschreckt. Schon die Bewältigung des kleinsten und einfachsten Schritts in die gewünschte Richtung wird Ihnen ein Gefühl von Erfolg vermitteln. Der Schritt mag noch so unbedeutend erscheinen, wichtig ist nur, dass Sie das Gefühl haben, voranzukommen.

3. Mit den kleinen Schritten fangen Sie nicht an, weil Sie nicht in der Lage wären, auch anspruchsvollere Aufgaben zu bewältigen, sondern um Ihrem Selbstbewusstsein schnelle Erfolge zu präsentieren. Selbstvertrauen entwickelt sich aus vielen kleinen Positiverlebnissen und einer Vorwärtsbewegung, die Ihnen zeigt, dass Sie etwas »tun«. Nehmen Sie sich zu bewältigende Aufgaben vor, um Ihre Fähigkeiten unter Beweis zu stellen. Sie müssen den »Ich kann«-Motor starten, damit Sie in Fahrt kommen. Sobald Sie in die »Ich kann«-Rolle geschlüpft sind, bekommen Sie Auftrieb und können Ihre Aufgabenliste abarbeiten.

4. Führen Sie den Schritt, den Sie mit der Nummer eins versehen haben, aus.

5. Belohnen Sie sich dafür, dass Sie den Anfang geschafft haben; und wenn Sie nur kurz innehalten, um sich mental auf die

Schulter zu klopfen. Auf jeden Fall sollten Sie den Schritt, den Sie nun endlich unternommen haben, nicht als Selbstverständlichkeit betrachten.

6. Schreiten Sie weiter voran. Suchen Sie sich den nächsten Schritt aus – und dann den nächsten. Jede vollbrachte Tat versorgt Sie mit neuer Energie. Je stärker der erzeugte Impuls, desto weiter kommen Sie voran. Nutzen Sie die Energie, die Sie mit jedem Erfolg freisetzen, als Motivationsschub für die nächste Herausforderung. Erfolg motiviert. Sie brauchen Erfolgserlebnisse – seien sie auch noch so klein –, um Ihre Motivation aufrechtzuerhalten und sich den nächsten Punkt auf Ihrer Liste vornehmen zu können.

Stoßen Sie dabei auf ein Hindernis, so kehren Sie zu dem Moment zurück, der direkt vor dem Hindernis lag. Fragen Sie sich, was an diesem Punkt geschehen ist. Fragen Sie sich, was zu der Unterbrechung geführt hat. Dann setzen Sie sich mit dem Ergebnis Ihrer Untersuchung auseinander und tun eines von zwei Dingen: Entweder richten Sie Ihre geballte Aufmerksamkeit auf das Hindernis und nehmen erneut Anlauf, oder Sie machen einen Schritt zurück und nehmen sich etwas Leichteres vor. Vielleicht ist es einfach nur der falsche Zeitpunkt für diesen speziellen Schritt.

Bruce zum Beispiel wollte ein Gourmet-Käsegeschäft eröffnen. Er entwarf einen Aktionsplan und listete folgende Möglichkeiten auf, um den Prozess in Gang zu bringen:

- Erkundigungen über die führenden Käsegeschäfte des Landes einholen.
- Bücher zum Thema Gründung von kleinen Einzelhandelsgeschäften besorgen.
- Die Käselieferanten des ganzen Landes kontaktieren, um zu entscheiden, woher die Ware kommen soll.
- Den Immobilienteil der Zeitung studieren, um eine Idee davon zu bekommen, wie hoch die Ladenmieten sind.
- Einen Geschäftsplan aufstellen.
- Zur Bank gehen und ein kleines Firmendarlehen beantragen.

Da der erste Punkt ihn am meisten verlockte und am wenigsten schreckte, begann Bruce gleich mit diesem. Nach einem Monat hatte er eine Menge Informationen gesammelt und meinte, die Wettbewerbssituation recht gut beurteilen zu können. Die Räder waren in Bewegung gesetzt und er hatte Lust weiterzumachen.

Als Nächstes ging er los und kaufte einen Packen Bücher über alle möglichen Themen, von Kapitalbeschaffung bis zu Versicherungen. Er las sie alle durch und erweiterte dadurch sein Wissen. Jetzt wusste Bruce nicht nur, was erforderlich war, um in der Branche mithalten zu können, sondern auch, was er tun musste, um seinen eigenen Käseladen zu eröffnen.

Vom bisherigen Erfolg beflügelt wollte Bruce sich nun an die Erstellung des Geschäftsplans machen. Doch als er es versuchte, stiegen plötzlich wieder die alten Zweifel in ihm hoch und sein

Selbstbewusstsein geriet ins Wanken. Er war auf ein Hindernis gestoßen und musste herausfinden, was falsch gelaufen war. Er stellte fest, dass er zur Finanzierungsfrage übergegangen war, ohne eine feste Vorstellung davon zu haben, wie viel Geld er tatsächlich benötigen würde. Zu diesem Zeitpunkt einen Geschäftsplan aufzustellen bedeutete, dass er mit abstrakten und furchteinflößenden Zahlen hantieren musste. Das hatte ihm den Wind aus den Segeln genommen.

Deshalb entschied sich Bruce für einen Kurswechsel und wählte einen anderen Schritt aus, der seinen Ich-kann-Energiestrom wieder stärken sollte. Er fing an, sich auf dem Immobilienmarkt der Stadt umzuschauen. Als er entdeckte, dass er weniger Kapital benötigen würde, als er ursprünglich angenommen hatte, kehrte er zu seinem Geschäftsplan zurück und nahm die Aufgabe in Angriff.

Und so ging es weiter, bis Bruce auch sein kleines Firmendarlehen bekommen hatte. Ein Jahr später eröffnete er sein Geschäft und heute betrachtet er die ganze Geschichte als eine große Lektion in Sachen Kausalität.

Um aktiv zu werden, brauchen Sie sich nur Schritt für Schritt vorwärts zu bewegen. Wenn Sie sich immerfort Schritte vornehmen, die Sie auch bewältigen können, und einen Fuß vor den anderen setzen, werden Sie irgendwann am Ziel ankommen.

DIE VORAUSSETZUNGEN

Leben erzeugt Leben. Energie schafft Energie.
Reich wird man, indem man gibt.

SARAH BERNHARDT

Welche Voraussetzungen muss man erfüllen, um erfolgreich zu sein? Gibt es eine feste Formel, die Erfolg garantiert?

Die Antwort auf die zweite Frage lautet natürlich »Nein«. Wenn es eine solche Formel gäbe, könnte jeder sie anwenden und all seine Träume verwirklichen.

Auf die erste Frage »Welche Voraussetzungen muss man erfüllen, um erfolgreich zu sein?« gibt es zwar keine allgemein gültige Antwort, aber eine gewisse Grundeinstellung lässt sich dennoch als Erfolgsbedingung ausmachen. Im Laufe der Jahre habe ich viele Einzelpersonen und auch Firmen an die Schwelle zum Erfolg geführt, und die Gewinnertypen weisen immer die gleichen drei Merkmale auf: Sie sind fleißig, achten bei ihren Bemühungen auf Qualität, nicht nur auf Quantität, und sind bereit, 100 Prozent zu geben.

Fleiß

Fleiß bedeutet, dass Sie sich in das, was Sie tun, hineinknien. Sie nehmen sich Zeit und wenden Energie auf, um zu tun, was notwendig ist. In der einfachsten Form bedeutet es, dass Sie die Ärmel hochkrempeln und sich an die Arbeit machen.

Fleißig zu sein bedeutet, dass Sie tun, was getan werden muss, ohne zu zögern und Ausflüchte oder Abkürzungen zu suchen. Fleißige Menschen konzentrieren sich voll und ganz auf die Aufgabe, die vor ihnen liegt. Die Aufmerksamkeit und Hingabe, die Sie investieren, stehen in direktem Zusammenhang mit den Ergebnissen, die Sie erzielen.

Wenn Sie zum Beispiel in Urlaub fahren wollten, würde Fleiß bedeuten, dass Sie sich nach Flugpreisen, Hotels und Mietwagen erkundigen. Dann müssten Sie buchen, packen und dafür sorgen, dass Sie mitsamt Ticket rechtzeitig am Flughafen ankommen. Wenn Sie einen dieser Schritte vergessen, könnte Ihr Urlaub platzen, oder Sie müssten vielleicht nach Ihrer Ankunft am Strand übernachten.

Die Ziele, die Sie sich für Ihr Leben gesetzt haben, mögen Ihnen abverlangen, dass Sie Strategien und Vorstellungen entwerfen, verschiedene Ansätze ausprobieren, Korrekturen vornehmen und standhaft bleiben. Manche Ziele verlangen viel von Ihnen, manche wenig. Doch unabhängig von den jeweiligen Erfordernissen ist es immer Ihre Aufgabe, sich mit voller Kraft für Ihr Ziel einzusetzen.

Auf Qualität setzen

Wo wir heutzutage hinschauen, werden wir mit Werbung für irgendwelche Produkte oder Dienstleistungen überhäuft, von Mietwagen über Diamantcolliers bis hin zu Zahnpasta. Jede Werbung versucht, den Konsumenten durch Slogans, Sprüche und lächelnde Berühmtheiten davon zu überzeugen, dass die angepriesene Ware oder Dienstleistung besser ist als alle anderen. Von der Menge her gesehen mag die Werbung uns schier erschlagen, doch die zugrunde liegende Botschaft verdient dennoch unsere Aufmerksamkeit: Was zählt, ist die Qualität.

Auch im Hinblick auf das persönliche Fortkommen ist Qualität von großer Bedeutung. Es macht einen Unterschied, ob ich meine Zeit nur absitze oder produktiv nutze, genauso wie es einen Unterschied macht, ob ich hart arbeite oder gut. Ersteres bedeutet, dass ich mich im Kreis drehe, während ich im zweiten Fall geradewegs auf den Gipfel zusteuere.

Wenn Sie Wert auf Qualität legen, reagiert das Universum entsprechend und begegnet Ihnen auf gleicher Ebene. Wenn Sie sich jedoch mit möglichst geringem Aufwand durchmogeln, jeden Pfennig sparen und die Integrität Ihres Produkts, Ihrer Dienstleistung oder Ihrer Arbeit opfern, wird das Resultat entsprechend ausfallen.

Beth verdiente ihren Lebensunterhalt mit Plätzchen. Sie konnte phantastisch backen, und viele große Restaurants der Stadt bestellten regelmäßig Plätzchen bei ihr. Als jemand sie nach dem Geheimnis ihres Erfolges befragte, überraschte mich die Antwort in keiner Weise:

»Ich mache keine Kompromisse. Ich verwende nur die frischesten und besten Zutaten. Ich bezahle meinem Lieferanten viel Geld dafür, dass meine Produkte rechtzeitig oder manchmal auch früher beim Kunden ankommen. Plätzchen, die meinen Qualitätsanforderungen nicht genügen, würden niemals mein Haus verlassen.«

Ich fragte Beth nach ihrer Arbeitsauffassung und war wenig überrascht zu hören, dass die Maßstäbe, die sie für ihre Plätzchen ansetzte, auch für sie persönlich galten.

Achten Sie auf die Qualität Ihrer Leistung. Halbherzige Anstrengungen führen zu mittelmäßigen Resultaten, wohingegen überragendes Engagement beeindruckende Ergebnisse nach sich zieht.

100 Prozent geben

Die U.S.-Armee gab jahrelang das Motto aus »Sei alles, was du sein kannst«. Der Slogan ist einfach, aber bestechend, denn er fordert die Menschen auf, ihr Potential auszuschöpfen. Wenn Sie sich hundertprozentig einbringen, werden Sie niemals reumütig hinter sich blicken. Denn wenn Sie alles gegeben haben, gibt es nichts, was Sie noch mehr hätten tun können.

100 Prozent zu geben bedeutet, auch Umwege in Kauf zu nehmen. Es bedeutet, Aufgaben mit Erfindungsreichtum anzugehen, zu lernen, was zur Erzielung des gewünschten Ergebnisses zu lernen ist, nachzufassen, durchzuhalten und die Sache bis zum Ende durchzuziehen. Wenn Sie 100 Prozent geben, dann setzen Sie all Ihre Talente, Ihre Intelligenz, Kraft und Leidenschaft ein, um den Erfolg herbeizuführen.

Jonathan wollte befördert werden. Er hatte eine Position im Auge, die in naher Zukunft zu besetzen sein würde, und entwickelte eine Strategie, um diese Stelle zu bekommen. Zuerst legte er seinem Chef schriftlich dar, warum er sich für den Posten bewerben wollte und warum er sich für den geeignetsten Bewerber hielt. Er zählte alle Gründe auf, warum er nicht nur qualifiziert für die Position sei, sondern sie darüber hinaus auch verdient habe.

Doch das war noch nicht alles. Jonathan nahm außerdem Kontakt zu der Frau auf, die den Posten bislang innegehabt hatte und jetzt für ein anderes Unternehmen arbeitete, und befragte sie in allen Einzelheiten zu dem Job. Als er erfuhr, dass es bei der Tätigkeit häufig um die Leitung von Konferenzen gehen würde, erbot sich Jonathan, die nächste Konferenz, die auf dem Programm stand, zu leiten, um dem Management seines Unternehmens zu zeigen, dass er dieser Aufgabe gewachsen war.

Er führte weitere Verhandlungen mit seinem direkten Vorgesetzten, und der Geschäftsleitung teilte er schriftlich mit, welche neuen Initiativen er zu ergreifen gedachte, wenn ihm die Gelegenheit dazu gegeben würde. Es erübrigt sich fast zu sagen, dass Jonathan die Stelle bekam.

Sie wissen, wann Sie 100 Prozent geben. Sie spüren es in allen Knochen und mit jeder Faser Ihres Wesens. Wenn Sie sich voll auf Ihr Ziel konzentrieren und alles nur Mögliche tun, um es zu erreichen, entwickeln Sie eine ungeheure Durchschlagskraft.

* * *

Erfolg ist wie ein Spiegel: Er reflektiert das, was ihm gegenüber-
steht. Ihre Resultate spiegeln genau das wider, was Sie aufge-
wendet und eingesetzt haben; Ihr Traumbild kann nur im Spiegel erscheinen, wenn Sie es erschaffen.

Ihr Erfolgsquotient wird davon bestimmt, was Sie tun und wie
Sie es tun. Wenn Sie wirklich Erfolg haben wollen, dann stellen
Sie fest, wie viel Zeit, Mühe und Energie dafür notwendig sind,
und legen Sie los. Die Resultate, die Sie damit erzielen, sind es
allemal wert.

Regel 6

CHANCEN GIBT
ES VIELE

Das Leben bietet Ihnen viele Möglichkeiten.
Wählen müssen Sie.

Ihre Chance ist gekommen, sobald eine neue Möglichkeit auftaucht, die Sie bisher noch nicht in Betracht gezogen hatten. Ihr Lebensweg wird plötzlich von einer Alternativroute gekreuzt, und Sie müssen entscheiden, welcher Richtung Sie künftig folgen wollen.

In solchen Momenten stehen Sie vor der Wahl: Bleiben Sie auf Ihrem Weg und behalten die ursprüngliche Richtung bei, oder vollziehen Sie einen Wechsel und probieren die Alternativroute aus, um zu sehen, wohin sie führt? Da Sie kein Hellseher sind und nicht wissen können, wohin die einzelnen Wege führen, ist im Moment der Entscheidung kein Weg besser als der andere. Jede Route hat ihren Wert, denn sie bringt Ihnen entweder Erfüllung oder lehrt Sie Dinge, an denen Sie wachsen können. Es bleibt Ihnen überlassen, die verschiedenen Möglichkeiten gegeneinander abzuwägen, eine Entscheidung zu treffen und Ihr Fahrzeug dann in die gewählte Richtung zu lenken.

Stellen Sie sich vor, Sie fahren auf der Autobahn und haben ein bestimmtes Ziel vor Augen. Plötzlich taucht eine verführerische Ausfahrt vor Ihnen auf. Sie erscheint Ihnen verlockend, ein lustiger Abstecher, der Abenteuer, neue Perspektiven, ungewohnte Reize und vielleicht sogar großen Genuss verspricht. Was machen Sie? Fahren Sie sofort ab? Halten Sie den Abstecher für unnütz und bleiben auf Kurs? Nehmen Sie den Fuß vom Gas und fahren an den Straßenrand, um erst einmal nachzudenken? Oder geraten Sie vor lauter Unentschlossenheit in Panik, treten auf die Bremse und verursachen einen Verkehrsstau hinter sich?

Jede attraktive Ausfahrt ist eine Gelegenheit. Die Ausfahrten auf der Autobahn Ihres Lebens sind vielleicht nicht unbedingt immer lohnenswert, aber Gelegenheiten sind es in jedem Fall. Ausschlaggebend ist, dass etwas Neues auf der Bildfläche erscheint.

Jeder von uns kennt Leute, die Geschichten von verpassten Chancen erzählen können. Der eine hat Anfang der achtziger Jahre keine Microsoft-Aktien gekauft, weil er es für zu riskant hielt; der andere hat eine Rolle in einem Broadwaystück ausgeschlagen, das sich hinterher zum Publikumsrenner entwickelte, weil er sicher war, dass es ein Flop würde; der Nächste hat dem Internet keine Beachtung geschenkt, weil er dachte, es würde nie populär.

Natürlich gibt es auch die anderen, die als vermeintliche Goldgräber am Ende nur Eisenkies in Händen hielten. Da ist der Mann, der große Summen in die geplante Ladenpassage am Hafen investierte und alles verlor, als der Bauherr sich mit dem Geld aus dem Staub machte; der Airline-Pilot, der seinen Job aufgab, um Privatlehrer zu werden, und dann entdeckte, dass er wenig bis gar kein Talent zum Unterrichten hatte; und die Grafikerin, die einen hoch dotierten Auftrag annahm und dafür einen immensen privaten Preis bezahlen musste.

Hätte sich irgendeiner dieser Menschen anders entscheiden können? Vielleicht, nach ihrem heutigen Erkenntnisstand. Doch es gibt keine Zauberformel, die garantiert, dass man nur die Gelegenheiten ergreift, die sich auch lohnen. Das Beste, was Sie tun können, ist, Informationen sammeln, aus früheren Erfahrungen lernen, die Entscheidungen anderer beobachten und sich dann auf Ihre Intuition und Ihr Wissen verlassen, um die nächste Entscheidung zu treffen.

CHANCEN ERKENNEN

... vom Himmel, von der Erde, von einem Papierfetzen, von einer
vorübergehenden Gestalt, von einem Spinnennetz ...
Was gut für uns ist, müssen wir uns da zusammensuchen,
wo wir es finden.

PABLO PICASSO

Es gibt zwei Arten von Chancen im Leben: die ganz offensichtlichen und die verborgenen. Die offensichtlichen sind
Dinge wie die Karrieremöglichkeit, auf die Sie schon lange
gewartet haben, ein verlockendes neues Jobangebot, der Hei-
ratsantrag des Menschen, den Sie lieben und mit dem Sie
Ihr Leben verbringen möchten, oder das Wohnungsangebot
in der Stadt, in der Sie schon immer leben wollten. Hierbei
handelt es sich um offenkundige Chancen, die Sie gar nicht
verpassen können, weil sie Ihnen im Neonlicht präsentiert
werden.

So unterhielt zum Beispiel Michelle seit fast drei Jahren eine
Wochenendbeziehung zu dem Mann, den sie liebte. Sie lebte in
Florida, er in Ohio, und aufgrund ihrer jeweiligen Jobs war es kei-
nem von beiden möglich umzuziehen. Als Michelles Firma ihr
anbot, nach Cleveland zu gehen, fragte ich sie spaßeshalber, ob
sie das Angebot annehmen werde.

»Sind Sie verrückt?«, schrie sie fast. »Das ist das Wunder, auf
das ich immer gewartet habe!« Die Chance war Michelle auf dem

Silbertablett präsentiert worden, und sie dachte nicht im Traum daran, sich diese Gelegenheit entgehen zu lassen.

Die Chancen der zweiten Sorte sind nicht offenkundig und erfordern näheres Hinsehen. Man muss ein bisschen herumwühlen, um diese Gelegenheiten ausfindig zu machen. Zum Beispiel wenn Ihr Unternehmen mit einem anderen fusioniert und neue Stellen entstehen. Vielleicht hören Sie en passant, dass eine Firma, die für Sie interessant ist, eine Filiale ganz in Ihrer Nähe eröffnen will. Vielleicht gibt Ihnen jemand einen heißen Börsentipp, oder ein Freund lädt Sie zu einer Wildwasser-Raftingtour auf einem Fluss ein, der Ihnen noch völlig unbekannt ist. Solche Gelegenheiten erfordern ein bisschen mehr Nachdenken und Sie sagen erst einmal: »Mhm, vielleicht...«

Das Universum befindet sich in ständigem Fluss. Der Wandel ist konstant. Veränderungen können sich weit entfernt auf dem Titelblatt der Tageszeitung ereignen oder auch in Ihrem Privatleben. Jede Veränderung, die sich in Ihrem Umfeld ereignet, bietet Ihnen eine Chance. Für gewöhnlich liegt sie unter der Oberfläche verborgen, aber Sie können sie ausgraben, wenn Sie wollen.

Dave arbeitete als Redakteur bei einer Zeitschrift. Er mochte seine Arbeit, wünschte sich aber mehr Zeit für seine Lieblingsbeschäftigung, das Schreiben. Eines Nachmittags rief sein Chef ihn zu sich ins Büro, überreichte ihm den Bericht von einem außergewöhnlichen Kriminalfall, der sich vor Ort ereignet hatte, und bat ihn, die Sache zu recherchieren. Dave nahm den Bericht mit an seinen Schreibtisch und versank sofort in tiefe Gedanken.

Während er sich mit dem Bericht beschäftigte, konnte er sich des bohrenden Gefühls nicht erwehren, dass darin irgendeine Chance für ihn verborgen lag.

In dieser Nacht konnte Dave kein Auge zutun. Er wälzte sich hin und her und kämpfte mit seinen Gedanken. Am Morgen, als er sich die Zähne putzte, war ihm plötzlich sonnenklar: Er wollte Kontakt zu den Menschen aufnehmen, die in diesen Fall verwickelt waren, und ein Buch darüber schreiben. Es war eine unglaubliche Geschichte und er war überzeugt, dass er ein gutes Buch daraus machen könnte. Er wusste, dass er Talent hatte, und da er sich viel mit Krimis beschäftigte, die auf authentischen Fällen beruhten, war er sich ziemlich sicher, dass sich das Projekt auch rechnen würde.

Am nächsten Tag ging Dave zu seinem Chef und erzählte ihm von seinen Plänen. Sein Chef bestärkte ihn in seinem Entschluss, obwohl dies bedeutete, dass er Dave unbezahlten Urlaub gewähren musste. Innerhalb von drei Monaten fand Dave einen Verleger für sein Buch und kann jetzt die ganze Zeit mit seiner Lieblingsbeschäftigung verbringen: Schreiben.

Dies ist ein Beispiel für eine Chance, die nicht auf dem Silbertablett serviert wurde. Niemand hatte Dave gefragt: »Möchtest du ein Buch über diese Geschichte schreiben?«, und es hatte auch niemand ein Schild hochgehalten, auf dem stand: »Du solltest ein Buch darüber schreiben.« Dave hatte den Willen aufbringen müssen, unter die Oberfläche seines Alltags zu schauen und inmitten der täglichen Ereignisse seine Chance ausfindig zu machen.

Die Augen öffnen

Wenn Sie Ihre Augen und Ohren offen halten, werden Sie die Chancen, die sich in Ihrem Umfeld bieten, erkennen. Manchmal sind es nur kleine Hinweise, wie die Werbung für ein Meditationszentrum auf Ihrer Teepackung, das Sie vielleicht einmal besuchen könnten, oder ein Bekannter, der Ihnen zufällig von einer bedeutsamen Neuigkeit erzählt. Um Chancen erkennen zu können, müssen Sie Ihre Antennen auf Empfang stellen und aktiv Ausschau halten. Wenn Sie sich für Chancen öffnen, wird sich das Universum kooperativ zeigen und Ihnen verschiedene Möglichkeiten präsentieren. Sind Sie nicht in der Lage, diese zu erkennen, dann haben Sie sich den Blick auf Ihre periphere Vision entweder mit Scheuklappen versperrt, oder Sie sind so konzentriert auf das, was vor Ihnen liegt, dass Sie das Offenkundige übersehen.

Sie müssen wach sein, um Chancen zu erkennen. Sie sind da und warten nur darauf, von Ihnen wahrgenommen zu werden. Sie können sie ignorieren oder übersehen, aber da sind sie trotzdem. Sie sehen vielleicht nicht so aus, wie Sie es sich gedacht hatten, und entsprechen vielleicht nicht genau dem, was Sie sich erhofft hatten, doch das ändert nichts an der Tatsache, dass sie, genau wie Sauerstoffmoleküle, existent sind.

Versuchen Sie einmal folgende Übung: Listen Sie sämtliche Chancen auf, die sich Ihnen gestern geboten haben. Lassen Sie nichts aus, auch nicht Dinge wie zum ersten Mal in Ihrem Leben exotische Sushi zu probieren, mit Ihrer Partnerin/Ihrem Partner ins Kino zu gehen, sich in Ihrem Sportverein einmal im Boxen zu versuchen, einen streunenden Hund mit nach Hause zu nehmen oder eine bestimmte Aktie zu kaufen. Sie werden sicherlich überrascht sein, wie viele Chancen Ihnen ein einziger Tag bietet, ohne dass Sie es überhaupt merken.

Und dann konzentrieren Sie sich in den darauffolgenden Tagen einmal darauf, jede Chance zu registrieren, die Ihren Weg kreuzt. Tragen Sie einen Tag lang ein Notizbuch mit sich herum und halten Sie Ihre Chancen schriftlich fest. Versuchen Sie, alle Momente zu erkennen, in denen sich Ihnen die Gelegenheit bietet, Ihren Horizont zu erweitern oder etwas Neues zu lernen oder zu erfahren. Das heißt natürlich nicht, dass Sie all diese Gelegenheiten tatsächlich wahrnehmen müssten. Es geht lediglich darum, Sie aufzuwecken, damit Sie für die Möglichkeiten, die sich rund um Sie herum ergeben, empfänglich werden.

JEDE CHANCE IST EINE WAHLMÖGLICHKEIT

> *Manche Dinge richten sich nicht nach unseren Vorgaben,*
> *sondern treten in Erscheinung, wann und wie sie wollen,*
> *um für immer angenommen oder verworfen zu werden.*
>
> GAIL GODWIN

Sobald sich eine Chance auftut, beginnt Ihr Entscheidungsprozess. *Soll ich? ... Kann ich? ...Will ich? ... Traue ich mich? ... Was ist, wenn? ...* All diese Fragen schwirren Ihnen plötzlich im Kopf herum. Sie müssen einen inneren Dialog führen – alles gegeneinander abwägen –, um herauszufinden, was das Richtige für Sie ist.

Der Entscheidungsprozess

Der Entscheidungsprozess findet auf drei Ebenen statt: in Ihrem Kopf, in Ihrem Herzen und in Ihrem Bauch. Wenn diese drei Bereiche alle Daten vollständig ausgewertet und ihre Ergebnisse mit denen der beiden anderen zu einem Gesamtresultat vereint haben, steht Ihre Entscheidung fest.

Auch wenn Sie anfänglich emotional oder rational reagieren, sind Sie doch gut beraten, all die verschiedenen Facetten Ihrer Persönlichkeit zu berücksichtigen, damit Sie am Ende eine ausgewogene Entscheidung treffen. Wenn Sie eine rein intellektuelle Entscheidung treffen, schenken Sie Ihren Gefühlen bei der Sache keine Beachtung. Reagieren Sie rein emotional, so lassen Sie Ihre rationale und vernünftige Seite außer Acht. Nur wenn Sie sowohl Ihre Gedanken als auch Ihre Gefühle, Hoffnungen, Ängste, Sorgen und Idealvorstellungen berücksichtigen, können Sie eine Chance in ihrer ganzen Tragweite erfassen und entscheiden, ob dieser Weg für Sie der richtige ist.

Aufgabe Ihres Geistes ist es, alle Daten, die Sie in dieser speziellen Angelegenheit gesammelt haben, an Sie zurückzuleiten. Er analysiert auf rationale Weise, ob es sich für Sie lohnt, die betreffende Chance zu ergreifen. Versuchen Sie, so ehrlich und objektiv wie möglich zu sein, und behalten Sie dabei im Hinterkopf, dass Ihr Geist kein ultimatives Vetorecht besitzt.

Wenn Sie sich mit der Entscheidungsfindung schwer tun, ist es zur Abklärung Ihrer Prioritäten ausgesprochen hilfreich, wenn Sie einmal alles aufschreiben, was damit zusammenhängt. Bringen Sie einfach alles zu Papier, was Ihnen in den Kopf kommt, am besten in Form einer Pro-und-Contra-Liste. Dabei sollten Sie versuchen, folgende Punkte zu berücksichtigen:

- Diese Leute haben Interesse daran, dass ich die Chance wahrnehme:
- Diese Leute würden sich freuen, wenn ich sie nicht wahrnehme:
- Die Wahrnehmung der Chance hätte folgende Auswirkungen auf meine Finanzen:
- Die Wahrnehmung der Chance hätte folgende Auswirkungen auf meinen Intellekt:
- Die Wahrnehmung der Chance hätte folgende Auswirkungen auf meine Emotionen:
- Die Wahrnehmung der Chance hätte folgende Auswirkungen auf meine Gesundheit:
- Die Wahrnehmung der Chance hätte folgende Auswirkungen auf meine Karriere:
- Die Wahrnehmung der Chance hätte folgende Auswirkungen auf meine Beziehung:

- Die Wahrnehmung der Chance hätte wahrscheinlich folgende Vorteile:
- Die Wahrnehmung der Chance birgt wahrscheinlich folgende Risiken:
- Schlimmstenfalls könnte es folgendermaßen ausgehen:
- Bestenfalls könnte es folgendermaßen ausgehen:

Zweck dieser Übung ist es, die Gedanken aus Ihrem Kopf heraus und auf Papier zu bringen, um sie systematisch bearbeiten zu können. Im Kopf eingesperrte Gedanken können ein mentales Prisma oder einen Spiegelsaal erschaffen, in dem alles verzerrt, überzeichnet, größer und verwickelter erscheint, als es in Wirklichkeit ist.

Als Nächstes gilt es Ihre Emotionen zu erforschen. Machen Sie sich nach der ersten Spontanreaktion ein klares Bild davon, wie Sie die Chance gefühlsmäßig einschätzen. Versetzen Sie sich in die neue Situation hinein und stellen Sie fest, welche Gefühle diese Vorstellung in Ihnen auslöst. Fühlen Sie sich energiegeladen, erschöpft, überfordert, erregt, hilflos oder mächtig?

Achten Sie auf Ihre körperlichen Reaktionen. Halten Sie den Atem an, wenn Sie an die neue Möglichkeit denken? Bewegen sich Ihre Schultern langsam in Richtung Ohren, wenn Sie sich in die neue Situation hineindenken? Haben Sie ein flaues Gefühl im Magen oder klopft es in Ihren Schläfen? Fühlen Sie sich leichter, fast schwerelos? Fühlen Sie sich belastet oder von der Verantwortung erdrückt? All diese Fragen geben Ihnen Aufschluss darüber, wie Sie sich tatsächlich fühlen.

Diese Beobachtungen sollten Sie ebenfalls zu Papier bringen. Auch wenn Sie sich nicht alle Emotionen von der Seele schreiben können, so kommen Sie doch zumindest weiter voran und können den nächsten Schritt in Angriff nehmen. Wenn Sie sich in Ihren Emotionen verfangen, sind Sie nicht in der Lage, eine klare Entscheidung zu treffen.

Sobald Sie die ersten zwei Schritte hinter sich gebracht haben, können Sie die mentale und emotionale Ebene beiseite lassen und in Ihren Bauch hineinhorchen. Von dort kommt allerdings nur eine Antwort, wenn Sie still, ruhig und in sich zentriert sind.

Ihr Bauch ist jener authentische Ort, der »ja« oder »nein« sagt. Er bleibt von Emotionen ebenso unbehelligt wie von logischen Gedankengängen. Ihr Instinkt ist klar, sicher und absolut. Im Inner Negotiation Workshop bezeichnen wir diese intuitiven Antworten als »Botschaft«. Sie kennen diese Momente, wo Sie im Nachhinein feststellen, dass Ihre erste Eingebung die richtige war. Plötzlich wird Ihnen klar, dass Sie damals genau wussten, was Sie tun müssen, Ihrem Instinkt aber aus unerfindlichen Gründen nicht getraut haben. Da Sie sich selbst nicht vertrauten, traten Sie nicht in Aktion. Deshalb betrachten Sie die Chance im Nachhinein als verpasst. Vielleicht sagen Sie: »Ich wusste es – ich habe es damals gewusst. Warum habe ich nicht getan, was mir richtig vorkam?«

Dass Sie Ihrem Instinkt nicht gefolgt sind, liegt entweder daran, dass die Sache Ihnen unvernünftig erschien oder dass sie mit einem Risiko verbunden war. Genau das bringt Menschen zu der Antwort »Ich weiß nicht«.

Was ist, wenn die Antwort »Ich weiß nicht« lautet?

Es kann sein, dass Ihnen eine Antwort missfällt. Dieser Umstand verleitet viele Menschen zu der Aussage: »Ich weiß nicht.« Bei Nichtgefallen verdrängen Sie die Antwort vielleicht schon wieder, bevor Sie sich ihrer überhaupt bewusst geworden sind, und geraten so in eine falsche Unsicherheit.

Sollten auch Sie zu der Antwort »Ich weiß nicht« tendieren, dann denken Sie daran, dass »Ich weiß nicht« eine Abwehrstrategie ist. Sie garantiert, dass Sie sich nicht mit Ihren unterschwelligen Ängsten auseinandersetzen müssen. Doch das neblige »Ich weiß nicht« kann auch frustrierend sein, denn es bedeutet, dass Sie nichts machen können und wohl auch nicht werden. Sie können nicht handeln und sind von daher wie gelähmt.

»Ich weiß nicht« ist eine Sackgasse. Sie führt nirgendwohin; der einzige Ausweg besteht darin, dass Sie wieder zum Wissen zurückkehren. Den Nebel der Unsicherheit können Sie nur zerteilen, wenn Sie bereit sind, auf Ihre innere Antwort zu hören, mag sie auch noch so unbequem oder schwierig sein.

Wie können Sie das bewerkstelligen?

Indem Sie zur Quelle Ihres Selbstvertrauens zurückkehren. Wenn Sie Ihr Selbstvertrauen wiederherstellen, machen Sie die intuitiven Kanäle wieder durchgängig, so dass die richtige Antwort an die Oberfläche kommen kann. Gehen Sie an Ihren inneren Ort der Zuversicht zurück, der weiß, dass Sie alles schaffen können, der an Ihre Fähigkeiten glaubt und Ihren Instinkten vertraut. Wenn Sie von dieser Quelle aus operieren, wird »Ich weiß nicht« verdunsten.

Das Kind in Ihnen weiß immer genau Bescheid, nur die Erwachsenenhülle verfängt sich im klebrigen Netz der Unsicherheit, das aus Zweifeln, Ängsten und Bedenken gestrickt ist. Einst war ich an einem heißen Tag mit meiner Freundin Donna unterwegs und wir kamen an einem Eiswagen vorbei. Ich fragte sie, ob sie ein Eis wolle. Sie war hin und her gerissen und sagte: »Ja klar. Oder nein, lieber doch nicht, Ich meine ... hmh ...«

Ich musste lachen, vor allem weil es so liebenswert aussah, wie sie mit der Entscheidung kämpfte, ob sie sich den Genuss nun gönnen sollte oder nicht. »Was geht da drin vor?«, fragte ich sie und tippte an ihren Kopf.

»Nun, es ist heiß, und ich würde wahnsinnig gern Eis essen, aber es macht so dick«, sagte sie. »Ich muss am nächsten Wochenende in mein schwarzes Kleid passen. Andererseits wird mich so eine kleine Leckerei ja wohl nicht gleich umbringen!«

Donna hatte sich eindeutig im »Ich weiß nicht«-Netz verfangen, weshalb ich das tat, was ich auch mit meinen Klienten in solchen Fällen immer tue. Ich beachtete ihr Nichtwissen einfach gar nicht und fragte: »Was würdest du machen, wenn du *wüsstest*, was du willst?«

»Eine Tüte Vanilleeis mit bunten Streuseln kaufen!«, sagte sie, marschierte auf den Eiswagen zu und gab dem jungen Mann das Geld in die Hand.

Manchmal müssen Sie Ihren Erwachsenenanteil vorübergehend in die Verbannung schicken, um wieder an die Quelle Ihrer Entscheidungsfähigkeit zurückzukommen. Denken Sie daran, dass Kinder immer wissen, was sie wollen. Finden Sie das Kind in sich, dann werden Sie auch die Antwort finden.

Natürlich kann es sein, dass auch Erwachsenenüberlegungen mitberücksichtigt werden müssen, wenn Sie erst einmal wissen, was Sie wollen, doch darum können Sie sich kümmern, wenn Sie Klarheit haben. Bleiben Sie an derlei Überlegungen hängen, bevor Sie zur Quelle vordringen, ist es schwierig, den Schleier der Unsicherheit zu zerreißen und von einem »Ich weiß«-Standpunkt aus zu operieren.

Kreative Lösungen

Manchmal ist die Antwort nicht weiß und nicht schwarz, nicht Ja und nicht Nein, nicht hier und nicht dort. Manchmal liegt sie in der Grauzone dazwischen und es gilt, eine kreative Lösung zu finden.

Nehmen wir als Beispiel die Geschichte von Miranda. Als Miranda zu mir kam, war sie innerlich vollkommen zerrissen. Sie

kämpfte mit sich, ob sie ihr Leben als Hausfrau und Mutter aufgeben und einen Job annehmen sollte, der ihr angeboten worden
war.

Ich fragte sie, welche Gefühle die Aussicht auf den neuen Job
in ihr auslöse, und sie antwortete: »Es wäre sicher spannend.«
Dann fragte ich sie nach ihren Bedenken und sie erzählte mir:
»Ich bin gern Mutter. Es gefällt mir zu wissen, dass ich das Leben
meiner Tochter entscheidend beeinflussen kann, indem ich sie
liebe und für sie da bin. Es ist mir wichtig, die direkten Auswirkungen meiner Aufmerksamkeit und Fürsorge zu sehen. Ich
habe Angst, meine Tochter zu betrügen, wenn ich diesen Job
annehme. Ich befürchte, dass sich mein Leben dann nur noch
um Arbeit, Termine und Geschäftsinteressen dreht, dass ich
gestresst und überarbeitet bin und Schuldgefühle habe, weil ich
weder zu Hause noch bei der Arbeit richtig funktioniere.«

Ich fragte Miranda, was sie wolle. Sie sagte: »Das ist das Problem. Ich weiß es nicht. Beide Varianten sind verlockend und
gleichzeitig ein wenig beängstigend. Ich weiß nicht, ob ich beides
managen kann. Außerdem bin ich mir nicht sicher, ob ich meine
Tochter jeden Tag der Fürsorge anderer Menschen überlassen
will.«

Ich stellte Miranda die zentrale Frage, die zu kreativen Lösungen führt: Unter welchen Voraussetzungen könnte sie all ihre
Vorstellungen realisieren? Wie würde sie sich ihr Leben einrichten, wenn sie schalten und walten könnte, wie sie wollte? Diese
Frage öffnet den Menschen die Augen dafür, dass es möglich ist,

alles zu haben, was man will, wenn man bereit ist, es zu erschaffen. Es gibt immer einen Weg.

Ihre Antwort war interessant. »Ich würde einen Teil der Arbeit bei mir zu Hause und den anderen Teil im Büro erledigen. Ich hätte flexible Arbeitszeiten und könnte meinen Arbeitsumfang selbst bestimmen. So könnte ich als Mutter zu Hause sein, vielleicht noch eine Haushaltshilfe beschäftigen, und gleichzeitig im Berufsleben bleiben, ohne dass die Arbeit mich völlig verschlingt.«

Ich sah den klaren Ausdruck in ihrem Gesicht und sagte: »Für mich hört es sich so an, als wüssten Sie ganz genau, was Sie wollen. Die Sache ist doch kristallklar.«

Überrascht von ihrer eigenen Klarsicht schaute sie mich an und sagte: »Ich denke, ich weiß es tatsächlich, aber vielleicht glaube ich nicht daran, dass es möglich ist. Ich weiß nicht, ob irgendjemand in dieser Firma mit meinen Bedingungen einverstanden wäre.« Ich erklärte ihr Folgendes: Der erste Schritt des Prozesses besteht darin, zu wissen, was man will; daran zu glauben ist der zweite Schritt; es zu realisieren der dritte und so weiter.

Miranda ist das klassische Beispiel eines Menschen, der sich im Spaghettinetz seines Hirns verfangen hat. Stellen Sie sich einen großen Topf Spaghetti vor, in dem sich sämtliche Nudeln ineinander verwickelt haben. Jede Nudel repräsentiert einen Gedanken, eine Sorge, einen Vorbehalt, ein Gefühl, eine Angst oder eine Überlegung, und alle sind ineinander verstrickt.

Angeregt durch meine behutsamen Fragen, konnte Miranda allmählich die einzelnen Fäden in dem Gewirr erkennen und isolieren. Dieser Prozess, den ich anrege und lehre, dient als Katalysator zur Erreichung mentaler Klarheit. In kürzester Zeit schwenkte Miranda von »Ich weiß nicht, was ich will« auf »Ich weiß genau, was ich will« um. Mit der Erreichung dieses Stadiums hatte sie sich ihren Wunsch zwar noch nicht erfüllt, aber sie hatte den ersten Schritt des Prozesses erfolgreich bewältigt.

Der Prozess von »Ich weiß nicht, was ich will« hin zu »Ich habe alles, was ich mir erträumt habe« untergliedert sich in fünf verschiedene Schritte:

Schritt eins: »Ich weiß nicht, was ich will, und ich kann es nicht tun oder haben.«

Schritt zwei: »Ich weiß, was ich will, aber ich kann es nicht haben.«

Schritt drei: »Ich weiß, was ich will, und ich kann es teilweise haben.«

Schritt vier: »Ich weiß, was ich will, und ich kann es komplett haben.«

Schritt fünf: »Ich habe, was ich will.«

Diese Schritte bilden eine Art Treppe. Sie starten auf der untersten Stufe und kommen Ihrer Idealvorstellung mit jedem Schritt ein Stückchen näher. Durch kreative Lösungen bewegen Sie sich von einer Stufe zur nächsten, bis Sie schließlich erreicht haben, was Sie wollen.

Es ist durchaus möglich, dass Sie sich in den verschiedenen Bereichen Ihres Lebens auf unterschiedlichen Treppenstufen befinden. Vielleicht stehen Sie bei der Beziehung zu Ihrem Körper auf der obersten, in puncto Karriere auf der untersten und in Ihrer Partnerbeziehung auf der mittleren Stufe. Wenn Sie erkennen können, auf welcher Stufe Sie sich befinden, können Sie feststellen, was notwendig ist, um die nächste Stufe zu erreichen.

Doch bevor Sie überhaupt damit beginnen können, die Treppe emporzusteigen, müssen Sie den ersten Schritt bewältigen und sich aus dem »Ich weiß nicht« herausbewegen. Dazu möge Ihnen die Beantwortung einer der drei Kernfragen verhelfen:

1. Was würden Sie tun, wenn Sie *wüssten*, was Sie wollen?
2. Wie würden Sie sich organisieren, wenn Sie alles so einrichten könnten, wie Sie wollen?
3. Was würden Sie tun, wenn Sie keinerlei Erwartungen, finanziellen Grenzen, Zeitbeschränkungen und Verpflichtungen unterlägen?

Bei der Beantwortung dieser Fragen könnte es bei Ihnen »puff« machen, oder anders gesagt, die Antworten könnten die Nebelschleier von Ihrer klaren Vision reißen und den Weg für kreative Lösungen freimachen. Seien Sie offen für alle Möglichkeiten, die dabei auftauchen. Sie sind in keinster Weise verpflichtet, auch nur eine einzige der kreativen Lösungen, die Ihnen einfallen, zu verwirklichen, deshalb sollten Sie sie nicht verwerfen, ohne sie geprüft zu haben.

Das richtige Timing

Manchmal muss man Gelegenheiten vorübergehen lassen, weil sie sich nicht zum richtigen Zeitpunkt ergeben. Das Gebotene könnte Sie überfordern oder aus dem Gleichgewicht bringen, mit zu viel Stress einhergehen oder zu viele Nebeneffekte haben. Vielleicht haben Sie einfach zu viele Bälle in der Luft, oder Ihr Finanzrahmen ist ausgeschöpft, oder Sie haben noch nicht die richtigen Leute gefunden, um delegieren zu können. Oder vielleicht kam die Gelegenheit einfach zu spät oder bevor Sie bereit dafür waren.

Avery arbeitete als Assistent eines einflussreichen Künstleragenten. Sein Ziel war es, eines Tages selbst Künstleragent zu werden, wenn er von seinem Boss und Mentor alles Notwendige gelernt hätte.

Etwa sechs Monate nach seiner Einstellung kam Avery eines Morgens zur Arbeit und sah seinen Chef die Sachen zusammenpacken. Als er ihn fragte, was passiert sei, erzählte ihm sein Boss, dass er gerade entlassen worden sei. »Mach dich darauf gefasst, dass sie dir meinen Job anbieten«, meinte sein Mentor. »So läuft das hier.«

Und genauso war es dann auch. Die maßgeblichen Leute in der Firma entschieden, dass Avery die umfangreiche Kundenliste seines Chefs übernehmen und den Schauspielern Engagements besorgen sollte. Zuerst war Avery ganz angetan von dieser Aussicht. Agent zu sein bedeutete, viel Geld zu verdienen, mit einflussreichen Film- und Fernsehleuten essen zu gehen und ganz allgemein mit Prominenten auf du und du zu sein. Es bedeutete aber auch, komplizierte Verträge auszuhandeln, gute, verlässliche Beziehungen aufzubauen, festzustellen, welche Rollen sich lohnten, und mit der anspruchsvollen und zuweilen exzentrischen Klientel umgehen zu können. Die meisten dieser Aufgaben waren Avery noch völlig fremd.

Tief in seinem Herzen wusste Avery, dass er noch nicht bereit für diese Chance war. Er hatte einfach noch nicht genug gelernt, um eine derart große Verantwortung zu übernehmen. Er wollte zwar Agent werden, aber er wollte vor allem ein *guter* Agent werden – nicht nur die Berufsbezeichnung haben. Er wusste, dass er sich in dem Geschäft, was aktuelle Informationen und die allgemeinen Gepflogenheiten anging, noch nicht gut genug auskannte, um den Kunden gute Dienste zu leisten. Außerdem war ihm klar, dass es unter diesen Umständen nicht allzu lange dauern konnte, bis auch er seine Sachen würde packen müssen. Er lehnte den Job ab, weil er wusste, dass es zwar die richtige Chance, aber der falsche Zeitpunkt war.

Marlenes Situation war ein wenig anders. Sie arbeitete als Kinderärztin in einem großen Krankenhaus und hatte beschlossen, mit zwei anderen Ärzten eine Privatpraxis aufzumachen. Just nachdem sie diese Entscheidung getroffen hatte, aber noch bevor sie ihren Arbeitgeber informiert hatte, wurde ihr die Chefarztstelle in der pädiatrischen Abteilung angeboten. Das war eine riesige Chance und Marlene saß in der Zwickmühle.

Als die Begeisterung über das großartige Jobangebot nachließ, erinnerte Marlene sich daran, warum sie ursprünglich beschlossen hatte, die Klinik zu verlassen: die internen Machtkämpfe und der Papierkrieg. Sie war es leid, sich immer mit so viel Bürokratie herumschlagen zu müssen, um medizinisch tätig zu sein. Sie lehnte die Beförderung ab und verwirklichte ihre ursprünglichen Pläne. Die Chance war einfach ein wenig zu spät gekommen.

Vieles im Leben hängt vom richtigen Zeitpunkt ab. Unseren Liebespartner finden wir, wenn auf beiden Seiten die innere Bereitschaft dazu vorhanden ist, den richtigen Job finden wir, wenn das Universum unsere Talente mit dem Bedarf eines Arbeitgebers zusammentreffen lässt, und in geregelten Verhältnissen leben wir, wenn wir dazu bereit sind. Wenn sich eine Chance zum falschen Zeitpunkt bietet, dann lassen Sie sie vorübergehen.

Es wird eine nächste Chance geben und Sie werden merken, wann der richtige Zeitpunkt gekommen ist.

Der Kostenfaktor

Bei manchen Chancen haben Sie im Endeffekt mehr zu verlieren als zu gewinnen. Deshalb sollte zu Ihren Überlegungen auch immer eine Kosten-Nutzen-Analyse gehören, die Ihnen Auf-

schluss darüber gibt, ob die betreffende Chance sich für Sie aus-
zahlen wird oder einen ungerechtfertigt hohen Preis verlangt.

Bei einer solchen Analyse sollten Sie die Kosten auf allen
Ebenen berücksichtigen: Ihre Zeit, Ihre Karriere, Ihre Partnerbeziehung, Ihre Freizeit, Ihr Familienleben sowie Ihre mentale,
emotionale, physische und spirituelle Gesundheit. Wenn das
Ergebnis lautet, dass die Wahrnehmung dieser Chance Sie zu
sehr beanspruchen würde, dann sollten Sie diesem Aspekt bei
Ihrer Entscheidungsfindung Rechnung tragen.

Eleanor war Arbeitspsychologin und war seit mehreren Jahren
für einen privaten Vermittlungsdienst tätig, als ihr die Stelle der
Betriebspsychologin in einer großen, landesweit tätigen Immo-
bilienfirma angeboten wurde. Das war eine großartige Chance
für sie, doch sie musste andererseits auch bereit sein, erhebliche
Veränderungen in ihrem Leben hinzunehmen. Die Arbeitszeit
war lang, 70 % der Zeit sollte sie auf Reisen sein und außerdem
sollte sie an zwei Wochenenden pro Monat für Seminare zur Verfügung stehen. Nachdem sie die Angelegenheit mit ihrem Mann
durchgesprochen und dieser sich bereit erklärt hatte, die Versor-
gung ihrer beiden Kinder im Grundschulalter zu übernehmen,
entschied Eleanor, dass dies eine enorme Karrierechance sei, und
nahm den Job an.

Die Arbeit war interessant und erfüllend, andererseits aber
auch sehr anstrengend. Nach drei Monaten war Eleanor völlig
erschöpft. Sie kam oft erst nach 23 Uhr nach Hause, verschlang
irgendwelche Reste und fiel ins Bett, ohne Zeit für ihre Familie

gehabt zu haben. Sie legte an Gewicht zu und fühlte sich nicht nur verbraucht, sondern sah auch so aus. Sie wurde von Tag zu Tag gereizter, bis ihr klar wurde, dass der Job ihr Familienleben zu sehr belastete, ganz zu schweigen von ihrer Gesundheit. Die Kosten überwogen die Vorteile, und sie gab die Stelle auf. Sie kehrte zu ihrem vorherigen Job zurück, wo sie flexible Arbeitszeiten hatte und selbst bestimmen konnte, wie viel Zeit sie auf der Straße verbrachte.

Etwa ein Jahr später wurde Eleanor wieder ein lukrativer Posten angeboten, dieses Mal in einer bekannten Maklerfirma. Es ging wieder um lange Arbeitszeiten und viele Reisen. Eleanor brauchte weniger als einen Tag, um ihre Kosten-Nutzen-Analyse zu erstellen und die Lehren aus der Vergangenheit zu ziehen: Sie lehnte das Stellenangebot ab. Sie wollte sich die Zeit, die sie jetzt mit ihrer Familie verbringen konnte, erhalten und beschloss, derartige Stellenangebote erst in Zukunft wieder in Erwägung zu ziehen, wenn ihre Kinder vielleicht schon aufs College gingen.

Chancen, die mehr von Ihnen verlangen, als Sie zu geben haben, sind es ganz einfach nicht wert. Wenn Ihre Kosten-Nutzen-Analyse ergibt, dass Sie mehr aufgeben müssten, als Sie im Gegenzug dafür bekommen würden, dann überlassen Sie die Chance dem Universum. Es war ganz einfach nicht die richtige für Sie.

Wenn Sie sich entschieden haben

Sobald Sie Ihre Entscheidung getroffen haben, schreiben Sie auf, wofür Sie sich entschieden haben, setzen Sie sich eine Frist und erzählen Sie Ihren Bekannten und Freunden, was Sie beschlossen haben. Das ist sehr wichtig, weil es eine externe Verbindlichkeit schafft, die Ihnen hilft, auf Kurs zu bleiben. Viele Leute wenden diese Methode an, wenn sie irgendwelche Gewohnheiten ändern möchten, beispielsweise mit dem Rauchen aufhören oder endlich aktiv werden wollen. Das Durchhalten persönlicher Vorsätze ist unter anderem deshalb so schwierig, weil die Menschen äußere Verbindlichkeiten brauchen. Wenn Sie gezwungen sind, Rechenschaft abzulegen und jemandem mitzuteilen, ob Sie getan haben, was Sie gesagt haben, geraten Sie nicht so schnell in Versuchung, die Zügel schleifen zu lassen. Denken Sie an die guten Vorsätze zum neuen Jahr: Dass sie meist am 1. März schon wieder hinfällig sind, liegt für gewöhnlich daran, dass keine externe Verbindlichkeit bestand.

Jede Entscheidung verlangt von Ihnen, dass Sie Ihre persönliche Wohlfühlzone ausweiten. Sie müssen Risiken eingehen, die per definitionem schon beunruhigend sind. Sobald Ihrem Geist klar wird, was Sie vorhaben, wird er mit allen Mitteln versuchen, Ihre Entscheidung rückgängig zu machen. Sie kennen das, wenn Leute sagen »Ich habe meine Meinung geändert«, »Ich habe mit Bekannten gesprochen, und die halten die Sache für zu riskant«, »Ich muss doch meinen sicheren Job behalten, den ich schon seit

Jahren habe«. Bei Handelsgeschäften nennt man dieses Phänomen »Reue des Käufers«; beim Motivationstraining sagen wir, die »Ja, abers« gewinnen die Oberhand und machen die Entschlüsse zunichte.

Wenn Sie wissen, was Sie wollen, und voller Tatendrang sind, dann schreiben Sie es auf, erzählen Sie es Ihren besten Freunden und nehmen Sie sich selbst in die Pflicht. Fangen Sie an zu handeln und hören Sie auf zu denken.

Zögern Sie nicht.

Schwafeln Sie nicht.

Warten Sie nicht.

Geben Sie sich keine Chance, Ihre Entscheidung wieder rückgängig zu machen. Wenn Sie aus Ihrem authentischen Selbst heraus eine Entscheidung getroffen haben, werden all Ihre Abwehrmechanismen – Ihr Ego, Ihr innerer Kritiker, Ihre Ängste – zum Bataillon vereint antreten und alles tun, um Sie zurückzuhalten.

Die Negaholiker in Ihrem Umkreis werden Sie in Ihren Bedenken und Zweifeln nach Kräften unterstützen. Ihr innerer Entschluss mag noch so stark sein, warum soll er den vereinten Kräften aus Selbstzweifeln und Fremdprojektionen standhalten müssen?

DER AUFBRUCH INS UNBEKANNTE

Und das Problem ist, wenn Sie nichts riskieren,
riskieren Sie noch mehr.

ERICA JONG

Chancen wahrzunehmen bedeutet, ins große Unbekannte aufzubrechen. Sich für etwas Neues zu entscheiden kann Unbequemlichkeiten mit sich bringen, es kann Ihnen aber auch große Freude bringen.

Als ich Anfang zwanzig war und noch Theater spielte, bekam ich das Angebot, nach New York zu gehen und dort bei Shakespeare in the Park in *Wie es euch gefällt* aufzutreten. Ich hatte jahrelang davon geträumt, einmal bei Shakespeare in the Park mitzumachen, den Traum aber bereits in die Rubrik »Das wird wohl nie passieren« eingeordnet und die Schauspielerei gegen eine andere Passion eingetauscht. Es bedarf wohl keiner besonderen Erwähnung, dass mich die Aussicht, meinen unerfüllten Traum nun doch noch verwirklichen zu können, total begeisterte.

In dem Stück mitzuspielen bedeutete für mich damals, mein Studium zu unterbrechen, mein Zuhause in Minnesota und meinen Mann, den ich erst vor sechs Monaten geheiratet hatte, zu verlassen, und ganz allein nach New York zu gehen. Doch es war der Traum meines Lebens und obwohl meine Ratio mich für verrückt erklärte und mir riet, nicht zu gehen, sagte mir mein Instinkt, dass ich mir diese Chance nicht entgehen lassen durfte.

Ich packte meine Koffer, flog nach New York, trat in dem Stück auf und frönte ein letztes Mal meiner Theaterleidenschaft. Natürlich war es einer der besten Sommer meines Lebens. Ohne Garantien, ohne Versprechungen und ohne irgendwelche Sicherheiten vertraute ich meinem Instinkt so hundertprozentig, dass ich die Tage wie einen einzigen Rausch erlebte.

Vor kurzem schickte mir jemand Fotos von jenem Sommer. Auf einer Reihe von Bildern stehe ich in meinem Kostüm unter einem Baum im Central Park und strahle über das ganze Gesicht. Ich leuchte regelrecht vor Glück. Als ich einer jungen Freundin von mir das Foto zeigte, bat sie mich um einen Abzug. Sie wollte sich das Bild auf den Schreibtisch stellen, um sich immer daran zu erinnern, dass das Eingehen von Risiken eine der sichersten Methoden ist, Freude in sein Leben zu bringen.

Risiken eingehen

Ein Risiko einzugehen bedeutet, dass Sie Ihre Wohlfühlzone verlassen und etwas tun müssen, wofür es keinerlei Garantie gibt. Es bedeutet, dass Sie dem Kribbeln in Ihrem Bauch nachgeben, dass Sie der knisternden Spannung in Ihrem Innern Gehör schenken und dass Sie dem Leuchten in Ihren Augen folgen. Es bedeutet, dass Sie etwas tun, was weder logisch noch rational noch vernünftig ist, sondern intuitiv. Es bedeutet, dass Sie sich über konventionelle Weisheiten hinwegsetzen und wirklich der Melodie Ihres Herzens lauschen. Etwas zu riskieren ist nicht tollkühn, aber es ist auch nicht immer unbedingt vernünftig. Es liegt irgendwo dazwischen.

Das Eingehen von Risiken erfordert sowohl Selbstvertrauen als auch die Bereitschaft, Fehler zu machen. Unabhängig davon, ob all Ihre Hoffnungen und Erwartungen sich erfüllen, wird es mit Sicherheit jedes Mal eine Menge zu lernen geben.

Woher wissen Sie, wann Sie sich auf ein Risiko einlassen sollten? Wenn das innere Kribbeln magnetische Anziehungskraft entwickelt; wenn es Sie fest im Griff hat und nicht mehr loslässt; wenn Sie willens und bereit sind, jedwedes Resultat zu akzeptieren. Dann wissen Sie, dass es an der Zeit ist, den Sprung zu wagen.

Zwischen der sicheren Welt, in der Sie sich eingerichtet haben, und dem neuen Leben, das Sie sich schaffen wollen, klafft ein Spalt. Ihre Aufgabe ist es, zwischen diesen zwei Welten eine Brücke zu schlagen. Der entscheidende Moment tritt ein, nachdem Sie sämtliche Vorarbeiten erledigt haben. Sie stellen plötzlich fest, dass Sie nach allem, was Sie bislang schon getan haben – Denken, Nachforschen, Abwägen und Entscheiden –, eigentlich immer noch nicht wissen können, was Sie erwartet, wenn Sie sich der Erfahrung nicht tatsächlich stellen.

Der letzte Meter oder Kilometer ist die unbekannte Zone. Die Antwort können Sie nur erfahren, wenn Sie Ihr bekanntes Terrain verlassen und den entscheidenden Schritt nach vorn ma-chen. Das ist der Moment, in dem Sie das Gefühl haben, ins Leere zu springen. Während Sie den ersten Fuß bereits in der Luft haben, muss der zweite sich auch vom Boden lösen, bevor der erste wieder Tritt gefasst hat. Dieses »bodenlose« Gefühl ist der Moment, in dem Sie sich auf ein Risiko einlassen. Sie haben nichts unter sich und können sich nirgendwo festhalten; Sie müssen sich selbst absolut vertrauen. Es ist ein emotionales Fliegen.

Nike sagt: »Tun Sie es einfach!« Das ist natürlich einfacher gesagt als getan, doch ab einem gewissen Punkt ist es alles, was Ihnen noch übrig bleibt. Wenn Sie Ihr Bedürfnis nach Informa-tion und Wissen erfüllt haben, alle Fragen in Ihrem Kopf beant-wortet haben, alle Leute nach ihrer Meinung gefragt haben, sich im Internet schlau gemacht haben, alles gelesen haben, was Sie in die Hände bekommen konnten, ist es an der Zeit, den Sprung entweder zu machen oder nicht. Wenn Sie zu dem Schluss kom-men, dass die Chance nicht die richtige für Sie ist, dann lassen Sie es sein. Wollen Sie die Chance jedoch ergreifen, dann müssen Sie den Aufbruch ins Unbekannte wagen und das Risiko auf sich nehmen.

Sind Sie bereit zu springen?

HÜTEN SIE SICH VOR HASENPFADEN

Entlang der Straße zum Erfolg gibt es viele verführerische Parkplätze.

STEVE POTTER

Was wie ein viel versprechender Weg aussieht, entpuppt sich manchmal als Hasenpfad, der nirgendwohin führt, höchstens in ein Hasenloch. Ein Hasenpfad ist ein kurzfristiger Abstecher, der Sie vom Kurs abbringt. Eine Abzweigung, die im ersten Augenblick verlockend erscheinen mag, Sie letztendlich aber nur von Ihrem Ziel entfernt. Das Verlassen des Weges stellt eine Unterbrechung dar, die Sie für gewöhnlich wertvolle Zeit, Energie, vielleicht Geld und andere Dinge kostet.

Es ist kein Hasenpfad, wenn Sie eine Chance ergriffen haben, ohne das gewünschte Ergebnis zu erzielen. Ebenso ist es kein Hasenpfad, wenn Sie eine Chance verpasst haben. Ein Hasenpfad ist eine Abzweigung, die Sie bewusst gewählt haben. Es ist eine Abweichung von Ihrem Weg, aus der Sie etwas lernen können.

Abzweigungen am Wegesrand

Warum gehen Menschen von ihrem Weg ab? Manchmal weil sie sich selbst sabotieren wollen, manchmal weil sie glauben, eine Abkürzung zum Erfolg gefunden zu haben, und manchmal aus purer Neugier darauf, wohin der Pfad führen könnte. Aus welchem Grund auch immer, viele Leute machen Umwege und meistens auch öfter als einmal. Das Beste, was Sie machen können, ist aufpassen und sich vor Hasenpfaden hüten; Sie können aber auch die Erfahrung machen, wie es ist, aus einem Hasenloch zu schauen.

Nehmen wir an, es sei Ihr Ziel, einen Partner/eine Partnerin zu finden und zu heiraten. Sie legen Ihr Ziel fest, überlegen sich die Schritte, wie Sie diese Person finden wollen, und ziehen dann mit Ihrem Auftrag in die Welt hinaus. Dann läuft Ihnen ein Mensch über den Weg, von dem Sie wissen, dass Sie ihn nie heiraten würden, weil er nicht der richtige für Sie ist, doch Sie fühlen sich zu der Person hingezogen und lassen sich deshalb schließlich doch auf eine lockere Beziehung ein.

Hätten Sie sich zum Ziel gesetzt, verschiedene Partner auszuprobieren, dann wären Sie auf dem richtigen Weg. Da Sie sich aber ursprünglich vorgenommen hatten, einen Menschen zum Heiraten zu finden, folgen Sie einem Hasenpfad. Der Champagner und die durchtanzten Nächte mögen unterhaltsam und lustig sein, doch es wird Sie Zeit und Mühe kosten, Ihren ursprünglichen Kurs wiederzufinden, der Sie ans Ziel führt.

Ich habe bestimmt nichts gegen Spaß. Im Gegenteil, ich bin eine große Verfechterin des Spaßes, und den meisten Spaß macht es, sich seine größten Träume zu erfüllen. Wenn Sie mit dem Herzen an einem Ziel hängen, von dem Sie wissen, dass es Sie glücklich machen wird, hat es keinen Sinn sich mit Krümeln zu begnügen, die Ihnen dieses oder jenes bringen, Sie letztendlich aber nur daran hindern, Ihr Ziel zu erreichen.

Howard war ein Spekulant, der sich auf Immobilien spezialisiert hatte. Er träumte davon, auf einer Karibikinsel ein kleines
Lokal zu erbauen und zu betreiben, um seinen Lebensabend mit
seiner Frau dort verbringen zu können. Das erforderte viel Kapital, ganz zu scheigen von der vielen, harten Arbeit. Doch Howard
fühlte sich der Herausforderung gewachsen.

Das Problem war, dass Howard nie nein sagen konnte, wenn
sich irgendwelche günstigen Gelegenheiten auf dem Immobilienmarkt ergaben. In einem Jahr war es eine Parkgarage in Man-
hattan, im nächsten ein Bürogebäude in New Jersey. All diese
Objekte erforderten große Investitionen und verschlangen das
Geld, das er für sein Lokal beiseite gelegt hatte. Außerdem erforderten sie jede Menge Zeit und Energie, die er eigentlich
brauchte, um sein Inselprojekt voranzutreiben.

Noch dazu konnte Howard nie nein sagen, wenn es um Vergnügungen ging, wie zum Beispiel mit seinen drei Golfpartnern
nach Schottland zu fahren, um auf dem berühmten St.-An-
drews-Platz zu spielen. Derlei Dinge fielen für Howard in die
Kategorie »einmal im Leben«. Doch jede Immobilie, die Howard erwarb, und jede Reise, die ihn wertvolle Zeit und Geld
kostete, brachte ihn immer weiter weg von den Sandstränden
der Karibik.

Hasenpfade erkennen

Wie können Sie Hasenpfade erkennen? Dafür gibt es drei Anhaltspunkte. Erstens haben sie im Allgemeinen eines gemeinsam: Sie sehen *sehr* verlockend aus. Sie sind wie Zuckerwatte: wunderbar locker und herrlich bunt. Doch genau wie mit dieser Süßigkeit auf Ihrer Zunge verhält es sich auch mit dieser Sorte Chancen. Sie schmelzen dahin und hinterlassen ein Gefühl der Unzufriedenheit.

Zweitens fallen sie eher in den kurzfristigen als in den langfristigen Bereich. Sie bieten sofortigen Genuss und augenblickliche Belohnung, jedoch keine Befriedigung und Erfüllung auf lange Sicht. Wenn wir unsere Langzeitpläne für momentane Vergnügungen opfern – mögen sie noch so temporär sein –, folgen wir einem Hasenpfad.

Drittens nehmen wir, wenn wir einem solchen Pfad folgen, für gewöhnlich eine Verteidigungshaltung ein. Hasenpfade verleiten zur Unvorsichtigkeit und zwingen uns, unsere Handlungen den Menschen gegenüber zu verteidigen, die uns an unsere eigentlichen Ziele erinnern. Wenn Sie feststellen, dass Sie einen bestimmten Weg übermäßig verteidigen (z. B. »Ich *brauche* das«, »Ich fühle mich nicht schuldig dabei!«), dann ist die Wahrscheinlichkeit recht groß, dass Sie auf ein Hasenloch zusteuern.

Ich spreche hier nicht von Opfern, sondern von einer inneren Verpflichtung. Manchmal müssen Sie bei Dingen, die Sie im Augenblick begehren, einfach »nein« sagen, um die Ziele errei chen zu können, die Ihnen auf lange Sicht wichtig sind. Das mag Ihnen als Opfer erscheinen, wenn Sie nur bedenken, worauf Sie verzichten müssen; wenn Sie hingegen Ihre Fähigkeit sehen, Ihren kostbarsten Visionen treu zu bleiben, dann erscheint es Ihnen als Erfüllung einer inneren Verpflichtung. Es ist alles nur eine Frage der Sichtweise.

Wenn Sie sich zum Beispiel vorgenommen haben, zehn Pfund abzunehmen, können Sie den Verzicht auf ein Stück Schoko-ladenkuchen als Opfer ansehen oder aber als Erfüllung Ihres inneren Auftrages. Entscheiden Sie sich für die erste Betrach-tungsweise, so wird sich ein Gefühl der Entbehrung einstellen. Bevorzugen Sie hingegen die zweite Betrachtungsweise, so wird die damit verbundene Selbstbestätigung ebenso köstlich sein wie das Stück Kuchen.

Grundsätzlich gilt: Hasenpfade bringen kurzfristigen Genuss, während echte Chancen Ihnen die Gelegenheit bieten, Ihre lang-fristigen Ziele zu erreichen. Je nachdem was Ihnen wichtiger ist, können Sie sich entweder mit einem kleinen Leckerbissen abspeisen lassen oder auf der kompletten Gourmetmahlzeit bestehen. Sie haben die Wahl.

* * *

Im alltäglichen Leben werden Ihnen ständig die verschiedensten Chancen geboten. Sie brauchen nur aufmerksam zu sein, um sie zu erkennen. Wenn Sie Ihren Instinkten folgen, sich selbst vertrauen und sich nicht auf Abwege locken lassen, können Sie die Chancen ergreifen, die zur Erfüllung Ihrer Ziele und Ihres Lebensweges führen werden.

Sie müssen wissen: Gelegenheiten gibt es viele. Die Frage ist: Erkennen Sie die Ihren?

Regel 7

JEDER RÜCKSCHLAG IST
EINE WERTVOLLE LEKTION

Auf Ihrem Weg wird es Enttäuschungen und Fehlschläge geben.
Aus diesen Erfahrungen können Sie wertvolle Erkenntnisse ziehen,
die Ihren Erfolg in der Zukunft sichern helfen.

Erfolg und Misserfolg sind so eng miteinander verschlungen wie Mond und Tide, Berg und Tal oder Wind und Bäume. So wie die Natur für das Gleichgewicht in der Umwelt sorgt, so sorgt das Universum für die Balance im menschlichen Bereich, indem es uns Höhen und Tiefen beschert. Nicht umsonst heißt es in einem Sprichwort, dass die Süße des Erfolgs nur erfahren kann, wer auch die Bitterkeit des Misserfolgs kennen gelernt hat. Die Freude der Erfüllung weiß nur derjenige in vollem Umfang zu schätzen, der gegen Widerstände ankämpfen musste, ernsthafte Rückschläge erlitten hat oder von einer gewaltigen Welle der Enttäuschung umgerissen wurde, so dass er das Gefühl hatte, nie wieder aufstehen zu können.

Fast alle erfolgreichen Menschen haben auch Rückschläge erfahren. Vielleicht mussten sie erleben, wie ihre Träume zerstört wurden, ihre Wünsche verspottet und belächelt wurden oder ihre Ziele an den Mauern von Finanzinstitutionen zerschellten. Sie mussten sich mit Frustration, Zurückweisung und Enttäuschung auseinandersetzen und Mittel und Wege finden, sich von den Rückschlägen wieder zu erholen.

Die meisten von uns würden ein Leben voller Anerkennung, ohne Hindernisse und Grenzen vorziehen. Wer würde nicht am liebsten all seine Versuche von Erfolg gekrönt sehen? Doch den meisten von uns ist nur allzu bewusst, dass das Leben einfach nicht so ist. Da gilt es Hürden zu nehmen, Wege freizuschaufeln und manchmal eben auch Rückschläge einzustecken, von denen man sich wieder erholen muss.

Auf Ihrer Reise durchs Leben werden Ihnen von Zeit zu Zeit Hindernisse begegnen. Es besteht prinzipiell immer die Möglichkeit, zu fallen, sich die Knie aufzuschlagen oder sogar die Straßenböschung hinunterzustürzen. Höchstwahrscheinlich werden auch Ihnen Dinge passieren, die Sie als Misserfolg oder Überforderung empfinden.

In solchen Momenten kommt es darauf an, dass Sie die Quelle Ihrer Entschlusskraft reaktivieren, damit Sie wieder auf die Füße kommen, den Staub von Peinlichkeit, verletztem Stolz und erschüttertem Vertrauen von sich abschütteln und weiter voranschreiten können. Natürlich müssen Sie sich die Zeit nehmen, Ihre Erfahrung erst einmal zu verarbeiten, damit Sie Ihre Wunden heilen können, wieder eine Perspektive sehen und aus dem Vorangegangenen lernen können.

Wer Erfolg und ein erfülltes Leben haben will, muss bereit sein, sich den Enttäuschungen und Fehlschlägen, die das Leben mit sich bringt, zu stellen und zu erkennen, dass auch solche Erfahrungen ihren Wert haben. Niemand mag Enttäuschungen und niemand möchte sein Ziel verfehlen. Doch weise ist nicht derjenige, der nie ins Stolpern kommt, sondern derjenige, der ins Stolpern kommt und den Stolperstein als Wachstumschance begreift, um für zukünftige Erfolge besser gewappnet zu sein.

BEI RÜCKSCHLÄGEN:
NICHT AUFGEBEN, SONDERN WEITER VORANGEHEN

Ich lasse mich nicht entmutigen,
denn jeder misslungene Versuch ist ein Schritt vorwärts.

THOMAS EDISON

Wenn es zu Fehlschlägen kommt, müssen Sie sich entscheiden: Sie haben zwei Möglichkeiten. Entweder Sie fallen, fühlen sich als Verlierer, belasten sich mit Selbstvorwürfen und bleiben liegen, oder Sie verarbeiten die Enttäuschung und setzen Ihre Bemühungen fort, indem Sie auf Ihren alten Weg zurückkehren oder auch einen neuen ausprobieren, wodurch der Fehlschlag letztendlich zu einer wertvollen Lektion und Wachstumschance wird.

Die Verliererposition

Die erste Möglichkeit ist diejenige, zu der Sie sich unmittelbar nach einem Rückschlag wahrscheinlich am ehesten hingezogen fühlen. Genau wie bei einem Trauerfall folgt auf ein Ereignis, das als Niederlage empfunden wird, erst einmal eine Phase der Ablehnung. Es tut weh, wenn Sie mit ansehen müssen, wie Ihre Träume zerrinnen und Ihre Bemühungen nutzlos verpuffen, weshalb es vollkommen natürlich ist, dass Ihr erster Instinkt Ihnen befiehlt, sich zu verstecken, die Decke des Lebens über Ihren Kopf zu ziehen und sich selbst mitsamt der Hoffnung aufzugeben, jemals dorthin zu gelangen, wohin Sie wollten. Problematisch wird es, wenn Sie unter der Decke liegen bleiben und sich weigern, wieder hervorzukommen, nachdem der erste Schock verflogen ist.

Ein Beispiel für dieses Szenario liefert uns Daniel. Daniel träumte davon, in Harvard zu studieren. So lange er sich erinnern konnte, hatte er immer den Wunsch gehabt, einst die rotgoldenen Insignien tragen zu dürfen. Er lernte fleißig an der High School, bildete sich auch außerschulisch ständig fort und tat sein Möglichstes, um die Kommission der Universität von seinen Qualitäten zu überzeugen. Doch leider schnitt Daniel in der Aufnahmeprüfung nicht gut genug ab und wurde abgelehnt.

Daniel war am Boden zerstört. Da er von jeher ein labiles Selbstbewusstsein gehabt hatte, traf ihn die Zurückweisung besonders hart. Nachdem er den dünnen Umschlag mit der schlechten Nachricht geöffnet hatte, ging er sofort in sein Zimmer hinauf und blieb für den Rest des Abends dort. Obwohl seine Eltern in den darauffolgenden Wochen versuchten ihn zu trösten, indem sie ihn daran erinnerten, dass es noch jede Menge anderer Universitäten gab, bei denen er sich bewerben könnte und mit Sicherheit auch einen Platz bekommen würde, zeigte Daniel nichts anderes als Desinteresse. Er tat monatelang nichts, um sich selbst zu helfen, und eines Tages verkündete er sehr zum Leidwesen seiner Eltern, dass er überhaupt nicht studieren werde. Offensichtlich hatte ihn die Ablehnung von Harvard so tief getroffen, dass sein Selbstvertrauen zu erschüttert war, um weiteren Belastungen standzuhalten.

Glücklicherweise waren Daniels Eltern in der Lage zu erkennen, dass ihr Sohn aufgrund der Enttäuschung an Depressionen litt, und schickten ihn zu einem qualifizierten Therapeuten. Es dauerte eine Weile, doch schließlich fasste Daniel wieder Vertrauen in seine intellektuellen Fähigkeiten und fing an, unter der Decke hervorzuspähen. Im darauffolgenden Frühjahr kam er zu mir, und wir arbeiteten zusammen eine neue Strategie aus. Er bewarb sich an mehreren Top-Universitäten und wurde an der Duke University angenommen.

Es gibt aber auch Menschen, die unbewusst ganz in der Verliererrolle aufgehen und mit Groll oder gar Verbitterung reagieren. Wenn ihnen ein Rückschlag widerfährt, fühlen sie sich ungerecht behandelt und entwickeln daraus einen Komplex. Kennen Sie auch solche Menschen, die einen Fehlschlag aus ihrer Vergangenheit wie ein Abzeichen mit sich herumtragen? Sie lassen es oft aufblitzen, vor allem wenn das Leben etwas von ihnen fordert. Der Verlust, die Enttäuschung oder der Rückschlag, den sie erleiden mussten, dient ihnen als Grund dafür, auf die ganze Welt böse zu sein. Sie ärgern sich über das Los, das sie gezogen haben, und glauben, das Schicksal sei gegen sie. Kausalität kommt in ihrer Realität nicht vor.

Marsha war ein solcher Fall. Sie war fünfundvierzig Jahre alt und Angestellte bei einer Telefongesellschaft. Seit Jahren hatte sie darauf hingearbeitet, zur Abteilungsleiterin ernannt zu werden, und als die Person, die diese Stelle innehatte, in Rente ging, war Marsha genau wie alle anderen sicher, dass sie den Posten bekommen würde. Doch die Firmenleitung entschied sich stattdessen für eine jüngere Person von außerhalb, um, wie sie es nannten, »frischen Wind ins Unternehmen zu bringen«.

Marsha konnte mit dieser überraschenden Wende nicht umgehen. Sie war natürlich enttäuscht, doch anstatt den Vorfall zum Anlass zu nehmen, nach anderen Möglichkeiten Ausschau zu halten oder ihre Zukunft neu zu überdenken, verwendete sie all ihre Energie darauf, verärgert und beleidigt zu sein. Sie fing an, ihre Arbeit zu vernachlässigen, erschien nicht zu wichtigen Konferenzen und lief ständig mit finsterem Gesicht im Büro herum. Sie strafte ihre neue Chefin mit Verachtung und vermieste nicht nur die Stimmung im Kollegenkreis, sondern verbaute sich auch ihre eigene Zukunft. Sie verharrte in ihrem Groll und legte dadurch ihre Karriere auf Eis.

Ich verlor den Kontakt zu Marsha, nachdem sie zu mir gekommen war und sich geweigert hatte anzuerkennen, dass es ihre eigene Bitterkeit war, die ihr im Wege stand. Sie konnte die Mauer der Feindseligkeit, die sie um sich herum aufgebaut hatte, nicht durchbrechen und witterte hinter allem, was in ihrem Leben schief ging, Verrat. Ich weiß nicht, ob sie schließlich entdeckte, dass sie nur ihre Enttäuschung verarbeiten, von ihrem Groll ablassen und eine neue Route festlegen musste, um wieder in Richtung Erfolg zu marschieren.

Sich für die Genesung entscheiden

Die zweite Möglichkeit ist optimal. Natürlich sind auch Sie nicht davor gefeit, von einem Misserfolg niedergeschmettert zu werden, wie Daniel, oder sich zu ärgern, wie Marsha. Die Heilmethode besteht in diesem Fall darin, dass Sie sich mit Ihren Emotionen auseinandersetzen, alle Gefühle zulassen, das Geschehene aufarbeiten, die Erfahrung richtig einordnen und beschließen weiter voranzuschreiten. Die Gesundung tritt in dem Moment ein, wo Sie Rückschläge in Ihre persönliche Geschichte einflechten, anstatt zuzulassen, dass diese Ihrer Geschichte ein Ende setzen.

Das Verweilen bei Rückschlägen hält Sie im Niemandsland fest. Es gibt einen wunderbaren Cartoon von Mary Engelbreit mit dem Titel »Schau nicht zurück«, auf dem eine Straßengabelung zu sehen ist; auf einem Wegweiser steht »dein Leben«, der andere führt zu einem Ort namens »kommt nicht mehr in Betracht«. Wenn Sie ständig an das denken, was hätte sein können, anstatt sich auf das zu konzentrieren, was ist, missachten Sie Ihre gegenwärtige Realität. Wie können Sie erwarten, jemals voranzukommen, wenn Sie in der Vergangenheit festsitzen?

Rückschläge formen den Charakter. Sie unterscheiden die zufällig Erfolgreichen von den wahrhaft Erfolgreichen. Nicht der Mensch, der auf Anhieb den ersten Lauf gewinnt, demonstriert Stärke, Durchhaltevermögen, Weisheit und Rückgrat, sondern derjenige, der die Strecke schon einmal gerannt ist, das Ziel knapp verfehlt hat und nun trotzdem wieder mit vollem Einsatz rennt. Für diese Menschen hat der Sieg den süßesten Geschmack.

Es kommt darauf an, wie Sie eine Erfahrung wahrnehmen. Sie können sie als Fehlschlag werten und dadurch Bilder und Gefühle von Vernichtung und Ausweglosigkeit heraufbeschwören. Sie können sie aber auch als vorübergehendes Hindernis auf Ihrem Weg einstufen. Beide Interpretationen setzen kraftvolle Emotionen frei; wichtig ist, wie Sie die Erfahrung in den Kontext Ihrer Zukunft einbauen. Markiert sie das Ende Ihres Weges oder ist sie nur ein Abschreckungsmanöver auf Ihrem Weg zu künftigem Erfolg?

BEHARRLICHKEIT:
DER WEG DER ENTSCHLOSSENEN

Sie dürfen nie, nie, nie aufgeben.
WINSTON CHURCHILL

Entschlossenheit bedeutet, sich mental einem Ergebnis ver-pflichtet zu fühlen. Wer entschlossen ist, wird alles in seiner Macht Stehende tun, um sein Ziel zu erreichen. Entschlossene Menschen lassen sich nicht von irgendwelchen Hindernissen den Weg versperren, sondern finden Möglichkeiten, die Brocken oder Sperren aus dem Weg zu räumen, um scheinbar Unmögli-ches Realität werden zu lassen. Wenn Sie entschlossen sind, ist Aufgeben keine Alternative. Sie beharren auf Ihrem Ziel, koste es, was es wolle.

Ruby und Neil, ein Ehepaar Mitte zwanzig aus Texas, wünsch-ten sich ein Kind. Ruby sollte bis Ende des Jahres schwanger wer-den, doch es klappte nicht. Die beiden versuchten es noch fast ein Jahr lang auf natürlichem Wege, dann entschieden sie sich für eine Hormonbehandlung. Die Behandlung war zwar teuer und verschlang einen Großteil ihrer Ersparnisse, doch ein Kind zu bekommen war ihnen wichtiger, als Geld auf der Bank zu haben. Nach mehreren Monaten wurde ihnen mitgeteilt, dass die Behandlung erfolglos bleiben würde und dass sie es mit einer In-vitro-Fertilisation versuchen sollten – auch eine sehr kost-spielige Methode. Sie ließen sich darauf ein, hatten aber leider

wieder keinen Erfolg, weil sie, wie sich nach aufwändigen Blut-
tests herausgestellt hatte, nicht die genetischen Voraussetzungen dafür erfüllten. Zu guter Letzt riet ihnen der Arzt resigniert,
über eine Adoption nachzudenken, weil ihre Chancen auf eine
Schwangerschaft so gering seien.

An diesem Punkt hatten Ruby und Neil natürlich mit heftigen
Emotionen zu kämpfen. Sie waren traurig, verärgert, frustriert
und enttäuscht. Sie fühlten sich betrogen, wenn sie sich um-
schauten und so viele Leute in ihrem Alter sahen, die problemlos
Kinder bekommen konnten. Eines Tages brach Ruby im Super-
markt in Tränen aus, als sie hinter einer jungen Mutter stand, die
ihr Baby auf dem Rücken trug. Doch sie ließen sich trotz alledem
nicht entmutigen. Sie wollten so unbedingt ein Kind haben, dass
sie sich weigerten aufzugeben. Sie wussten, dass es einen Weg
geben musste, und sie waren entschlossen, ihn zu finden.

»Einen Weg zu finden« wurde zu ihrer wichtigsten Aufgabe.
Sie suchten Fruchtbarkeitsexperten im ganzen Land auf, um
weitere Meinungen einzuholen. Als sie die Diagnose des ersten
Arztes bestätigt fanden, konzentrierten sie ihre Bemühungen
darauf, sich über Leihmütter zu informieren. Sie durchkämmten
das Internet, lasen alles, was sie zu diesem Thema finden konnten, und sprachen mit Leuten, die diesen Weg gegangen waren.
Schließlich entschieden sie, dass dies für sie keine Alternative sei,
und bemühten sich nun darum, ein Adoptivkind zu finden. Sie
ließen sich bei Agenturen und Waisenhäusern im ganzen Land
registrieren und fanden schließlich eine junge Frau in Seattle, die

schwanger war und ihr Kind nach der Geburt zur Adoption freigeben wollte.

Nach insgesamt eineinhalb Jahren flogen Ruby und Neil zur Geburt ihrer Tochter nach Seattle. Durch reine Beharrlichkeit hatten sie sich ihren innigsten Wunsch erfüllt, und mittlerweile sind die beiden Eltern eines süßen kleinen Mädchens. Die ganze Geschichte hatte sie sehr viel Zeit, Energie und Kraft gekostet, aber sie hatten in ihren Bemühungen nicht nachgelassen. Wären sie nicht so entschlossen gewesen, hätte die Frustration sie durchaus irgendwann in die Resignation treiben können.

Entschlossene Menschen lassen nichts unversucht. Wenn sie gesagt bekommen: »Das klappt nie«, fühlen sie sich erst recht angespornt und versuchen es bei nächster Gelegenheit noch einmal. Das heißt nicht, dass sie nie einen Tiefpunkt hätten, nie den Glauben verlieren oder nie ins Grübeln kommen würden. All diese Dinge gehören selbstverständlich zum Menschsein dazu.

Wie »Entschlossenheit« aussieht

Der Unterschied zwischen »normalen« und erfolgreichen Menschen besteht darin, dass erfolgreiche Menschen keine Zeit damit verschwenden, über ihre Grenzen nachzudenken; sie überwinden sie einfach. Sie lassen sich von ein paar blauen Flecken nicht beirren und schreiten unverzagt weiter voran. Auch wenn sie manchmal umgeworfen oder emotional verletzt werden, stehen sie immer wieder auf und fangen noch einmal von vorn an. Wie ein Stehaufmännchen weigern sie sich liegen zu bleiben.

Ruby und Neil hätten auch aufgeben können. Sie hätten sagen können, die Erfüllung ihres Kinderwunsches sei zu anstrengend, zu zeitaufwändig oder zu teuer. Sie hätten in Selbstmitleid zerfließen und zulassen können, dass der Misserfolg ihre Ehe zerstört. Doch stattdessen bekämpften sie die Misere mit aller Entschlossenheit.

Entschlossene Menschen betrachten Straßensperren als Umleitung, nicht als Sackgasse. Sie suchen sich immer wieder neue Wege, um an ihr Ziel zu gelangen, und stören sich nicht daran, wenn diese nicht der Route entsprechen, die sie ursprünglich eingeplant hatten.

Um für Zweifelsfälle gerüstet zu sein, umgeben sich erfolgreiche Menschen außerdem mit Leuten, die ihnen ihr angebliches Unvermögen nicht »abnehmen«. Sie haben im Vorfeld bereits hinreichend klargestellt, dass derlei Momente des Zweifels bei ihnen nicht ernst zu nehmen sind, selbst wenn die Argumente noch so überzeugend klingen. Die »Assistenten« wissen und erinnern den Zweifler daran, dass er genug Entschlossenheit besitzt, um jedwedes Hindernis zu überwinden, auch wenn er es manchmal selbst nicht glauben mag.

Entschlossenheit war es, die John F. Kennedy 1961 verkünden ließ, bis Ende des Jahrzehnts werde der erste Mensch den Mond betreten.

Entschlossenheit ließ Michael Jordan weitertrainieren und immer besser werden, nachdem er nicht mehr für die Basketballmannschaft seiner High School spielen durfte.

Der Bestsellerautor John Grisham, dessen Bücher inzwischen weltweit Höchstauflagen erzielen, wurde sicherlich von Entschlossenheit getrieben, nachdem anfänglich fünfunddreißig Verleger seine Werke abgelehnt hatten.

Auf derartige Beispiele können Sie zurückgreifen, wenn Sie manchmal kurz davor sind, aufzugeben, zusammenzubrechen oder ihren Traum fallen zu lassen. Auch ich lasse mich von der Entschlossenheit anderer inspirieren, wenn ich in einen Abwärtsstrudel gerate und mir alles über den Kopf wächst.

Vor vielen Jahren geriet meine Firma in eine ernsthafte Krise. Bis 1979 hatten wir sehr erfolgreich gearbeitet; fünf Jahre lang hatten wir unseren Umsatz, unser Programm und unser Personal jährlich verdoppeln können. Es hieß bereits, ich hätte eine magische Hand, weil sich alles, was ich anfasste, in Gold verwandelte. Das Unternehmen wuchs, die Klienten verwirklichten ihre Träume und die Zukunft schien sonnenklar. Wir hatten ein etwa 1 000 Quadratmeter großes Gebäude in San Francisco gemietet, in dem die Firmenbüros und drei Seminarräume Platz finden sollten. Der Plan war hieb- und stichfest – zumindest dachten wir das. Die Entwürfe waren gut, Klienten hatten wir reichlich und wir blickten mit Optimismus in die Zukunft.

Nachdem wir bereits $ 300 000 in den Innenausbau gesteckt hatten, entdeckten wir zu unserem großen Entsetzen, dass wir nicht mehr als ein Seminar zur Zeit durchführen konnten. Der Tontechniker hatte unsere Vorgabe nicht ernst genommen, dass unsere Seminarteilnehmer die Möglichkeit haben müssen, sich vollkommen frei auszudrücken, weshalb die Schalldämmung zwischen den Räumen völlig unzureichend war. All unsere Pläne waren hinfällig, denn nun mussten wir sämtliche Zahlen um 66 Prozent reduzieren. Es war ein Desaster.

Wir waren am Boden zerstört. Dieses Projekt war alles, wofür wir gearbeitet hatten und wovon wir geträumt hatten, und nun löste sich alles aufgrund eines Irrtums in nichts auf. Ein Teil von mir fühlte sich geschlagen, so als sei das Problem einfach zu groß und zu komplex, um es in den Griff zu bekommen. Ein Teil von mir fühlte sich wie ein kleines Mädchen, das gerettet werden will. Und ein Teil von mir wollte den leichtesten Weg gehen und einfach aufgeben.

Glücklicherweise entschied sich der größere Teil von mir dafür zu kämpfen, um nicht unterzugehen. Schließlich hatte ich als Managementberaterin schon viele Geschäftsleute betreut, die sich in ähnlich schwierigen Situationen befunden hatten. Da war der Verlag, der seine Produktion auf Computer umstellen und dafür große Summen aufwenden musste, die Hypothekenbank, die auf Investmentbanking und Anlageberatung umstellen musste, und das Industrieunternehmen, das sich daran gewöhnen musste, den Menschen über das Profitinteresse zu stellen. Ich hatte sie beraten, das Jammertal mit ihnen durchquert und miterlebt, wie sie erneut Erfolge feierten. Ich wusste, dass die Rehabilitation durch Entschlossenheit theoretisch möglich ist, und ich wusste, dass ich diese abstrakte Möglichkeit nun auf meine eigene Situation anwenden musste.

Wir hielten eine Konferenz ab, um darüber zu beraten, welche Möglichkeiten wir nun hatten. Wir konnten den Innenarchitekten und den Tontechniker verklagen. Wir konnten uns wegen des kostspieligen Irrtums in Selbstvorwürfen zerfleischen. Wir konnten uns bankrott erklären und die Firma zumachen. Es sah düster aus, doch bei uns allen überwog die Entschlossenheit, uns das, wofür wir so lange gekämpft hatten, nicht einfach nehmen zu lassen.

Keiner von uns wollte die Firma aufgeben, und auf langwierige Prozesse legte ebenfalls niemand Wert. Uns selbst Vorwürfe zu machen, erschien uns extrem unproduktiv, deshalb suchten wir weiter nach einer Alternative. Schließlich hatte Barbara, unsere Steuerberaterin und Partnerin, eine Idee. »Wir könnten das Gebäude untervermieten und damit die laufenden Kosten decken, ein kleineres und billigeres Bürogebäude anmieten und unsere Schulden abbezahlen.« Es war ein Langzeitplan, aber er schien zu unseren Zielen zu passen. Der Plan eröffnete uns die Möglichkeit, das Unternehmen am Leben zu erhalten und gleichzeitig die Verantwortung für unseren Fehler zu übernehmen und unsere Lektionen zu lernen.

Wir sprachen mit unseren Kreditgebern und fragten sie, ob sie bereit seien, mit uns zusammenzuarbeiten. Sie waren es. Wir arbeiteten eine Strategie aus, die neue Projekte, Gewinne, Schuldentilgung und ein überarbeitetes Kursangebot umfasste. Der Plan erforderte großen Einsatz über Jahre hinweg, aber er funktionierte. Wir fanden einen Untermieter für das Gebäude, mieteten selbst billigere Räumlichkeiten an, bezahlten all unsere Schulden ab und befreiten uns aus der Klemme. Heute, sechsundzwanzig Jahre später, sind wir immer noch da und bieten wie gewohnt Beratung, Workshops, Seminare und Trainingsprogramme für zufriedene Kunden in aller Welt an.

Ich kann nicht sagen, dass es ein leichtes Unterfangen war. Manchmal war es wirklich nicht lustig. Der Plan hatte seine Tücken, und über weite Strecken blieb uns überhaupt keine Freizeit mehr, aber letztendlich führte das Engagement des gesamten Teams dazu, dass die Rechnung aufging. Und wir kamen sogar noch in den Genuss einer Prämie: Die veränderte Marketingstrategie hatte zur Folge, dass wir zuerst national und dann, neun Jahre später, auch international expandierten. Wäre uns der vermeintlich verhängnisvolle Fehler nicht unterlaufen, wären wir nie gezwungen gewesen, unseren Gesamtplan zu überdenken. Dadurch dass wir uns von der schwerfälligen Firmenstruktur verabschiedeten und buchstäblich zu den Menschen hingingen, anstatt zu erwarten, dass sie zu uns nach San Francisco kamen, wurde unser Unternehmen, lange bevor dies allgemein in Mode kam, kundenfreundlich, flexibel und »virtuell«.

Ist auch Ihnen schon einmal ein Schicksalsschlag widerfahren, mit dem Sie nicht gerechnet hatten? Sind auch Sie schon einmal in eine Krise geraten bzw. vor eine Wahl gestellt worden, die Sie sich bestimmt nicht ausgesucht hatten? Haben Sie dem Schicksal schon einmal die Stirn geboten und mit Entschlossenheit das scheinbar Unmögliche möglich gemacht?

Geben Sie sich selbst Raum für derartige Aktionen, denn es sind genau diese Erfahrungen, die den Charakter festigen. Erinnern Sie sich an solche Momente und schöpfen Sie bei Bedarf Kraft daraus, damit Sie sich fürs Durchhalten entscheiden können, wenn das Leben Ihnen auf Ihrem Weg in die Zukunft Knüppel zwischen die Beine wirft. Das haben schon viele vor Ihnen getan, und Sie können es auch.

Alles, was Sie dazu brauchen, ist die Entschlossenheit weiterzumachen.

DER STACHEL DER ENTTÄUSCHUNG

Die Schale muss zerbrechen, bevor der Vogel fliegen kann.
ALFRED LORD TENNYSON

Wenn Sie ein lebendiger Mensch sind, haben Sie höchstwahrscheinlich schon das eine oder andere Mal Enttäuschungen hinnehmen müssen. Wenn Sie Erfolg haben wollen, müssen Sie lernen, mit Enttäuschungen umzugehen, die damit verbundenen Gefühle zu verarbeiten und Rückschläge oder Schwierigkeiten zu überwinden.

Bevor Sie in Aktion treten, um Ihre Ziele zu verwirklichen, müssen Sie in Ihrem Bewusstsein Platz für die Möglichkeit einer Enttäuschung schaffen. Sie müssen sich darüber klar werden, dass es Schwierigkeiten geben kann und dass das Ergebnis vielleicht nicht unbedingt dem entsprechen wird, was Sie sich erhofft haben. Damit will ich nicht sagen, dass Sie Ihr Hauptaugenmerk darauf richten sollten; ganz im Gegenteil. Indem Sie den Schatten einer potentiellen Enttäuschung ans Licht holen, verringern Sie seine Macht und machen ihn weniger bedrohlich. Dieses Vorgehen erlaubt Ihnen, mit dem Tagesgeschäft fortzufahren, anstatt sich ständig um mögliche Risiken zu sorgen. Wenn Sie die Vorstellung vom »Super-GAU« zulassen, brauchen Sie sich nicht mehr davor zu verstecken, weil Sie wissen, dass er Sie nicht unvorbereitet ereilen kann.

Die Paradoxie besteht darin, dass die glanzvolle Aussicht auf Erfolg auch immer die Möglichkeit des Scheiterns beinhaltet. Sie müssen sich der Möglichkeit, Ihr Ziel nicht zu erreichen, vollkommen bewusst sein, und gleichzeitig an die Chance glauben, dass Ihr Traum in Erfüllung geht. Mit anderen Worten, Sie müssen loslassen, bevor Sie zupacken.

Den Misserfolg antizipieren

Cheryl sollte in wenigen Tagen bei einer bekannten Modern-Dance-Company vortanzen. Sie hatte immer davon geträumt, bei dieser Truppe mitzutanzen, die nun zum ersten Mal seit Jahren wieder neue Leute engagieren wollte. Sie tanzte seit ihrem zwölften Lebensjahr und hatte in den letzten sechs Monaten jeden Tag fleißig für den Vorstellungstermin geübt. Doch sie konnte ihre Panik nicht in den Griff bekommen, weshalb sie auf Anraten eines Freundes zu mir kam.

»Was genau macht Ihnen eigentlich so viel Angst?«, fragte ich die graziöse Frau, die kreidebleich vor mir saß.

»Ich habe eine Riesenangst davor, dass mir ein Patzer unterläuft, und dass ich dann nicht in die Truppe aufgenommen werde und all meine Bemühungen umsonst waren«, sagte sie.

»Was wäre denn das Schlimmste, was passieren könnte?«

»Ich könnte mich bei dem Termin blamieren.«

»Und was wäre dann?«, hakte ich nach.

»Dann würde ich nicht angenommen«, antwortete sie.

»Und dann?«

»Dann müsste ich noch einmal ganz von vorn anfangen.«

»Und würden Sie das überleben?«, fragte ich sanft.

Cheryl dachte einen Moment darüber nach. »Ja, ich glaube, das würde ich.« Im dem Moment, als sie das sagte, sah sie erleichtert aus. Die Anspannung wich aus ihrem Gesicht, und sie lächelte zum ersten Mal, seitdem sie den Raum betreten hatte.

Nachdem Cheryl ihre Angst vor einer Enttäuschung analysiert und sich das schlimmstmögliche Szenario real vorgestellt hatte, konnte sie erkennen, wie sehr sie von dieser Angst beherrscht wurde. Als ihr klar wurde, dass selbst das Eintreten des schlimmsten Falles nicht ihre völlige emotionale Zerstörung und ihren

Untergang nach sich ziehen würde, konnte sie sich von ihrer Versagensangst befreien.

Sie können die Möglichkeit des Scheiterns ins Auge fassen, ohne sich darauf versteifen zu müssen. Einen Misserfolg können Sie ebenso antizipieren wie einen Unfall. Sie können mit einem Unfall rechnen, dürfen sich aber nicht so sehr darauf konzentrieren, dass Sie ihn geradezu heraufbeschwören. Stellen wir uns vor, Sie würden Ski fahren. Wenn Sie von der Idee beherrscht werden, dass Sie fallen könnten, stehen die Chancen für einen Sturz ziemlich gut. Haben Sie schon einmal versucht, unter keinen Umständen zu fallen, mit dem Erfolg, dass am Ende genau das passierte? Sind Sie sich hingegen der Tatsache bewusst, dass Sie fallen könnten, konzentrieren sich aber auf das Skifahren statt auf das Fallen, dann ist Ihre Chance, mit dem Allerwertesten im Schnee zu landen, wesentlich geringer.

Denken Sie daran: Sie werden in erster Linie das bekommen, worauf Sie sich konzentrieren. Umgekehrt findet das, was Sie zu verdrängen suchen, immer wieder einen Weg an die Oberfläche. Der Trick ist, anzuerkennen, dass Fehlschläge passieren können, ohne sich auf diese Möglichkeit zu fixieren.

Enttäuschungen verarbeiten

Enttäuschung ist ähnlich wie Trauer. Um darüber hinwegzukommen, muss man gewillt sein, die Erfahrung nicht zu verdrängen, sondern zu durchleben.

Ihre Gefühle müssen irgendwohin gehen können, wenn sich Erwartungen nicht erfüllt haben. Sie können die Gefühle unterdrücken, weil sie Ihnen unangenehm sind oder weil die Bewältigung zu schmerzvoll wäre. Doch wenn Sie sich nicht mit Ihren Gefühlen auseinandersetzen, muss sich die Enttäuschung, der Misserfolg oder das Versagen vielleicht noch einmal wiederholen, weil Sie sich um die Erfahrung gedrückt haben. Wenn Sie den Verlust nicht durchleben, kann er Ihnen den Weg versperren, denn Lektionen werden so lange wiederholt, bis man sie gelernt hat.

Es gibt bestimmte Schritte, mit deren Hilfe man Enttäuschungen verarbeiten kann. Zu allererst müssen Sie sich Zeit geben, um das Geschehene zu durchleben. Der Prozess findet auf drei Ebenen statt: physisch, psychisch und emotional.

Die physische Ebene

Der erste und schnellste Teil der Verarbeitungsstrategie besteht darin, ganz konkrete Dinge, die in Ihrem direkten Umfeld geschehen, zu regeln. Wenn Sie zum Beispiel entlassen wurden, müssen Sie Ihre persönlichen Sachen zusammenpacken und alles, was mit Ihrer Arbeit zusammenhängt, zum Abschluss bringen. Dazu kann ein Abschiedsgespräch, das Ausfüllen von Papieren und Ähnliches gehören. Sie müssen sich um ganz konkrete Belange wie die Regelung Ihrer Finanzen oder Ihrer Krankenversicherung kümmern. Mit anderen Worten, Sie müssen sich mit ganz realen Details und Gegebenheiten beschäftigen, die sich aus der Praxis ergeben.

Nehmen wir ein anderes Beispiel, wie den Verlust einer Beziehung, von der Sie sich viel erhofft hatten. Auf der physischen Ebene wäre das Erste, was Sie in Angriff nehmen müssten, die Aufteilung der materiellen Güter, und dann müssten Sie sich Gedanken darüber nachen, wie Sie Ihre Freizeit ohne diese Person verbringen wollen.

Sich mit der Regelung konkret anfallender Probleme zu befassen ist wichtig und notwendig. Sie haben sofort Aufgaben, wenn auch kleine, die Ihre Aufmerksamkeit in Anspruch nehmen. Indem Sie sich um sich selbst und alles Notwendige kümmern, erhalten Sie Ihren Energiestrom aufrecht und bleiben am Ball.

Die psychologische Ebene

Die psychologische Verarbeitung ist der zweite Abschnitt des Prozesses. In dieser Phase müssen Sie sich mental mit den verschiedenen Möglichkeiten beschäftigen, wie Sie künftig Ihre Zeit verbringen wollen, und darüber nachdenken, welche Optionen und Alternativen Sie haben. Sie setzen sich damit auseinander, was die Enttäuschung ganz real für Sie bedeutet.

Wenn wir noch einmal auf das Beispiel zurückkommen, dass Sie Ihren Job verloren haben, dann müssten Sie jetzt überlegen, wer Sie eigentlich sind, nachdem Sie Ihre alten Geschäftskarten und Ihre Chipkarte abgegeben haben. Da viele Menschen das, was sie sind, mit dem verwechseln, was sie tun, ist es Ihre Aufgabe, sich jetzt ohne Ihren Job neu zu definieren. Um es einfach auszudrücken, Sie müssen sich überlegen, was Sie antworten wollen, wenn die Leute fragen: »Was machen Sie?« Der Verlust des Arbeitsplatzes kann dem Selbstbewusstsein einen Schaden zufügen, der gesondert angegangen werden muss.

Rührt die Enttäuschung aus einem Vorfall, den Sie als persönliche Niederlage empfinden, wie es einem Chirurgen passierte, den ich einst beriet und der vor Kummer fast zerging, weil er einen jungen Patienten auf dem Operationstisch verloren hatte, dann müssen Sie untersuchen, was der Verlust für Sie bedeutet, und versuchen, ihn aus einer gewissen Distanz zu sehen. Sie müssen die Erfahrung in das Gesamtbild Ihres Lebens einordnen.

Viele Menschen nehmen professionelle Hilfe in Anspruch, um eine Enttäuschung psychologisch zu verarbeiten. Da ich Motivationstrainerin bin, kommen auch viele Menschen zu mir, wenn sie einen größeren Rückschlag im Leben zu bewältigen haben. Ob Trainer, Therapeut oder ein guter Freund, suchen Sie sich Unterstützung und Hilfe, wenn Sie es für nötig halten. Das bedeutet nicht, dass Sie schwach wären, sondern vielmehr, dass Sie klug genug sind, auf die Kompetenz und den Beistand anderer Menschen zurückzugreifen.

Die emotionale Ebene

In der dritten Phase des Prozesses geht es darum, die Emotionen in den Griff zu bekommen. Diese Phase ist die schwierigste und dauert bei vielen Menschen auch am längsten. Die Sachen zu packen und den Schlüssel abzugeben ist greifbarer als die Gefühle, die ein Verlust, ein Misserfolg oder eine Enttäuschung in Ihnen auslösen. Wenn Sie Ihren Job gut oder vielleicht sogar sehr gut gemacht haben, Ihre Firma aber von einem anderen Unternehmen aufgekauft wurde, ist es vollkommen verständlich, dass einige Leute gehen müssen. Das macht es aber keineswegs leichter, die Situation emotional in den Griff zu bekommen. Verstehen ist psychologisch, aber Gefühle sind emotional.

Nur allzu oft versuchen die Menschen, einen Verlust mit nüchternen, logischen Erklärungen zu rationalisieren. Doch Vernunft hilft in diesem Fall nicht weiter, weil Gefühle irrational sind. Vielleicht hat Ihnen Ihr Job ohnehin nicht gefallen und der Stellenabbau kommt Ihnen geradezu gelegen, dann müssten Sie eigentlich begeistert sein. Vielleicht sind Sie das auch, und trotzdem verlieren Sie dabei vielleicht ein vertrautes und bequemes Arbeitsumfeld, das Sie seit Jahren oder gar Jahrzehnten tagtäglich umgeben hat. Der Verlust kann mit einem Identitätsverlust einhergehen, weil eine Situation aufgegeben wird, die zwar nicht ideal, aber doch irgendwo ein Stück Zuhause war.

Emotionen fordern selbst von den scharfsinnigsten »Denkern« ihren Tribut. Zum Bereich der Emotionen zählen Traurigkeit, Kummer, Ärger, Groll, Angst, Sorge, Ohnmachtsgefühle und Depressionen, aber auch Erleichterung, Begeisterung und freudige Erregung. Die Verarbeitung der Emotionen kann länger dauern, als Sie gedacht hatten. Sie kann unangenehmer sein, als Sie gehofft hatten. Sie kann weniger kontrollierbar sein, als Sie es sich vorgestellt hatten. Die emotionale Bewältigung der Enttäuschung ist die dritte Phase des Prozesses und von außerordentlicher Wichtigkeit, wenn Sie weiter voranschreiten wollen und der Vorfall der Vergangenheit angehören soll.

Geben Sie sich selbst die Chance, all Ihre Gefühle zu fühlen. Schieben Sie keines beiseite und betrachten Sie keines als zu unbedeutend oder belanglos, um ausgelebt zu werden. Weinen Sie, wenn Ihnen danach ist, lachen Sie, stampfen Sie herum, werden Sie wütend, sogar ein wenig Selbstmitleid ist erlaubt. Es ist wichtig, dass Sie Ihre Emotionen zulassen, ausleben, und loslassen. All Ihre Gefühle haben einen natürlichen Verlauf, dem sie folgen müssen. Sie zu unterdrücken hätte nur zur Folge, dass Sie sich selbst am Fortkommen hindern.

Krisenbewältigung

Owen meinte, eine phantastische Idee für eine neue Web-Seite zu haben, und war sicher, dass er damit Erfolg haben würde. Er war schon lange, bevor das Internet in Mode kam, von dem neuen Medium begeistert gewesen, und kannte sich bestens aus; darüber hinaus war er auch ein guter Geschäftsmann. Nachdem er ständig von Leuten gelesen hatte, die mit E-Commerce-Websites ein Vermögen gemacht hatten, war er überzeugt davon, dass er ebenso erfolgreich sein könnte. Er kündigte seinen gut bezahlten Job als Investmentbanker, sammelte beträchtliche Geldsummen von privaten Investoren ein, um die Firma zu gründen, mietete Büroräume und stellte Personal ein.

Da die Web-Seite bereits vier Wochen später offiziell starten sollte, arbeiteten Owen und seine Leute rund um die Uhr. Sie lebten von Koffein und Aufputschmitteln, waren alle vollkommen erschöpft und gereizt, aber voller Hoffnung, dass sich ihre harte Arbeit bezahlt machen würde. Das ganze Büro stand unter Hochspannung.

Als die Investitionseinlagen aufgebraucht waren, setzte Owen im Vertrauen darauf, dass sich das Engagement lohnen werde, seine persönlichen Ersparnisse ein. Als auch dieser Betrag verbraucht war, machte er einen Teil seiner privaten Altersvorsorge zu Geld, weil er immer noch davon überzeugt war, eine rentable Investition zu tätigen und die geliehenen Beträge zurückzahlen zu können.

Die Web-Seite startete und wurde zu Anfang auch begeistert angenommen. Doch dann sank die Zahl der täglichen Seitenabrufe dramatisch. Die Zahl der Kunden, die für die Nutzung seines Online-Dienstes bezahlten, betrug weniger als ein Viertel dessen, was er veranschlagt hatte. Owen und seine Leute versuchten alles Mögliche, und steckten sogar noch mehr Geld in die Werbung und Vermarktung der Web-Seite, aber es schien nichts zu funktionieren.

Im Laufe der nächsten drei Monate verlor Owens Unternehmen zuviel Geld, um sich noch über Wasser zu halten. Die meisten seiner Leute waren schon gegangen – sie waren zu Firmen übergewechselt, die mehr Erfolg versprachen – und ein Großteil seiner Werbekunden wanderte auch ab. Es war eindeutig, dass Owen nichts anderes mehr übrig blieb, als Bankrott anzumelden.

Als das letzte Papier unterschrieben war und Owen die Tür seines Büros zum letzten Mal hinter sich zumachte, war er völlig ausgepumpt. Er hatte nicht nur seine Firma, sondern auch seine ganzen Ersparnisse verloren. Er hatte seine Anleger enttäuscht, von denen viele ehemalige Kollegen und Freunde aus der Bank waren, und sein Selbstwertgefühl war schwer beschädigt. Sein Traum und seine Zuversicht lagen wie Scherben von zerbrochenem Glas zu seinen Füßen. Er fühlte sich als völliger Versager und litt wochenlang unter schweren Depressionen.

Es dauerte mehrere Monate, bis Owen sich von seinem schmerzlichen Verlust erholte. Mit Hilfe seiner Freunde und seiner Familie kam er schließlich aus der Depression heraus und fing ganz langsam wieder von vorn an. Ihm wurde klar, dass er von der Aussicht auf das große Geld geblendet gewesen war und dass er nach der ganzen Geschichte am liebsten in seinen alten Beruf als Investmentbanker zurückkehren wollte. Er fand eine Stelle in einer neuen Bank und kann jetzt wieder lachen. Seinen Versuch, als Unternehmer Karriere zu machen, bedauert er nicht, denn wie er sagt, er hätte nie erfahren, dass dieser Weg nicht der seine ist, wenn er ihn nicht ausprobiert hätte.

Das Jammertal, das Owen durchquerte, ist Teil des so genannten Trampolineffekts, d. h., je tiefer ein Mensch sich fallen lässt, desto höher kann er danach springen. Dabei ist es wichtig, Hilfestellung in Reichweite zu haben, damit man sich nicht so tief fallen lässt, dass man nachher gar nicht mehr hochkommt. Hier haben wir es mit einem weiteren Paradoxon zu tun, denn wir können das Nichts erleben, ohne zu »glauben«, dass es irreversibel ist. So wie der Phönix aus der Asche steigt, so kommt es zu Veränderungen, wenn das wahre Selbst aus den Überresten der scheinbaren Persönlichkeit wieder aufersteht.

Wenn das Leben Sie in eine Krise führt, ist es wichtig, die darin liegende Chance zu sehen, den Wert zu suchen, zu erkennen, was die Tragödie Ihnen an Unvorhergesehenem zu bieten hat. Menschen, die Katastrophen und seelische Schocks überlebt haben, besitzen das notwendige Potential, um große Dinge geschehen zu lassen. Sie wissen, wie man wieder auf die Beine kommt, um weiterzugehen.

WIEDER AUF DIE BEINE KOMMEN

Erfolg bemisst sich nicht daran, was Sie tun,
wenn Sie ganz oben sind, sondern daran, wie hoch Sie springen,
nachdem Sie ganz unten waren.

GEORGE S. PATTON

Das Wieder-auf-die-Beine-Kommen ist ein Prozess, bei dem Sie Ihren Verlust zuerst durchleiden, um anschließend wieder aufzustehen und von vorn anzufangen. Diese Vorgehensweise ist ein wichtiger Schlüssel zum Erfolg. Erfüllung wartet auf diejenigen, die nie aufgeben und ihr Glück immer wieder neu probieren.

Während Sie die physischen, psychologischen und emotionalen Aspekte Ihrer Enttäuschung bearbeiten, wird Ihnen langsam klar, dass Sie noch leben. Nach einem Rückschlag glauben manche Leute, sie könnten das Geschehene nicht ertragen und müssten deshalb früher oder später sterben, weil ihnen einfach alles zu viel ist. Deshalb ist es sehr wichtig festzustellen, dass Sie das Ereignis überlebt haben. Ihr Bewusstsein muss sich wieder auf die Gegenwart konzentrieren, nicht immer nur um die Ereignisse der Vergangenheit kreisen. Sie müssen bereit sein, wieder im Hier und Jetzt zu leben.

Als Nächstes sollten Sie sich wieder mit dem Gedanken vertraut machen, dass es auch ein Morgen geben könnte. An die Zukunft zu denken impliziert die Bereitschaft, vorwärts zu schauen und Alternativen ins Auge zu fassen. Kreativität kommt ins Spiel, wenn Sie wieder bereit sind, eine Lebensvision zu entwerfen, eine Strategie auszuarbeiten und diese dann Schritt für Schritt in die Tat umzusetzen. Sie ziehen Möglichkeiten in Betracht, an die Sie nie zuvor gedacht haben, und fangen wieder an, sich Ziele zu setzen; all das sind Aktivitäten, die Sie wieder am Spiel des Lebens teilhaben lassen.

Sie werden sich überlegen müssen, ob es klug ist, noch einmal das alte Ziel ins Auge zu fassen, oder ob es besser wäre, ein neues Ziel zu formulieren. Außerdem gilt es bei der Erarbeitung Ihrer neuen Strategie die Lektionen zu berücksichtigen, die Sie aus dem Misserfolg gelernt haben, und Ihre Pläne entsprechend zu überarbeiten.

Nach einer Enttäuschung werden Ihre ersten Ziele nicht allzu ehrgeizig sein. Es werden winzige, nach und nach größer werdende Babyschritte sein. Dabei sollten Sie nicht rückwärts gehen und der guten alten Zeit nachtrauern oder sich etwa im Kreis drehen, ohne recht zu wissen, was Sie mit sich anfangen sollen; die neuen Schritte müssen nach vorn gerichtet und zukunftsorientiert sein. Ihre neue Zukunft ist vielleicht sogar identisch mit Ihrer Vergangenheit vor dem Misserfolg. Doch jetzt können Sie sich der Zukunft mit offeneren Augen und mehr Weisheit nähern.

Sie machen zwar keine Riesenschritte, die zu spektakulären Erfolgen führen, aber Ihre neuen Ziele gehen in die richtige Richtung und wollen anerkannt sein. Achten Sie darauf, dass Sie Ihre Ziele nicht geringschätzen, anzweifeln oder für untauglich erklären, nur weil sie sich nicht mit Ihren früheren Errungenschaften messen können. Wenn Sie vorankommen wollen, müssen Sie sich ein anderes Leistungsniveau zugestehen. »Kleinvieh macht auch Mist«, wie der Volksmund so schön sagt.

Es ist wichtig, dass Sie beim Aufbau Ihres neuen Lebens auch Pausen machen und dass Sie denjenigen danken, die Ihnen beim Bewältigen der Enttäuschung geholfen haben. Lassen Sie diese Menschen nicht links liegen, sobald Sie Ihre Zuversicht wiedergewonnen haben und mit Ihrem Leben fortfahren können. Wichtig ist außerdem, dass Sie innehalten, um zu feiern, dass Sie die dunklen Zeiten hinter sich haben und sich nun auf dem Weg in eine neue Zukunft befinden.

DIE LEKTIONEN VERSTEHEN

Das Unglück ist der beste Erzieher.
BENJAMIN DISRAELI

Die Enttäuschungen und Fehlschläge in Ihrem Leben sind nichts anderes als eine Vorbereitung auf den Moment, in dem Sie alle Hindernisse überwinden und Ihre Ziele erreichen. Misserfolge sind ein reicher und fruchtbarer Boden, um wertvolle Lebenslektionen zu lernen, wenn Sie bereit sind, danach zu suchen. Diese Lektionen formen nicht nur Ihren Charakter, sondern zeigen Ihnen auch, was Sie anders machen müssen, damit Ihre Bemühungen künftig positivere Resultate liefern.

Es ist nicht einfach, Lektionen zu erkennen, wenn man mitten in einer Enttäuschung steckt. Normalerweise können Sie erst im Nachhinein feststellen, warum etwas passiert ist. Wer noch mitten im Misserfolg steckt, fragt sich zumeist nur: »Warum ich?«

Solange der Sturm tobt, und auch wenn er sich schon wieder gelegt hat, fragen sich die wenigsten Menschen: »Was soll ich daraus lernen?« Das wäre auch zu viel verlangt. Doch wenn das Unwetter vorüber ist, besteht durchaus die Möglichkeit, sich zu fragen: »Was kann ich aus dieser Enttäuschung lernen?«, »Wie kann ich diese Erfahrung nutzen?«, »Was will mich diese Erfahrung lehren, was ich sonst nicht gelernt hätte?« Indem Sie solche Fragen stellen, versetzen Sie sich selbst in die Lage, aus allem, was Ihnen im Leben passiert, zu lernen und zu profitieren. Keine Enttäuschung, kein Rückschlag, kein Trauma und keine Tragödie ist so vernichtend, dass Sie nicht irgendetwas Wertvolles für den nächsten Versuch daraus mitnehmen könnten. Erfolgreiche Menschen lernen aus allem, was ihnen passiert. Sie werden zu Siegern in Situationen, in denen andere sich nur als Opfer sehen.

In diesem Zusammenhang wird häufig die Frage laut: »Wie kann ich die Lektion erkennen, wenn ich mich als Opfer der Umstände fühle?« Die Antwort lautet: »Sie können es nicht!« Sie haben nicht die richtige Perspektive, wenn Sie noch mitten in der Erfahrung stecken. Sie müssen erst ein wenig Abstand gewinnen, bevor Sie erkennen können, worin Ihre Lektion besteht. Deshalb müssen Sie zuerst einmal Ihre Gefühle jedweder Art ausleben. Zwingen Sie sich nicht, »groß«, erleuchtet oder vollkommen abgeklärt zu sein, bevor es an der Zeit ist. Wenn Sie Ihre Gefühle total ausgelebt haben, werden sie irgendwann verschwinden. An dem Punkt können Sie sich dann fragen, was Sie aus der Erfahrung gelernt haben. Ihnen kann, wie man so schön sagt, ein Licht aufgehen. Die meisten Menschen haben die Lektionen Kommunikation, Verantwortung, Vergebung und Macht zu lernen. Und alle Leute haben individuelle Lektionen zu lernen, die speziell auf ihr Leben zugeschnitten sind.

- Wenn Sie sich selbständig machen wollen, müssen Sie sich auf jeden Fall mit den Lektionen Mut und Selbstvertrauen beschäftigen.
- Wenn Sie verheiratet sind, Kinder und einen Beruf haben, werden Sie sich mit den Lektionen Abgrenzung und Balance konfrontiert sehen.
- Wenn Sie vielseitig begabt sind und dazu neigen, ständig den Job zu wechseln, werden Entscheidung und Verbundenheit ihre Lektionen sein.
- Wenn Sie Rückschläge und Enttäuschungen erlebt haben, lauten Ihre Lektionen Heilung und Glaube.
- Wenn Sie superperfektionistisch sind und sich selbst unter Druck setzen, werden Nachsicht und Geduld Ihre Lektionen sein.
- Wenn Sie sofort Erfolg haben wollen, werden Sie die Lektion der Geduld zu lernen haben.
- Wurden Sie degradiert oder bei einer Beförderung übergan-

gen, dann warten die Lektionen Akzeptanz und Selbstachtung auf Sie.

■ Sind Sie ein Superstar und neigen zur Arroganz, dann werden Ihnen die Lektionen Demut und Hingabe erteilt.

■ Wurde Ihnen eine außergewöhnliche Chance geboten, dann heißen Ihre Lektionen Freude und Dankbarkeit.

Jeder hat Lektionen zu lernen, unabhängig davon, in welcher Lebenslage er sich befindet. Wenn Sie Ihre Lektionen nicht lernen, werden sie Ihnen sicher immer wieder vorgesetzt, bis Sie bereit sind zu lernen.

Welche Lektionen stehen im Moment auf Ihrem Spielplan?

* * *

Rückschläge passieren; das gehört nun einmal zum Leben. Das, was zählt, ist nicht die Größe, der Umfang oder die Auswirkung des Misserfolgs. Ob Sie bei einer Beförderung übergangen wurden oder eine Million Dollar bei einem Spekulationsgeschäft verloren haben, letztendlich kommt es nur darauf an, wie Sie das Geschehene einstufen, was Sie daraus lernen und was Sie dagegen tun.

Wenn Sie sich nicht davon lösen, bleiben Sie stecken. Lernen Sie hingegen daraus, dann kann es eine Chance sein, voranzukommen und Erfolge zu erzielen, von denen Sie niemals zu träumen gewagt haben.

Regel 8

DER GESCHICKTE EINSATZ IHRER RESSOURCEN VERGRÖSSERT IHRE ERFOLGSAUSSICHTEN

Der kluge Umgang mit Ihren wertvollsten Aktivposten,
Zeit, Energie, Beziehungen und Finanzen,
erhöht Ihre Erfolgschancen beträchtlich.

Das Leben ist vergänglich. Sie sind für einen kurzen Moment hier, und dann sind Sie wieder weg. Es ist zwar nicht möglich, die Zeit anzuhalten, aber Sie können zumindest Ihr Leben hier auf Erden lenken, indem Sie die verschiedenen Ressourcen, die Ihnen zur Verfügung stehen, geschickt nutzen.

Jedem von uns steht eine gewisse Menge an Ressourcen zur Verfügung. Einige sind abstrakt, z. B. Talente, Eigenschaften, Geschicklichkeit und Toleranz. Andere sind konkret, z. B. Zeit, Geld, Energie und Beziehungen. Die konkreten Ressourcen sind begrenzt, sie sind endlich; irgendwann sind sie verbraucht. Je klüger Sie mit diesen Reserven umgehen, desto effektiver werden Ihre Bemühungen sein. Verschwendung würde dazu führen, dass Sie Ihre Anstrengungen verdoppeln müssten, um die Hälfte zu erreichen.

Zeit, Energie, Beziehungen und Finanzen sind allesamt Elemente, die den Erfolg entweder fördern oder behindern. Je besser es Ihnen gelingt, diese vier Elemente vor Ihren Karren zu spannen, anstatt dagegen anzukämpfen, desto größer sind Ihre Erfolgsaussichten.

Es gibt eine alte Geschichte von einem armen Mann, der eine Ein-Dollar-Note fand. Er schaute den Geldschein an und dachte: »Ich habe Durst und mir ist kalt, ich denke, ich werde eine Tasse Kaffee trinken gehen.« Als er auf das Café zuging, dachte er: »Wenn ich eine Tasse Kaffee trinke, ist das Geld weg.« Und er überlegte, was er sonst noch alles mit dem Geldschein anfangen könnte.

Während er so überlegte, schaute er zu Boden und sah dort einen Stift liegen. Er dachte: »Wenn ich ein paar Stifte kaufe, kann ich sie weiterverkaufen und so aus dem einen Dollar zwei machen. Er ging also in einen Schreibwarenladen und kaufte so viele Stifte, wie er für einen Dollar bekommen konnte. Dann ging er auf die Straße und verkaufte jeden der 25 Stifte für 25 Cents. Danach hatte er $ 6.25. Er ging erneut in den Schreibwarenladen und kaufte so viele Stifte, wie er für $ 6.25 Dollar bekommen konnte, um das Ganze noch einmal zu wiederholen. Und so ging es weiter. Die Moral von der Geschichte ist ganz klar: Man kann seine Ressourcen entweder verbrauchen oder klug einteilen. Je intelligenter Sie mit Ihren Reserven umgehen, desto effektiver arbeiten diese in Ihrem Sinne.

Ressourcenmanagement ist wie Aikido. Wenn Sie mit der vorhandenen Energie richtig umgehen können – sie ausbalancieren, einteilen und gezielt für Ihre Arbeit einsetzen können –, funktioniert Ihr Leben optimal. Dann sind Sie, wie es heißt, »im Fluss«.

DAS GEHEIMNIS HEISST ORGANISATION

Organisation ist eine Philosophie und ein System zur Lebensführung. Ein Bauplan für die verschiedensten Bereiche Ihrer Existenz: wie Sie leben, wie Sie funktionieren, was Sie erreichen und wie Sie letztendlich mit sich selbst zurechtkommen.

Wenn Sie organisiert sind, können Sie Ihre Aktivitäten, Ihre Ziele und Ihre Energie optimal aufeinander abstimmen. Sie können die verschiedenen Komponenten Ihres Lebens aus einer gewissen Distanz betrachten, feststellen, wo Sie aktiv werden müssen, und die notwendigen Schritte einleiten, um Ihre Absichten und Ihre Bemühungen miteinander in Einklang zu bringen. Alles läuft reibungslos, weil Sie gut vorbereitet sind und das Ruder Ihres Lebens in der Hand halten. Sie steuern Ihr Boot selbst.

Ist Organisation zwingend erforderlich, um Erfolg zu haben? Nein.

Ist Organisation hilfreich? Zweifellos.

Nehmen wir einmal an, Sie wollten von New Jersey nach Kalifornien fahren. Wahrscheinlich wäre es zu diesem Zweck am sinnvollsten, wenn Sie sich ein Karte besorgen und Ihr Auto zur

Inspektion bringen und voll tanken würden, bevor Sie losfahren. Wenn Sie Ihre Reise auf diese Weise planen, können Sie sich auf die wichtigen Dinge wie die Sicherheit am Steuer und die schöne Landschaft am Straßenrand konzentrieren.

Nun stellen Sie sich einmal vor, wie Ihre Reise verlaufen würde, wenn Sie ohne Benzin und ohne Karte mit einem reparaturbedürftigen Auto losfahren würden. Höchstwahrscheinlich würden Sie einen Teil Ihrer Zeit damit verbringen, sich zu verfahren, am Straßenrand zu stehen, um Hilfe heranzuwinken, oder in einer Werkstatt auf Ersatzteile zu warten. Insgesamt gesehen ist die zweite Variante wohl nicht gerade ideal.

Dem Chaos Adieu sagen

Ich bin sicher nicht die Erste, die Ihnen sagt, dass Ordnung im Leben sehr nützlich ist. Sie kennen das wahrscheinlich schon aus Ihren Kindertagen, als Ihre Eltern versuchten, Ihnen klar zu machen, warum Sie Ihr Zimmer aufräumen sollten. Vielleicht hat auch einer Ihrer Lehrer versucht, Ihnen beizubringen, dass Sie, um effektiv zu lernen, Ihre Unterlagen in Ordnung halten und regelmäßig Ihre Hausaufgaben machen sollten. Viele Leute lehnen ein durchorganisiertes Leben jedoch ab, weil es ihnen trocken und langweilig, zu wenig spontan und zu rigide erscheint.

Doch Ordnung bedeutet Freiheit. Eine gute Organisation verschafft Ihnen die Freiheit, kreativ zu sein, klar zu denken und ganz allgemein ruhig und effektiv zu leben, anstatt von unerledigten Aufgaben, halb vergessenen Ideen, Zeitdruck und generellem Chaos gestresst zu werden.

Gute Organisation lässt Sie auch professionell erscheinen. Sie erwecken den Eindruck, effizient zu sein und mit sich und Ihrem Leben zurechtzukommen, was sich natürlich direkt darauf auswirkt, wie andere Menschen Sie wahrnehmen. Vom energetischen Standpunkt her ist Harmonie einfach attraktiver als Chaos. Eine ruhige Ausstrahlung impliziert Zuverlässigkeit, Reife und Beherrschung.

Die Leute fragen mich oft, wie ich mit all den verschiedenen Dingen in meinem Lebens herumjonglieren kann, ohne verrückt zu werden. Ich veranstalte Workshops innerhalb und außerhalb der USA, schreibe Bücher, halte rund um den Globus Reden, berate Unternehmen, führe mein Personal, erziehe meine Tochter und pflege meine Ehe, da kann es schon manchmal recht intensiv zugehen. Als ich noch Studentin und allein erziehende Mutter war, war es noch schlimmer. Angesichts dessen kann man den Eindruck gewinnen, dass ich superorganisiert bin. Aber das war nicht immer so.

In jüngeren Jahren war ich Meisterin darin, Dinge vor mir herzuschieben. Wie viele andere Menschen erkannte auch ich erst kurz vor dem Zusammenbruch, dass ich etwas ändern musste. Als Studentin praktizierte ich die klassische Auf-den-letzten-Drücker-Lernmethode, d. h., ich schob die Vorbereitung auf meine Prüfungen für gewöhnlich so lange vor mir her, bis mir nur noch ein paar Nächte übrig blieben. Dann saß ich bis tief in die Nacht am Schreibtisch und versuchte, mir den Stoff von einem ganzen Semester einzupauken. Ich machte die Prüfung, behielt nichts von alldem, was ich gelernt hatte, und erntete für meine Bemühungen selten mehr als ein »befriedigend« und blutunterlaufene Augen.

Irgendwann wurde mir klar, dass ich mir selbst unglaublich viel Stress und Sorgen bereitete, ganz zu schweigen davon, dass ich mich um meinen eigenen Lernerfolg betrog. Ich fragte mich, ob das wirklich notwendig sei, und natürlich war es das nicht. Warum tat ich es dann? Als mir dazu kein besseres Argument einfiel, als dass es lustiger sei, mit Freunden auszugehen, als zu Hause zu bleiben und beizeiten zu lernen, kam ich zu dem Schluss, dass der Druck, der Stress und die Panik am Ende den Spaß nicht wert waren. Ich beschloss, meine Methode zu ändern, nahm mir ein Beispiel an Kommilitoninnen und Kommilitonen, die offensichtlich in der Lage waren, Lernen und soziales Leben miteinander in Einklang zu bringen, und organisierte mein Leben so, dass beide Bereiche zu ihrem Recht kamen.

Vorrangiges Ziel der Organisation ist die Herstellung des Gleichgewichts von Zeit und Energie. Wenn diese beiden Elemente harmonisch aufeinander abgestimmt sind, ordnen sich die Puzzleteile Ihres Lebens von selbst und laufen synchron wie ein Uhrwerk.

Beim Thema Organisation geht es nicht so sehr darum, wo Sie Ihre Autoschlüssel hinlegen, sondern vielmehr darum, dass Sie die verschiedenen Teile Ihres Lebens stärker an sich binden.

Grundvoraussetzung dafür ist, dass Sie anfangen, Ihre Zeit zu koordinieren und ganz bewusst zu entscheiden, wie und wo Sie Ihre Energie einsetzen wollen; dann rücken die einzelnen Teile Ihres alltäglichen Lebens wie von selbst an den richtigen Platz.

Effizienz stellt keinen Wert an sich dar. Doch wenn es darum geht, kostbare Zeit zu sparen, Stress zu vermeiden, oder Entspannungsphasen zu ermöglichen, erscheint Effizienz plötzlich in einem ganz anderen Licht. Unter diesem Aspekt betrachtet ist effizientes Arbeiten Ihr bester Verbündeter und eine der wertvollsten Künste, die Sie beherrschen können.

An Ihrer Zeiteinteilung lässt sich ablesen, worauf Sie Wert legen. Wenn Sie viele Ziele und ehrgeizige Ambitionen haben, Erfolg anstreben und gleichzeitig die Balance in Ihrem Leben halten wollen, dann ist es hilfreich, sich zu überlegen, wie man all diese Puzzleteile zusammensetzen kann.

ZEITMANAGEMENT

An Zeit mangelt es dem Menschen nicht,
wenn er nur verstünde, sie richtig zu nutzen.
GOETHE

Ihr Dasein besteht aus den einzelnen Sekunden Ihres Lebens, vom ersten Atemzug, den Sie auf dieser Erde tun, bis zum letzten. Die Körnchen rinnen durch die Sanduhr, bis Ihre Zeit abgelaufen ist. Ist Ihre Zeit vorüber, dann ist das Spiel des Lebens aus. Letzten Endes ist Ihr Leben die Gesamtsumme dessen, was Sie aus Ihrer Zeit gemacht haben.

Viele Leute glauben, dass es eine Schlussabrechnung gibt, wenn das Spiel zu Ende ist. Eine Bilanz, aus der hervorgeht, wie Sie gelebt haben. Waren Sie Teil der Lösung oder Teil des Problems? Haben Sie Probleme verkleinert oder vergrößert? Besitz, Status und Bankkonto zählen in dieser Schlussabrechnung nicht. Alles, was zählt, ist, wie Sie die Zeit, die Ihnen auf Erden gegeben war, genutzt haben.

Sie bekommen genau die Zeit, die Ihnen zugedacht ist, nicht mehr und nicht weniger. »Nutze die Zeit, sonst ist sie verloren«, sagt der Volksmund. Da sich Ihr Leben aus der Gesamtsumme der Entscheidungen zusammensetzt, die Sie im Hinblick auf den Umgang mit Ihrer Zeit getroffen haben, leuchtet es wohl ein, dass das Erfolgsniveau, das Sie im Leben erreichen, direkt damit zusammenhängt, wie klug Sie Ihre Zeit genutzt haben. Die Zeit gut zu nutzen ist eine Kunst, die man durch die Praxis erlernt.

Niemand kommt als Top-Zeitmanager auf die Welt. Die richtige Zeiteinteilung erlernt man durch Versuch und Irrtum und durch spezielle Lektionen, die teils schmerzlos, teils unangenehm sind. Wenn Sie Ihr bisheriges Leben Revue passieren lassen, sehen Sie wahrscheinlich Phasen, in denen Sie Ihre Zeit gut genutzt haben, und andere Abschnitte, die Sie als vergeudet empfinden. Überspitzt formuliert würde das bedeuten, dass man im Leben abwechselnd träge und hyperaktiv ist. Doch durch bewusstes Entscheiden, Ausbalancieren und Konzentration auf das Wesentliche lässt sich die Zeit sehr viel besser organisieren.

Wo ist nur die Zeit geblieben?

Haben Sie sich schon einmal gefragt, wo Ihre Zeit geblieben ist? Haben Sie schon einmal auf die Uhr geschaut und verwundert festgestellt, wie viele Stunden vergangen sind, seitdem Sie sich die Zeit zum letzten Mal bewusst gemacht haben? Haben Sie schon einmal innegehalten und gedacht »Huh- es ist ja schon fast Zeit, nach Hause zu gehen« oder »Der Sommer ist vorbei – er ist wie im Flug vergangen!« Die meisten Menschen haben diese Erfahrung schon das eine oder andere Mal gemacht, denn schließlich ist es der Sinn des Lebens zu leben und nicht zu beobachten, wie der Sekundenzeiger seine Runden über das Zifferblatt dreht.

Wenn Sie auch schon einmal das Zeitgefühl verloren haben, war es dann, weil Sie so damit beschäftigt waren, sich des Lebens zu freuen, dass Sie einfach ganz vergaßen, auf die Uhr zu schauen? Oder war es eher so, dass Sie bestürzt feststellen mussten, dass Ihnen die Zeit davongelaufen war? Mit anderen Worten, sagte Ihnen die Art und Weise, wie Sie Ihre Zeit verbracht hatten, zu oder waren Sie eher unzufrieden, weil Ihnen die Zeit wieder einmal durch die Finger geronnen war?

Wenn Ihre Antwort lautet, dass Sie vollkommen damit beschäftigt waren, Ihr Leben zu genießen, kann ich Ihnen nur gratulieren. Denn das bedeutet, dass Sie in der Lage sind, voll und ganz in Ihrer gegenwärtigen Realität zu leben und wichtige Momente auszukosten. Mir erging es beispielsweise so, als ich mit meiner Familie Urlaub in Australien machte. Wir ritten durch den Busch, bewunderten die atemberaubende Berglandschaft und genossen es, in der freien Natur zu sein und dieses Erlebnis miteinander teilen zu können. Am Ende des Tages, als ich von meinem Pferd stieg, schaute ich auf die Uhr und stellte mit Erstaunen fest, dass acht Stunden verflogen waren! Ich war dermaßen in die Gegenwart vertieft gewesen, dass ich die zeitliche Ebene vollkommen ausgeblendet hatte.

Trifft hingegen die zweite Antwort auf Sie zu, sollten Sie sich vielleicht einmal Gedanken über Zeitmanagement machen. Wenn Sie zu den Menschen gehören, die oft rennen müssen, um pünktlich irgendwo anzukommen, die Projekte mit Verspätung fertigstellen und die sich gehetzt und unter Druck gesetzt fühlen, dann arbeitet die Zeit gegen Sie statt für Sie.

Für Caryn zum Beispiel war die Zeit eher ein Dauerproblem als ein Verbündeter. Sie kam ständig zu spät, und das mit solcher Regelmäßigkeit, dass ihr Mann, ihre Kollegen und ihre Freunde schon bald bei jeder Verabredung eine zehn- bis dreißigminütige Verspätung miteinkalkulierten. Sie aß häufig irgendwo im Stehen und wenn Leute eine Nachricht auf Ihrem Anrufbeantworter hinterlassen hatten, rief sie erst spätabends zurück, weil sie tagsüber nicht dazu gekommen war.

Bei der Arbeit raffte sie oft um 17 Uhr 25 mit hängender Zunge die Postsendungen zusammen, die um 17 Uhr 30 abgeholt werden sollten, und Abgabetermine schaffte sie meist nur in letzter Sekunde. Es war kein ungewöhnliches Bild, sie durch die ganze Firma zu einer Konferenz rennen zu sehen. Wie nicht anders zu erwarten, war Caryn fast immer völlig abgehetzt. Sie sagte, sie fühle sich wie ein Rennhund, der Runde für Runde hinter einer Hasenattrappe herjagt: immer am Rennen und dennoch nie auf gleicher Höhe mit der Beute.

Kommt Ihnen das bekannt vor? Wenn ja, dann können Sie entweder weiter auf der Rennbahn im Kreis herumhetzen und hoffen, dass Sie Ihre Beute irgendwann auf wundersame Weise zu fassen bekommen, oder Sie eignen sich ein paar neue Fähigkeiten an, die Ihr Verhältnis zur Zeit dramatisch verändern werden.

Die Zeit ist ein neutrales Element. Sie hat keine besonderen Gefühle für irgendjemanden oder irgendetwas; es ist ihr egal, ob sie für Sie oder gegen Sie arbeitet. Verkennen Sie ihren tatsächlichen Wert, dann kann sie schnell zu einer dauerhaften Belastung und Behinderung werden. Teilen Sie Ihre Zeit jedoch klug ein, dann erstreckt sie sich vor Ihnen wie eine Leinwand der unbegrenzten Möglichkeiten.

Die Verbindung zum Selbstvertrauen

Wenn Sie am Ende des Tages unter Ihre Bettdecke kriechen, haben Sie ein Gefühl. Sie empfinden entweder Befriedigung oder Enttäuschung, Überfülle oder Leere. Sie fühlen sich entweder behaglich und sind zufrieden damit, wie Sie die kostbare Zeit dieses Tages verbracht haben, oder Sie fühlen sich unbehaglich, weil Sie der Auffassung sind, Ihre Zeit in ganz und gar nicht idealer Weise verschwendet zu haben.

Dieses Gefühl unterliegt Ihrer Kontrolle. Wenn Sie Ihren Tag im Voraus planen, um all Ihre Aufgaben erfüllen zu können, wird sich am Ende ein Gefühl tiefer Zufriedenheit einstellen. Lassen Sie sich hingegen von Ihren eigenen Entschuldigungen, Rechtfertigungen und Ausflüchten vom Kurs abbringen, dann wird Ihr Tag entgleisen. Wenn Sie planen, was Sie jeden Tag erreichen wollen, und das dann auch tatsächlich erreichen, werden Sie sich immer als Gewinner fühlen, wenn Sie abends zu Bett gehen.

Bei der Organisation von Zeit ist eine Frage von zentraler Bedeutung: Stärken Sie Ihr Selbstvertrauen oder schwächen Sie es? Den Gesetzen der Natur folgend befindet sich Energie in ständigem Fluss; nichts ist statisch. Alles, was Sie tun – jede Sekunde, die Sie nutzen –, verbessert oder verschlechtert Ihre Lebensqualität.

Und was hat das mit Ihrem Selbstvertrauen zu tun?

Alles, denn letztendlich geht es hier um Ihre Selbstachtung. Wenn Sie im Bett liegen und sich als Gewinner fühlen, finden Sie sich selbst gut und sind gewissermaßen stolz darauf, dass Sie Ihren Tag so gut gemanagt haben. Das gegenteilige Gefühl ist, wenn Sie versuchen einzuschlafen, aber nicht zur Ruhe kommen können, weil Ihnen all die Dinge im Kopf herumschwirren, die Sie nicht geschafft oder vergessen haben, und die Zeit Ihnen wieder einmal einfach entwischt ist. In solchen Momenten fühlen Sie sich ineffektiv und sind ganz und gar nicht zufrieden mit Ihren Leistungen an diesem Tag. Kommen genügend ineffektive Tage zusammen, so kann Ihr Selbstvertrauen ernsthaft Schaden nehmen.

Schauen wir uns das Beispiel Jeff an. Jeff hatte große Pläne. Er hatte vor kurzem die Kunsthochschule mit guten Noten und hervorragenden Empfehlungen abgeschlossen. Er wusste, dass er Talent hatte, und wollte vier oder fünf Bilder malen, um sie einem Galeriebesitzer zu zeigen, der sich für seine Arbeiten interessierte. Da Jeff zu Hause arbeitete, hatte er keinen festen Zeitplan, was sich für ihn als sehr unproduktiv herausstellen sollte. Er schlief oft sehr lange, erledigte nachmittags ein Minimum an Arbeit und ging dann mit Freunden zum Essen aus.

So vergingen mehrere Monate und Jeff wurde klar, dass er seinen Zielen hinterherhinkte. Er versprach sich selbst, nicht so nachlässig mit seiner Arbeitszeit umzugehen. Doch er ließ weiterhin die Zügel schleifen und war unfähig, seine Gewohnheiten zu ändern. Jeden Tag war er am Abend unzufrieden, weil er wieder kein Bild fertiggestellt hatte. Als die Abende zu Wochen wurden, dachte Jeff sich Entschuldigungen aus, warum er seinen Zeitplan nicht einhalten konnte. Jeden Abend schwor er sich mit dem berühmtesten Faulenzerspruch aller Zeiten aufs Neue: »Ab morgen wird alles anders.« Am nächsten Tag war es dann genauso, und so ging es weiter.

Ohne dass Jeff es merkte, begann sein Selbstwertgefühl zu bröckeln. Dadurch dass er ständig die Versprechen brach, die er sich selbst gegeben hatte, fing er langsam an, sich selbst zu misstrauen. Da das Selbstwertgefühl in einem Bereich ansteckend auf die gesamte Umgebung wirkt und so das ganze Selbstbild beeinflusst, fing Jeff nun auch an, seine Fähigkeiten als Maler in Zweifel zu ziehen. Er entwarf ein bestimmtes Bild von sich selbst. Dadurch, dass er nicht tat, was er sich selbst versprochen hatte, entwickelte er ein Selbstverständnis, das alles andere als positiv war. Und dieser Mangel an Vertrauen infizierte dann nach und nach den Rest seines Lebens.

Wenn Sie Ihre Zeit effektiv organisieren, hat das in erster Linie mit der Beziehung zu tun, die Sie zu sich selbst unterhalten, und nicht etwa mit den Erwartungen anderer. Niemand außerhalb von Jeffs Atelier machte sich ernsthaft was daraus, ob Jeff seinen selbst entworfenen Zeitplan einhielt oder nicht. Der einzige Mensch, der von der Diskrepanz zwischen Worten und Taten in Mitleidenschaft gezogen wurde, war Jeff. Jeffs Glaube an sein eigenes Wort stand auf dem Spiel. Wenn Sie sich nicht auf sich selbst verlassen können, was bleibt dann noch? Janis Joplin riet: »Betrüge dich nicht selbst; du bist alles, was du hast.«

Können Sie sich selbst vertrauen, dass Sie auch wirklich tun, was Sie sagen? Können Sie darauf zählen, dass Sie Ihre Verpflichtung einhalten, ein Resultat innerhalb eines selbst gesteckten Zeitrahmens zu realisieren?

Ist die Antwort »ja«, dann halten Sie den Chip für das Zeitmanagement bereits in Händen. Lautet die Antwort hingegen »nein«, dann müssten Sie sich vielleicht ein paar neue Fertigkeiten aneignen, einige Ihrer Gewohnheiten ändern und bestimmte Schritte unternehmen, um Ihre Selbstachtung wiederherzustellen.

Das Handwerkszeug

Um Ihre Beziehung zur Zeit in den Griff zu bekommen, können Sie mehrere einfache Übungen machen. Diese Übungen erweitern Ihr Bewusstsein und helfen Ihnen, Entscheidungen zu treffen, die Ihnen wiederum helfen, Ihre Zeit produktiv und effektiv zu verwenden, sodass Ihre Lebensqualität gefördert wird.

Das Zeitprotokoll

Bei der ersten Übung geht es darum, ein Zeitprotokoll zu erstellen. Diese Übung ist ideal für Menschen, die am Ende des Tages oft nicht wissen, wo ihre Zeit geblieben ist. Wenn Sie häufig den ganzen Tag lang beschäftigt sind, die erzielten Resultate aber nicht Ihren Erwartungen entsprechen, dann sollten Sie diese

Übung eine Woche lang ausprobieren und sehen, was dabei herauskommt.

Für das Zeitprotokoll brauchen Sie einen Block und einen Stift, die sie entweder an Ihrem Arbeitsplatz bereitliegen haben oder den ganzen Tag mit sich herumtragen. Protokollieren Sie jeweils nach Ablauf einer Stunde, wie Sie Ihre Zeit verbracht haben. Zum Beispiel 9.00–9.30 Papiere geordnet, 9.30–10.00 Anrufe erledigt, 10.00–10.15 Faxe versendet, 10.15 Treffen mit George, und so weiter. Sie können die Informationen natürlich auch per Computer festhalten. Machen Sie diese Übung eine Woche lang. Nehmen Sie dann am Ende der Woche Ihre Stellenbeschreibung oder den Gesamtplan, den Sie für diese Woche erstellt hatten, und legen Sie Ihr Zeitprotokoll daneben. Nun stellen Sie sich folgende Fragen:

1. Hatte alles, was ich getan habe, mit meinem Job (oder meinem Plan) zu tun?
2. Hätte ich irgendeinen Teil meiner Zeit besser nutzen können?
3. Habe ich irgendwo Zeit oder Mühe verschwendet?
4. Was würde ich anders machen, wenn ich diese Woche noch einmal vor mir hätte?
5. Was will ich in der nächsten Woche ändern?

Der große Vorteil dieser Übung besteht darin, dass Ihnen bewusst wird, wie viel Zeit Sie tatsächlich für bestimmte Aufgaben verwenden, was nicht selten im Widerspruch zu dem steht, was Sie bisher angenommen hatten. So wie viele Menschen überrascht sind, wenn sie sich einmal hinsetzen und aufschreiben, wofür sie ihr Geld ausgeben, sind Sie vielleicht auch überrascht, wenn Sie feststellen, wie viel Zeit Sie tatsächlich für bestimmte Tätigkeiten brauchen. Mit Hilfe dieser Übung können Sie schwarz auf weiß feststellen, wofür Sie Ihre Zeit verwendet haben, wodurch ein höherer Grad an Bewusstheit erreicht wird. Sobald Sie sich der Wahrheit bewusst geworden sind und diese auch anerkennen, sind Sie in der Lage, Veränderungen vorzunehmen.

Der perfekte Zeitplan

Bei der zweiten Übung geht es darum, einen idealen Zeitplan zu erstellen. Diese Übung ähnelt der ersten insofern, als Sie sich auch hier verstärkt bewusst machen, wofür Sie Ihre Zeit verwenden und wie lange Sie genau für die Erledigung einzelner Aufgaben brauchen. Doch mit der zweiten Übung gehen Sie noch einen Schritt weiter, denn jetzt erstellen Sie noch dazu einen perfekten Zeitplan, den Sie dann mit Ihrer tatsächlichen Zeiteinteilung vergleichen, um Diskrepanzen aufzuspüren und die notwendigen Änderungen vornehmen zu können.

Diese Übung ist ideal für Menschen, denen es scheinbar nicht gelingen will, all das, was sie für notwendig halten, in ihren Tagen oder in ihrem Leben unterzubringen. Bei dem perfekten Zeitplan geht es im Gegensatz zum Zeitprotokoll nicht so sehr um die Arbeit, sondern vielmehr um das Leben insgesamt. Wenn

Sie zu den Menschen gehören, die sich oft mit Schuldgefühlen
herumplagen, weil sie einen Bereich ihres Lebens vernachlässigen, zum Beispiel die Familie oder die Gesundheit, oder wenn Sie
das Gefühl haben, dass Ihnen wichtige Momente entgehen, dann
ist diese zweite Übung die richtige für Sie.

Für diese Übung brauchen Sie ein unbeschriebenes Wochenblatt. Sie können eins aus Ihrem Kalender nehmen oder sich mit
Hilfe Ihres Computers eins drucken oder einfach mit Lineal und
Bleistift eins zeichnen. Es sollte sieben Tage umfassen, mit dem
Morgen beginnen und mit dem Abend enden, und noch keinerlei Eintragungen oder Termine beinhalten. Nun schreiben Sie
auf ein anderes Blatt Papier sämtliche Aufgaben, Projekte, Kurse
und Termine, die Sie haben und die Sie in Ihrer idealen Woche
unterbringen möchten. Berücksichtigen Sie dabei alle arbeitsbe-
dingten Verpflichtungen, Zeit für die Familie, Gymnastik, Sport,
Hobbys, ehrenamtliche Tätigkeiten und Zeit für sich allein
(wenn Sie es wünschen). Ergänzen Sie Ihre Liste nach Belieben.

Wenn die Liste fertig ist, weisen Sie jedem Punkt eine gewisse
Zeitspanne in Ihrer idealen Woche zu. Beginnen Sie mit dem
absolut Notwendigen: den Verpflichtungen oder Aktivitäten, für
die eine bestimmte Stundenzahl schon fest eingeplant ist.
Gemeint sind die nicht verhandelbaren, festgelegten Zeiträume,
die in Ihrem Leben bereits existieren. Wenn Sie zum Beispiel wissen, dass Sie acht Stunden Schlaf benötigen, um richtig zu funktionieren, dann tragen Sie diese acht Stunden ein. Wenn Sie wissen, dass Sie acht Stunden arbeiten müssen, um Ihren Job zu

erfüllen, dann tragen Sie es ein. Wenn eine Stunde Gymnastik am Morgen wichtig für Ihr körperliches und emotionales Wohlbefinden ist, dann räumen Sie sich dafür die entsprechende Zeit ein. Wenn Sie wissen, dass Sie Ihre Tochter in den nächsten drei Monaten jeden Samstagnachmittag zum Fußballspiel begleiten müssen, dann vermerken Sie dies. Knausern Sie nicht bei diesen festen Zeiten, denn damit würden Sie sich nur selbst betrügen.

Als Nächstes müssen Sie feststellen, wie viele von den vierundzwanzig Stunden täglich Ihnen bleiben, nachdem Sie die festen Zeiten eingetragen haben. Diese Zeiträume stehen ihnen nun für Ihre Idealversion zur Verfügung. Mit anderen Worten, tragen Sie in die Freiräume zwischen den festen Terminen die »variablen« Beschäftigungen ein, die Ihnen am Herzen liegen. Möchten Sie die Zeit mit Ihrer Partnerin oder Ihrem Partner verbringen? Möchten Sie einem Hobby nachgehen? Möchten Sie lesen? Suchen Sie in Ihrem idealen Wochenplan einen Platz für all das, was Sie auf Ihrer Liste stehen haben und in Ihrem Leben verwirklicht sehen möchten.

Wenn Sie damit fertig sind, erhalten Sie eines dieser zwei Ergebnisse: Entweder passt alles perfekt in Ihren Plan, oder Sie haben nicht genug Zeit in Ihrem Leben, um all das zu tun, was Sie tun müssen und wollen. Wenn Sie die letzte Eintragung in Ihrem idealen Wochenplan vorgenommen haben, schauen Sie ihn sich genau an und fragen Sie sich, wie Sie sich dabei fühlen. Die Antwort könnte lauten »großartig« oder »überfordert« oder »ich habe keine Zeit für mich«. Ist Letzteres der Fall, dann sollten

Sie Ihre Auswahl noch einmal überdenken oder Ihre Zeiteinteilung noch einmal überprüfen und ein wenig herumjonglieren. Und dann kommen wir zum zweiten Teil der Übung.

Zeichnen, drucken oder nehmen Sie ein weiteres leeres Wochenblatt und legen Sie es neben Ihren idealen Zeitplan, den Sie bereits ausgefüllt haben. Während Sie nun Ihr Leben Schritt für Schritt leben, tragen Sie in den neuen Wochenplan ein, wie Sie Ihre Zeit tatsächlich verbracht haben. Vergleichen Sie dann am Ende der Woche den Idealplan mit dem tatsächlichen Plan und stellen Sie sämtliche Diskrepanzen fest. Wenn die beiden deckungsgleich sind, herzlichen Glückwunsch!

Gibt es jedoch Diskrepanzen, dann kann dies verschiedene Ursachen haben. So könnten Sie zum Beispiel feststellen, dass Ihre festen Termine gar nicht Ihrer Vorstellung von einem idealen Leben entsprechen. Vielleicht möchten Sie diese festen Zeitblöcke ändern. Oder vielleicht stellen Sie fest, dass Sie sich darüber ärgern, so viele Stunden an Ihrem Arbeitsplatz verbringen zu müssen, oder dass Sie eigentlich gar keine Lust haben, einen Tag pro Woche für Tennisstunden zu opfern. Ist das der Fall, dann haben Sie es weniger mit einem Zeitproblem als vielmehr mit einer Lebensentscheidung zu tun. In diesem Fall sollten Sie noch einmal zur dritten Regel zurückkehren und sorgfältig untersuchen, was das Richtige für Sie ist.

Albert zum Beispiel arbeitete als Angestellter in einer Beratungsfirma in Schweden, die sich auf Gesundheitsfürsorge spezialisiert hatte. Er liebte seine Arbeit und die Menschen, die mit ihm zusammenarbeiteten. Sein Zuständigkeitsbereich war das Sammeln von Informationen aus den verschiedensten Medien, wie Videos, Bücher, Zeitschriften und Internet. Nachdem ich mir Alberts Testergebnisse angeschaut hatte, aus denen hervorging, dass Albert ein extrem extrovertierter Mensch war, fragte ich ihn, ob es ihm nicht sehr schwer falle, den ganzen Tag isoliert und ohne menschliche Gesellschaft verbringen zu müssen. Er antwortete: »Das macht mir nichts aus.« Das kam mir seltsam vor und ich bohrte weiter. »Sehen Sie«, meinte er, »um Viertel nach zehn gehe ich mit ein paar Kollegen Kaffee trinken; um zwölf gehe ich dann mit anderen Kollegen zum Mittagessen; um drei gehe ich noch einmal mit anderen Kollegen Kaffee trinken; und um fünf genehmige ich mir mit weiteren Kollegen zusammen ein paar Drinks.« Ich fragte ihn, wie er mit seiner Arbeit zurechtkomme, woraufhin er sagte, genau das sei sein Problem, weil er nie genug Zeit habe. Er musste seine Arbeit am Abend erledigen, weil er tagsüber nicht dazu kam. Das verursachte ihm viel Stress, weil er nicht genügend Schlaf bekam und deshalb immer müde war. Für Albert wäre ein Marketingjob, bei dem er dafür bezahlt worden wäre, den ganzen Tag Leute zu treffen und sich zu unterhalten, sehr viel geeigneter gewesen. Bei seiner jetzigen Tätigkeit arbeitete er gegen seine Natur; um seine Bedürfnisse zu erfüllen, musste er seinen Job vernachlässigen.

Eine weitere Ursache für Diskrepanzen könnte sein, dass Sie zuviel Zeit darauf verwenden, anderen zu gefallen anstatt sich selbst. Hören Sie ganz genau zu, wenn Sie sich selbst erklären, warum Sie nicht alles getan haben, was Sie tun wollten. Achten Sie darauf, ob sich die Rechtfertigung danach anhört, als ob andere Leute über Ihre Zeit bestimmen würden. Registrieren Sie aufmerksam, ob Sie vielleicht sagen, Sie müssten lernen, »nein« zu sagen. Vielleicht müssen Sie einfach Ihre Grenzen klarer abstecken. Vielleicht müssen Sie mit Menschen, die Ihnen Ihre Zeit rauben, offener umgehen. Überlegen Sie, ob Sie nicht Ihren eigenen Aufgaben und Plänen Priorität einräumen und anderen erst dann helfen sollten, wenn Sie selbst alles erledigt haben.

Graham war das, was man gemeinhin als Workaholic bezeichnet. Er machte seinen Job hervorragend, war loyal, zuverlässig, engagiert und ein echter Experte in seinem Bereich. Das einzige Problem war, dass sein Privatleben darunter zu leiden hatte. Er liebte seine Frau und seine Kinder, das war nicht das Problem, und Ineffizienz konnte man ihm auch nicht vorwerfen. Sein größtes Problem war, dass er allzu entgegenkommend war. Unterhaltungen, für die fünf Minuten ausreichend gewesen wären, zogen sich zwanzig Minuten lang hin. Wenn Kollegen in seinem Büro vorbeikamen, um ein wenig mit ihm zu plaudern, brachte er es nicht fertig zu sagen, dass ihm ein dringender Termin im Nacken saß und er deshalb im Moment keine Zeit hatte. Er war übertrieben höflich und freundlich. Seine Aufgeschlossenheit arbeitete gegen ihn, denn nur allzu oft saß er noch spätabends im Büro, um die Aufgaben zu erledigen, die er am Tag nicht geschafft hatte.

Graham fand nicht genug Schlaf, konnte keinen Sport mehr treiben, hatte viel zu wenig Zeit für seine Frau und seine Kinder und bekam langsam das Gefühl, ihm wachse alles über den Kopf. Als er in meinen Inner Negotiation Workshop kam, stellte er verblüfft fest, dass eine seiner größten Stärken gleichzeitig eine seiner größten Schwächen war: das großzügige Verschenken seiner Zeit. Graham beschloss, einige Veränderungen vorzunehmen, mochten sie auch noch so unangenehm sein. Zu den wichtigsten Verhaltensänderungen, die er zu realisieren gedachte, gehörte, dass er sich bei Konferenzen überlegen wollte, ob seine Anwesenheit zwingend erforderlich war; dass er sich gegen Plaudertaschen und Zeiträuber beherzter durchsetzen wollte und dass er auch einmal bereit sein musste, »nein« zu sagen. Natürlich veränderte sich Graham nicht über Nacht; er musste die neuen Verhaltensmuster erst einüben. Doch schließlich gelang es ihm, die geänderten Verhaltensweisen in seinen Modus operandi zu integrieren. Nach und nach steckte er seine Grenzen ab und bekam die verschiedenen Bereiche seines Lebens unter Kontrolle.

Fragen Sie sich, in welchem Bereich Ihres Lebens Sie gern Veränderungen vornehmen würden. Mit ein wenig Nachdenken finden Sie sicher heraus, was Sie an Ihrem derzeitigen Leben ändern könnten, um es an Ihren perfekten Zeitplan anzupassen.

Anschließend greifen Sie wieder zur Feder, um Ihren Zeitplan neu zu ordnen. Auch wenn es schwer fällt, werden Sie wahrscheinlich nicht umhinkommen, einige Dinge zu streichen, die einfach zu viele kostbare Minuten in Anspruch nehmen. Schieben Sie die einzelnen Teile hin und her, bis alles in Ihren Zeitplan passt. Denken Sie daran, dass der Tag nur vierundzwanzig Stunden hat – nicht mehr und nicht weniger –, also seien Sie realistisch und scharfsichtig, wenn Sie Ihre kostbare Zeit verteilen.

Das Kreisdiagramm

Eine weitere Übung zur besseren Zeiteinteilung ist der Vergleich von zwei Kreisdiagrammen. Sie funktioniert nach demselben Prinzip wie der perfekte Zeitplan, nur dass wir in diesem Fall mit Prozentzahlen und Kreisen statt mit geraden Linien arbeiten.

Diese Methode eignet sich für Menschen, die eher mathematisch veranlagt sind. Zeichnen Sie dazu auf zwei Blätter Papier je einen möglichst großen Kreis. Nehmen Sie dann ein drittes Blatt Papier und listen Sie alle Verpflichtungen, Projekte, Aufgaben und Beschäftigungen auf, mit denen Sie Ihre Zeit verbringen. Zu nennen wären hier allgemeine Kategorien wie Arbeit, Familie, soziale Kontakte, Kultur, Kirche, Weiterbildung, Ehrenämter, Sport, Gymnastik und Zeit für sich selbst. Zählen Sie alles auf, was Ihre Zeit beansprucht.

Wenn Ihre Liste vollständig ist, versehen Sie jeden einzelnen Punkt mit einer Prozentzahl. Insgesamt müssen die Zahlen 100 Prozent ergeben, nicht mehr und nicht weniger. Dann nehmen Sie einen Ihrer Kreise und zeichnen die Anteile entsprechend den Prozentzahlen ein. Dieses Kreisdiagramm spiegelt

Ihre gegenwärtige Realität wider. Dann nehmen Sie noch einmal Ihre Liste zur Hand, ziehen eine senkrechte Linie über das ganze Blatt und ordnen den einzelnen Punkten neue Prozentzahlen zu, die Ihre ideale Zeiteinteilung darstellen. Dann nehmen Sie den zweiten Kreis und zeichnen die Anteile entsprechend den neuen Prozentzahlen ein. Dieses zweite Kreisdiagramm spiegelt die ideale Zeiteinteilung für Ihre gegenwärtige Lebensphase wider.

Nun legen Sie die beiden Kreisdiagramme nebeneinander und fragen Sie sich, was geschehen müsste, damit sich Ihre gegenwärtige Realität mit Ihrem Idealbild deckt. Zweck dieser Übung ist es, die Diskrepanzen zwischen den zwei Diagrammen aufzudecken und einen Plan zu entwickeln, wie sich die Prozentzahlen vom Istzustand zum Idealzustand verschieben lassen könnten.

* * *

Alle drei Übungen – das Zeitprotokoll, der perfekte Zeitplan und das Kreisdiagramm – dienen demselben Zweck: Sie machen sich bewusst, wie Sie Ihre Zeit gegenwärtig verbringen, überlegen sich, was Sie ändern möchten, und entscheiden sich für bestimmte Veränderungen. Sobald Sie die mit Hilfe der Übungen ermittelten notwendigen Korrekturen vorgenommen haben, werden Sie wissen, wie es ist, abends im Bett zu liegen und zu fühlen, dass Sie Ihren Tag gut verbracht und optimal für Ihre Ziele genutzt haben.

BEZIEHUNGEN PFLEGEN

Je mehr du anderen gibst, desto mehr besitzt du selbst.
LAO-TSE

Zum Gesamtbild Ihrer Persönlichkeit gehören auch alle Beziehungen, die Ihr Leben berühren. Diese Beziehungen verbinden Sie mit dem menschlichen Netzwerk um Sie herum.

In sämtliche Beziehungen Ihres Lebens haben Sie Zeit, Energie und auch ein Stück von sich selbst investiert. Jedes dieser Verhältnisse besitzt eine unsichtbare Tentakel, die mit Ihnen verbunden ist. Beziehungen können entweder problematisch oder konstruktiv sein; sie können Energie spenden oder rauben; sie können bereichernd oder kräftezehrend sein. Insgesamt lässt sich sagen, dass die Art und Weise, wie Sie mit den Menschen in Ihrem Leben interagieren, einen enormen Einfluss auf Ihr Allgemeinwohl hat.

Ob Chef, Kollege, Gleichrangiger, Untergebener, Klient, Kunde oder auch eine Person aus Ihrem privaten Umfeld – sobald ein Mensch in einer Beziehung zu Ihnen steht, beansprucht er oder sie einen gewissen Teil Ihres Bewusstseins. Ob die Beziehung funktioniert oder nicht funktioniert, ob sie vorübergehend oder von Dauer ist, bleibt Ihnen überlassen. Sie müssen immer wissen, was zwischen Ihnen beiden passiert; es ist wichtig, dass Sie bei der Wahrheit bleiben und darauf achten, welchen Einfluss die Beziehung auf Ihr Leben hat. Sie wirken auf die Menschen ein, mit deren Leben Sie in Berührung kommen, und werden umgekehrt von den Menschen bereichert, mit denen Sie in Kontakt stehen.

Die Menschen in Ihrem Leben können Ihre wichtigste Ressource sein. Von ihnen können Sie Unterstützung erhalten, Weisheit ernten und wertvolle Lektionen bekommen. Sie können erfahren, was echte Gegenseitigkeit ist, und Fähigkeiten wie Zuhören, Unterstützen, Führen und Dienen vertiefen. Ob positiv oder negativ, jede Beziehung bietet Ihnen einen enormen Zugewinn an Wissen und zahlreiche Chancen auf persönliches Wachstum.

Chefs und Mentoren

Ihre Vorgesetzten bieten Ihnen die Chance, weiser und verständiger zu werden. Sie können entweder als Modell dafür dienen, wie Sie selbst gern funktionieren würden, wenn Sie diese Menschen bewundern, oder aber auch als warnendes Beispiel dafür, wie Sie selbst *nicht* funktionieren möchten, wenn Sie deren Handlungen und Verhaltensweisen unproduktiv oder anstößig finden. Besonders schwierige Vorgesetzte liefern oft die besten Lektionen.

Pam zum Beispiel arbeitete als Werbeagentin in der Modeindustrie. Ihr Chef Walter war bekannt dafür, dass er viel verlangte und einen schwierigen Charakter hatte. Er war ein brillanter Visionär, was sich bei ihm jedoch mit Unberechenbarkeit, extremer Launenhaftigkeit und oft übermäßigen Erwartungen paarte. Einmal lobte er Pam für ihre gute Arbeit an einem Projekt, das nächste Mal stürmte er in ihr Büro und fuhr sie an: »Wir sitzen total in der Patsche. Warum haben Sie nicht rechtzeitig etwas dagegen unternommen?«

Es gibt die Theorie, dass nichts so gut schult wie ein schwieriger Chef, was in Pams Fall ganz sicher zutraf. Diese spezielle Beziehung vermittelte Pam mehrere wertvolle Lektionen, die ihrem Erfolg in der Zukunft nur förderlich sein konnten. Erstens lernte sie, extrem flexibel und schnell zu sein, was ja nie schaden kann. Zweitens entwickelte sie Geduld und Toleranz, indem sie lernte, mit genialen Menschen umzugehen, deren Ego oft über die Stränge schlägt. Die dritte Lektion war vielleicht die wichtigste, denn sie lernte Verhaltensweisen kennen, die sie sich schwor niemals selbst anzunehmen, falls sie künftig eine Machtposition erlangen sollte.

Ruth hingegen machte genau die gegensätzliche Erfahrung. Ruth arbeitete für Lorna, die Vizechefin für Kommunikation in einem großen Konzern. Lorna leitet ein Team von hoch qualifizierten und talentierten Profis. Sie ist intelligent, begabt, zielorientiert und hat Interesse am Wohlergehen ihrer Leute. Sie beruft oft Teamsitzungen ein, um zu klären, wie jeder Einzelne vorankommt und ob es irgendwo Stress gibt, und ermuntert ihre Angestellten, um alles zu bitten, was sie zur Erledigung ihres Jobs brauchen. Sie achtet auf persönliche Dinge wie Geburten, Hochzeiten, Todesfälle und natürlich die beruflichen Meilensteine wie Beförderungen und Firmengeburtstage. Sie zollt ihren Untergebenen Anerkennung für besondere Leistungen, dankt ihnen regelmäßig für ihre gute Arbeit, spricht gegebenenfalls auch heikle Punkte an und bleibt in ihrer Kritik immer konstruktiv. Lornas positive Energie überträgt sich auf ihre Angestellten, die, wie Ruth sagt, »für ihre Chefin durchs Feuer gehen würden«.

Von Lorna lernte Ruth, wie man exzellente Arbeitsergebnisse erzielt und gleichzeitig sein Personal hervorragend führt. Bei kniffligen Aufgaben fragte sie Lorna oft um Rat und hatte auch für ihre Kritik immer ein offenes Ohr. Lorna diente ihr als Vorbild und gutes Beispiel dafür, wie man Menschen mit Würde und Respekt behandelt.

Nicht jeder Chef ist ein Mentor, aber so schlimm, wie sie in manchen Comics oder Fernsehkomödien dargestellt werden, sind Vorgesetzte auch nur selten. Die meisten sind irgendwo in der Mitte. Auf jeden Fall ist es für Sie von größtem Vorteil, wenn Sie zu Ihrem Chef ein Verhältnis entwickeln, das nicht nur Ihre Karriere fördert, sondern auch Ihre Lebenserfahrung vergrößert.

Mitarbeiter

Ihre Mitarbeiter und Kollegen sind wie Geschwister am Arbeitsplatz. Wenn Sie denselben Rang bekleiden, wird es Zeiten geben, in denen Sie direkte Konkurrenten sind, und andere Zeiten, in denen Sie zum Wohle aller zusammenhalten müssen. Die Beziehungen zu Kollegen bedürfen besonderer Sorgfalt, denn Ihre Mitarbeiter sind die Menschen, auf die Sie sich verlassen müssen, denen Sie vertrauen müssen und mit denen Sie harmonisch zusammenarbeiten müssen, um erfolgreich zu sein.

Wenn Sie Kollegen haben, bedeutet dies, dass Sie in einer Firma arbeiten, und wenn Sie in einer Firma arbeiten, müssen Sie auch strategisch handeln. Wollen Sie Ihr Boot sicher durch den diplomatischen Dschungel navigieren, dann müssen Sie Ihre Integrität bewahren, Ihren Job bestmöglich verrichten und gesunde Beziehungen zu den Menschen in Ihrem Arbeitsumfeld unterhalten.

Unterstützen Sie Ihre Kollegen? Machen Sie ihnen Mut, freuen Sie sich über deren Erfolge und erkennen Sie deren Leistungen an? Sind Sie bereit zu helfen, wenn Ihre Kollegen Hilfe benötigen, und zeigen Sie Einfühlungsvermögen, wenn die Dinge einmal nicht so laufen wie geplant?

Oder betrachten Sie Ihre Kollegen als Mittel zum Zweck? Praktizieren Sie unfairen Wettbewerb? Sind Sie Stammgast in der Kaffeeküche, immer bereit und darauf erpicht, schlechte Nachrichten oder Gerüchte zu verbreiten?

Arnie startete seine Karriere in der Versandabteilung. Er war ehrgeizig, zielstrebig und entschlossen. In seiner Freizeit erlernte er den Umgang mit Computern, suchte sich Leute, die seinen Zielen dienlich waren, und verschwendete keine Minute. Beim Emporklettern der Karriereleiter wurde er immer wendiger. Er kam zügig voran; jedes Jahr konnte er sich über eine Beförderung mitsamt Gehaltserhöhung freuen. Sein Aufstieg war kometenhaft und strategisch. Nur eines fehlte: Es mangelte Arnie am Gefühl der Dankbarkeit.

Arnie erblickte Gelegenheiten und packte sie beim Schopf. Wenn Leute ihm nicht mehr nutzen konnten, verschwanden sie von seinem Radarschirm. Zuerst hielten ihn seine Mitarbeiter für motiviert, doch mit der Zeit gelangten sie immer mehr zu der Überzeugung, dass er sich anderer Menschen rücksichtslos bediente.

Je mehr Macht und Ansehen ihm in der Firma zuteil wurde, desto übler wurde sein Opportunismus. Ohne mit der Wimper zu zucken, schrie er Menschen an, bis sie zusammenbrachen, schickte seine Mitarbeiter los, um persönliche Dinge für ihn zu erledigen, und warf seinen Untergebenen vor, sie seien ihr Gehalt nicht wert. Manche seiner Mitarbeiter mussten sich sogar in Therapie begeben, nachdem sie in näheren Kontakt mit ihm gekommen waren. Die Leute fragten sich, ob er vielleicht unter einer Hormonstörung litt oder unausgeglichen sei, aber diejenigen, die ihn schon länger kannten, wussten, dass ihm seine Ziele über alles gingen. Menschen waren Schachfiguren in seinem Spiel, die so lange benutzt wurden, wie sie etwas zu bieten hatten, und dann abserviert wurden.

Irgendwann fiel Arnie dann jedoch einer Firmenfusion zum Opfer; als die Musik stoppte, war für ihn kein Stuhl mehr da. Als er nun arbeitslos auf der Straße stand, versuchte er, seine alten Kontakte zu ehemaligen Kollegen wiederzubeleben. Doch die erinnerten sich noch bestens daran, wie er sie behandelt hatte, und nun war es Arnie, der an die Pforte klopfte und nicht eingelassen wurde. Arnie entdeckte die alte Weisheit vom Ehrgeiz:

Man sollte nie vergessen, dass man auf dem Weg nach oben denselben Leuten begegnet wie auf dem Weg nach unten.

Beherzigen Sie diese goldene Regel, wenn es um Ihre Kollegen geht. Diese Menschen können eine wertvolle Hilfe oder ein Hindernis sein, je nachdem wie sie von Ihnen behandelt werden.

Klienten und Kunden

Jedes Geschäft steht und fällt mit den Klienten und Kunden. Sie stellen wertvolle Ressourcen dar, die es zu schätzen und zu pflegen gilt, denn ohne Abnehmer sind Ihre Produkte und Dienstleistungen wertlos.

Im Dienstleistungssektor ist der menschliche Aspekt genauso wichtig wie der Verkauf. Wahrscheinlich kennen auch Sie den Typ Verkäufer, der sich vor dem Verkauf als Ihr bester Freund ausgibt und Sie nicht mehr kennt, sobald Ihre Kreditkarte durch den Schlitz gezogen ist. Derlei Verhaltensweisen sind leicht zu durchschauen und schnell weitererzählt. Wenn Sie für Redlichkeit und Glaubwürdigkeit bekannt sein wollen, müssen Sie die Wünsche Ihrer Kunden und Klienten erfüllen und nicht nur an Ihre Verkaufszahlen denken.

Zuhören ist besonders wichtig, wenn Sie herausfinden wollen, was Ihren Abnehmern am Herzen liegt. Das Eingehen auf die Wünsche, Bedürfnisse und Sorgen des Klienten unterscheidet den simplen Verkäufer vom echten Dienstleister. Ein guter Verkäufer ist ehrlich und sagt Ihnen, wenn ein Produkt nicht das richtige für Sie ist. Vielleicht kann er Ihnen deshalb an dem Tag nichts verkaufen, aber Sie werden die Integrität dieser Person nicht vergessen. Die Erinnerung wird Ihnen im Gedächtnis bleiben, und Sie werden wiederkommen, um eine weitere Dosis Wahrheit verabreicht zu bekommen, die vielleicht eines Tages zu einem größeren Verkaufsabschluss führt.

Es gibt viele exzellente Bücher über den Umgang mit Kunden und Klienten. Da dieses Feld sehr weitläufig ist, möchte ich an dieser Stelle einfach nur ein wunderbares Zitat von Mahatma Gandhi anführen, das meiner Meinung nach als Richtschnur für den weisen Umgang mit Kunden dienen kann.

Ich hätte nie gedacht, dass Mahatma Gandhi ein Verfechter des Dienstes am Kunden gewesen wäre, doch als meine Schwester in Indien war und seinem Haus einen Besuch abstattete, fand sie dieses Zitat. Ich persönlich glaube, dass die Welt sehr viel besser wäre, wenn jeder von uns, unabhängig von seinem Beruf, diese Prinzipien befolgen würde:

> *Der Kunde ist der wichtigste Besucher in unserem Geschäft.*
> *Er ist nicht abhängig von uns. Wir sind abhängig von ihm.*
> *Er unterbricht unsere Arbeit nicht, sondern ist ihr Zweck.*
> *Er ist kein Außenstehender, sondern Teil unseres Geschäfts.*
> *Wir tun ihm keinen Gefallen, wenn wir ihn bedienen.*
> *Er tut uns einen Gefallen,*
> *indem er uns die Gelegenheit dazu gibt.*
>
> MAHATMA GANDHI

Wie man Geschäftsbeziehungen pflegt

Menschen sind soziale Wesen. Doch die meisten von uns brauchen ein wenig Anleitung, um im Geschäftsleben effektiv mit Menschen interagieren zu können. Ich möchte Ihnen acht Regeln ans Herz legen, wie Sie diese Art von Beziehungen pflegen können, damit die beiderseitigen Erwartungen aufs Beste erfüllt werden.

1. **Halten Sie immer Ihr Wort**. Es heißt, Taten zählen mehr als Worte. Wenn Sie Ihre Versprechen halten und immer tun, was Sie gesagt haben, erwerben Sie sich das Vertrauen der anderen. Wenn Sie als zuverlässig gelten, ziehen Sie weitere Aufträge an sich, werden von den Menschen, die mit Ihnen arbeiten, respektiert und polieren Ihren Ruf auf Hochglanz. Außerdem empfinden Sie sich selbst als gut, was wiederum dazu führt, dass Sie versuchen, Ihr Bestes zu geben. Wenn Sie tun, was Sie sagen, geben Sie Ihren Mitmenschen zu verstehen, dass Sie jemand sind, auf den man zählen kann, was wiederum Ihre Selbstachtung fördert.

2. **Würdigen Sie die Leistung anderer**. Danken Sie den Menschen in Ihrem beruflichen Umfeld für ihre gute Arbeit, für ihre Hilfe, für ihren Rat oder für ihren Umsatz. Danken Sie ihnen sowohl mit Worten als auch mit Taten. Ein mündliches »Danke schön« ist schon viel wert, doch hin und wieder ist auch mehr vonnöten. Achten Sie darauf, wie Sie sich fühlen,

wenn Sie Ihren Dank bekunden, und welche Reaktion Sie damit hervorrufen. Sie werden es merken, wenn die verbale Anerkennung nicht ausreicht. Dann müssen Sie entscheiden, was zu tun ist; vielleicht können Sie mit einer öffentlichen Anerkennung, mit Blumen, mit einer Gehaltserhöhung oder einer Prämie zum Ausdruck bringen, was Sie empfinden. Betrachten Sie gute Leistungen nicht als Selbstverständlichkeit. Würdigen Sie den Beitrag, den jeder Einzelne leistet, und zollen Sie allen Beteiligten Anerkennung für die Rolle, die sie in Ihrem Arbeitsleben spielen.

3. **Tun Sie etwas für die anderen**. Anderen Menschen einen Gefallen zu tun, auch wenn man vielleicht nicht direkt oder unmittelbar davon profitiert, setzt Maßstäbe. Dadurch erreichen Sie nicht nur, dass andere Ihnen gewogen sind und Sie selbst sich gut fühlen, sondern Sie legen auch ein persönliches Guthaben auf der Karma-Bank an. Denken Sie daran: Was geht, das kommt auch wieder.

4. **Behandeln Sie die anderen mit Respekt**. Hören Sie zu, wenn die anderen sprechen. Erscheinen Sie pünktlich. Seien Sie am Telefon freundlich und zuvorkommend und lassen Sie die Versender von Faxen und E-Mails nicht zu lange auf Ihre Antwort warten. Denken Sie auch an die Sorgen und Nöte der anderen, nicht nur an die Ihren. Behandeln Sie die anderen wie Menschen, die Achtung verdient haben.

5. **Verzeihen Sie, wenn es notwendig ist**. Verzeihen Sie Fehler, zeigen Sie Einfühlungsvermögen und Mitleid. Menschen, die

ihr Bestes geben und sich ehrenhaft verhalten, sollten Sie auch
gelegentliche Fehler zugestehen.

6. **Sehen Sie den Menschen in den anderen**. Geben Sie Ihren
   Mitarbeitern zu verstehen, dass ihr Wohlergehen Ihnen am
   Herzen liegt. Zeigen Sie Interesse und Anteilnahme an deren
   Erfolgen und Niederlagen. Meine Mutter nahm sich immer
   die Zeit, sich nach den Familien der Menschen zu erkundigen,
   die sich um unsere Familie verdient machten. Der Zimmer-
   mann, der Polizist an der Ecke, die Putzfrau, allen wurde
   Respekt, Aufmerksamkeit und echtes Interesse entgegenge-
   bracht. Das hatte zur Folge, dass sich all diese Menschen stets
   darum bemühten, sich meiner Mutter ebenfalls gefällig zu
   erweisen.

   In jedem Menschen sind unabhängig von seinem Titel und
   seinem Job sämtliche Facetten des Menschseins vorhanden.
   Wenn die Menschen sich von Ihnen als Person geschätzt
   fühlen, stellen sie eine wertvolle Ressource dar und nicht nur
   zeitweilige Arbeitskontakte.

7. **Achten Sie auf die Details**. Machen Sie es den Menschen
   leicht, mit Ihnen ins Geschäft zu kommen. Räumen Sie Hindernisse aus dem Weg. Verschönern Sie ihnen den Tag, indem
   Sie Hemmschwellen abbauen. Hören Sie auf Bedürfnisse und
   Wünsche. Tun Sie, was Unternehmen wie Amazon.com tun,
   und achten Sie darauf, was Ihre Kunden kaufen. Geben Sie
   dann aufgrund dieser Informationen Ratschläge. Bauen Sie
   Loyalität und Vertrauen auf, das fördert Ihr Geschäft.

8. Kommunizieren Sie klar. Artikulieren Sie Ihre Erwartungen. Äußern Sie gegebenenfalls Ihre Bedenken. Bitten Sie um das, was Sie brauchen.

Die meisten Menschen sind keine Gedankenleser. Bringen Sie Ihre Absichten, Wünsche und Bedürfnisse klar zum Ausdruck und bitten Sie die anderen darum, es Ihnen gleichzutun. Es spart Zeit und Mühe, wenn Informationen gleich beim ersten Mal richtig verstanden werden.

MIT DER ENERGIE HAUSHALTEN

> *In Gleichgewicht und Reinheit zu leben*
> *ist das höchste Gut für dich und die Erde.*
> DEEPAK CHOPRA

Durch jeden von uns fließt eine Lebenskraft. Diese Lebenskraft ist unsere Verbindung zu der großen universellen Energiequelle, aus der alle Lebewesen versorgt werden. Die Potenz Ihrer Lebenskraft steht in direktem Zusammenhang damit, wie viel Energie Sie verbrauchen und inwieweit Sie verbrauchte Reserven wieder auffüllen.

Energie ist der Treibstoff des Lebens. Sie ist schwer zu sehen oder zu hören, und dennoch wissen Sie ganz genau, ob sie vorhanden ist oder nicht. Wir alle brauchen Energie, um erfolgreich zu sein. Sie ist von wesentlicher Bedeutung für mentale Wendigkeit, physische Ausdauer und emotionale Stabilität. Ohne Energie können Sie weder Ihre Ziele verfolgen, noch erfolgreich sein. Wie Sie Energie erzeugen, wie viel Energie Sie verbrauchen und wie oft Sie die erschöpften Reserven wieder auffüllen, all das beeinflusst Ihre Erfolgsaussichten ganz unmittelbar.

Das Gleichgewicht halten

Wir alle kennen die Sache mit der Arbeit und dem Spiel und ihre Auswirkungen auf den Menschen. Ein Ungleichgewicht in diesem Bereich ist nicht nur monoton, sondern kann sich auch negativ auf das physische, emotionale und spirituelle Wohlbefinden auswirken, ganz zu schweigen von der Produktivität.

Man kann sich auch überfordern. Es ist eine Sache, hart zu arbeiten und 100 Prozent zu geben; eine andere ist es, wenn Sie regelmäßig vom Universum verlangen, über die Ihnen zugedachten Reserven hinaus noch 15 Prozent mehr zu bekommen. Von Zeit zu Zeit können Sie Ihr Energiekonto überziehen, doch tun Sie dies zu oft oder zahlen Sie Ihr Darlehen nicht zurück, dann torpedieren Sie am Ende Ihre Leistungsfähigkeit.

Überanstrengung ist mehr als nur physische Erschöpfung, auch wenn diese einen wichtigen Bestandteil ausmacht. Sie laugen sich auch emotional aus, wenn Sie mehr geben, als Sie haben und sich nicht die Zeit nehmen, Ihre Vorräte wieder aufzufüllen. Sie betreiben spirituellen Raubbau, wenn Sie nicht daran denken, Ihre Seele zu füttern. Es macht sich eine allgemeine Apathie breit, ein Mangel an Motivation, der unweigerlich dazu führt, dass Sie sich fragen: »Was soll das alles?« Wenn Sie sich übermäßig viel abverlangen, können Sie leicht Ihren Daseinszweck aus den Augen verlieren.

Thomas war Episkopalpriester einer 250 Mitglieder zählenden Gemeinde. Jede Woche hielt er Predigten, besuchte Gemeindemitglieder, die im Krankenhaus lagen, veranstaltete Gedenkgottesdienste und regelte mit dem Vorstand zusammen die Kirchengeschäfte. Er war immer abrufbereit, da spirituelle Krisen und die Handlungen Gottes bekanntlich keine zeitlichen Grenzen kennen.

Seine Frau Penny versuchte oft, ihn davon zu überzeugen, dass er sich Auszeiten nehmen müsse, um wieder Kraft zu schöpfen. Sie sah, wie ihr Mann anderen Menschen spirituellen Beistand leistete, sich selbst aber ein strenges Arbeitsregime verordnete, das nur von kurzen Schlafintervallen unterbrochen wurde. Mit der Zeit fing Thomas an, müde und erschöpft auszusehen und immer gereizter auf seine Frau und seine beiden Kinder zu reagieren. Schließlich überzeugten Migräneanfälle Thomas davon, dass auch Priester auf sich selbst achtgeben müssen, wenn sie sich selbst, anderen und dem Universum als Ganzes dienen wollen.

Woher wissen Sie, wann die Balance gestört ist? Das ist wirklich ganz einfach. Wenn Sie morgens beim Aufwachen noch genauso müde sind wie abends beim Einschlafen, wenn Sie sich durch den Tag schleppen oder oft krank werden, dann ist das ein Zeichen dafür, dass Sie besser auf Ihren Körper achtgeben müssen. Wenn Sie sich bedrängt und überfordert fühlen oder nur wenig Motivation haben, dann ist Ihre emotionale Batterie wahrscheinlich leer. Wenn Sie anfangen, sich zu fragen, warum Sie das alles überhaupt tun, dann müssen Sie Ihre spirituellen Reserven auffüllen. Wenn Sie mit dem Gedanken liebäugeln, alles hinzuschmeißen und auf eine einsame Insel zu entfliehen, dann ist das ein sicheres Zeichen dafür, dass Sie dringend Urlaub benötigen.

Achten Sie auf diese Signale. Sie sagen Ihnen, was Sie brauchen.

Die vorhandene Energie weise nutzen

Alles, was Sie tun, erfordert Energie. Jede Handlung, die Sie vornehmen, jeder Gedanke, den Sie denken, jede Emotion, die Sie fühlen, verbraucht einen Teil dieser kostbaren Ressource. Wenn Sie sich klar machen, wie viel Energie Sie wofür verwenden, können Sie anfangen, bewusst zu entscheiden, wo Sie Ihre Energie einsetzen wollen.

Energie steht nicht still und bleibt auch nicht an einem Platz; sie fließt. Wohin sie fließt und wie sie fließt, bleibt Ihnen überlassen. Um Ihre Energie kontrollieren zu können, müssen Sie wissen, was Ihnen gut tut. Sie müssen wissen, was Ihnen Energie bringt und was Ihnen Energie raubt, und dann die notwendigen Entscheidungen treffen.

Es ist kräftezehrend, Zeit an Orten und unter Gegebenheiten zu verbringen, die Ihnen nicht wirklich zusagen. Wie fühlen Sie sich, wenn Sie von einer Veranstaltung nach Hause kommen, die Sie besuchen »mussten«, anstatt mit Begeisterung hinzugehen? Wohl kaum besonders energiegeladen, oder?

Genauso ermüdend kann es sein, Zeit mit Menschen zu verbringen, die eine andere Wellenlänge haben. Leute, die nur von sich selbst erzählen oder die Aufmerksamkeit ihrer Zuhörer über Gebühr beanspruchen, können einen Nachmittag zu einer Ewigkeit werden lassen.

Doch leider haben Sie nicht immer die Wahl. Sie können Ihre Zeit nicht nur mit Dingen verbringen, die Ihnen Spaß machen, und nur mit Menschen Kontakt haben, die Ihnen positive Gefühle vermitteln. In einer perfekten Welt wäre das so, doch in der Realität gibt es auch Zeiten, in denen sich der Kontakt zu »Energiefressern« nicht vermeiden lässt. Die Kunst besteht darin, diese Phasen auf ein Minimum zu beschränken, damit Sie Ihre kostbare Energie für die Dinge aufsparen können, die Sie mit Leben erfüllen.

Manchmal verbrauchen Sie auch ganz unwissentlich Energie. So können sich Ihre Vorräte beispielsweise dezimieren, wenn Sie sich um irgendjemanden oder irgendetwas Sorgen machen. Es ist Ihnen vielleicht gar nicht bewusst, aber auch Ihre Liste mit unerledigten Aufgaben, nicht getroffenen Entscheidungen oder ungelösten Konflikten kostet Sie Energie. All diese Dinge besetzen Teile Ihres Bewusstseins und fordern Aufmerksamkeit.

Gedanken, von denen Sie sich nicht befreien können, bleiben wie nasse Blätter am Rande Ihres Bewusstseins haften. Sie schieben sich unaufhörlich in den Vordergrund Ihres Geistes und drängen andere Dinge beiseite.

Vor nicht allzu langer Zeit saß mir der Abgabetermin für ein Buch im Nacken; außerdem hatte ich eine Geschäftsreise vorzubereiten und meine Tochter Jennifer benötigte meine Hilfe, weil sie anfangen wollte zu studieren; alles gleichzeitig. Obwohl jedes für sich genommen nicht besonders kräftezehrend war, strengte es mich doch an, all diese Dinge im Kopf behalten zu müssen.

Unausgesprochene oder unverarbeitete Emotionen schlagen ein weiteres Leck in Ihren Energietank. Dinge, die unerledigt in irgendeiner dunklen Ecke Ihres Bewusstseins lauern, ziehen Ihnen ständig Reserven ab, ohne dass Sie es merken. Unterdrückter Ärger, Enttäuschung und Verlustgefühle sind eine dauernde Belastung und halten Sie davon ab, im Hier und Jetzt zu leben. Sollte dieser Fall bei Ihnen vorliegen, so können Sie das Loch stopfen, indem Sie die verdrängte Emotion ans Licht holen, bearbeiten und aus Ihrem Energiefeld entfernen.

Zu diesem Zweck empfiehlt sich das Erstellen von Protokollen oder Listen, denn diese Techniken sind eine effektive Methode, um Gedanken zu Papier zu bringen. Auf diese Weise bleibt Ihnen die Energie erhalten, die Sie ansonsten darauf verwenden müssten, nichts von all dem zu vergessen, was Sie noch zu erledigen haben. Auch Meditation ist eine ausgezeichnete Methode, um den Geist von umherschwirrenden Gedanken, Gefühlen und unerledigten Aufgaben zu befreien, die Ihnen Energie rauben. Schreiben Sie die Gedanken und Ideen auf, wenn sie wirklich wichtig sind. Sind sie es nicht, dann überlassen Sie diesen unnötigen Ballast getrost dem Universum und schreiten Sie weiter voran.

Bei der Verteilung Ihrer Energie kommt es darauf an, dass Sie Ihre Vitalität als wertvolle Ressource betrachten und Entscheidungen treffen, die Ihren Prioritäten Rechnung tragen. Verschwenden Sie Ihre Energie für wirre Gedanken, unverarbeitete Gefühle und Menschen, die mehr nehmen als geben, dann bleibt Ihnen für die Dinge, die Sie erfüllen und glücklich machen, nichts mehr übrig.

Regenerieren

Ohne Energie kommt Ihr Motor ins Stottern. Sie können vielleicht ein wenig herumtuckern, aber über die Rennbahn flitzen werden Sie ganz bestimmt nicht. Energie ist, genau wie Zeit, eine wertvolle und begrenzte Ressource. Der Unterschied zwischen Energie und Zeit besteht darin, dass Energie erneuerbar ist. Sie können sich jederzeit mit neuer Energie versorgen, Sie müssen nur anhalten und die Reserven wieder auffüllen.

Wie oft höre ich Leute sagen, dass sie einfach keine Zeit oder keine Gelegenheit finden, ihre Batterien wieder aufzuladen. Sie haben zu viel zu tun, zu viele Anrufe zu erledigen, zu viel zu lesen, zu viele Seiten zu schreiben, an zu vielen Zahlen zu knacken, als dass sie daran denken könnten, sich mit neuer Lebenskraft einzudecken. Doch das Wiederauftanken ist kein Luxus, sondern eine Notwendigkeit. Wie wollen Sie mit ein paar Tropfen im Tank vorankommen? Wie weit würden Sie kommen?

Bewegung, Schlaf und gesunde Ernährung sind die universellen Verjüngungsmittel der Natur. Darüber hinaus ist jeder Mensch jedoch einzigartig und füllt seine Reserven auf ganz individuelle Weise wieder auf. Jeder muss selbst entscheiden, wie er seinen Geist, seinen Körper und seine Seele am besten mit neuer Energie versorgt.

Was tun Sie, um sich zu verjüngen, Ihre Batterie wieder aufzuladen und Ihre Energie wiederherzustellen? Lesen Sie Romane, entspannen Sie sich mit Ihrem Partner, machen Sie Yoga, spielen Sie mit Ihrem Hund oder Ihrer Katze? Belebt Sie ein traumhafter Sonnenuntergang, der Duft von Lavendel oder Vanille, der Geschmack von Pralinen und Vanilleeis? Erfüllt es Sie mit Frieden, wenn Sie meditieren, Rad fahren oder in Ihrem Garten arbeiten? Achten Sie darauf, was Sie mit Energie erfüllt und was Ihnen Energie entzieht.

Bauen Sie in jeden Tag Ihres Lebens mindestens einen Energielieferanten ein. Behalten Sie sich im Auge, achten Sie auf die Signale, die Ihnen zu verstehen geben, dass Sie bereits auf Reserve fahren und wieder auftanken müssen. Solche Zeichen sind zum Beispiel Müdigkeit und Stress, manchmal auch Kopfschmerzen oder allgemeine Antriebslosigkeit. Beachten Sie diese Hinweise und Symptome. Passen Sie auf sich auf! Denn schließlich brauchen Sie Ihre Gesundheit noch, um das Glück und den Erfolg, an dem Sie arbeiten, am Ende auch genießen zu können.

Wenn Sie merken, dass Sie wieder in das alte Ich-habe-nicht-genug-Zeit-um-mich-zu-erholen-Schema zurückfallen, dann erinnern Sie sich daran, dass Sie das Einzige sind, was Sie haben. Wenn Sie nicht dafür sorgen, dass Ihre Lebenskraft aufgefrischt wird, wer dann?

FINANZMANAGEMENT

Wenn Sie anfangen, sich selbst, Ihre Lieben und Ihr Geld wirklich zu respektieren, dann werden Sie nicht nur Ihre Finanzen, sondern letztendlich Ihr gesamtes Leben in den Griff bekommen.

SUZE ORMAN

Mit den Finanzen ist es genauso wie mit der Zeit. Ob es Ihnen bewusst ist oder nicht: Geld fließt. Es fließt irgendwohin, und die zwei entscheidenden Fragen sind: Wissen Sie, wohin Ihr Geld fließt? Haben Sie den Fluss unter Kontrolle? Es gibt keine »richtigen« Antworten auf diese beiden Fragen. Es gibt nur Entscheidungen und Konsequenzen.

Maggie, die Tochter einer Freundin von mir, hatte ihren ersten Sommerjob und arbeitete als Rettungsschwimmerin in einem Feriencamp. In drei Monaten verdiente sie $ 1600, doch am Ende des Sommers war von dem Lohn für ihre harte Arbeit nichts mehr übrig. Als ihre Mutter sie fragte, wo denn das Geld geblieben sei, lautete die Antwort: »Ich weiß nicht.« Als Maggie ein wenig intensiver nachdachte, fiel ihr ein: »Ich habe das Geld für Kaffee, Essen, Kino, CDs, Make-up, Schuhe und ein paar Geschenke für Freunde ausgegeben.« Ihre Mutter fragte sie, ob ihr denn nie der Gedanke gekommen sei, etwas für später zurückzulegen. Die Antwort war: »Nein.«

Nach dieser Unterhaltung war meiner Freundin klar, dass sie mit ihrer Tochter einmal über Finanzmanagement reden musste. Nicht dass es unbedingt falsch von Maggie gewesen war, ihr Geld für Vergnügungen und Mode auszugeben, aber dadurch konnte sich unbewusst eine Einstellung zum Einnehmen und Ausgeben von Geld etablieren, die auf Dauer nicht gerade die klügste war. Als Erstes musste Maggie lernen, ihr Geld bewusst auszugeben.

Maggie und ihre Mutter führten ein Gespräch über die Ressource Geld. Ihre Mutter erzählte ihr, mit dem Geld sei es wie mit der Energie, es kommt und geht, und wer es nicht einzuteilen versteht, für den könnte es eines Tages ein böses Erwachen geben, wenn er nämlich feststellt, dass nichts mehr übrig ist. Sie schlug vor, das Geld in drei Summen einzuteilen: eine für jetzt, eine für später und eine für viel, viel später. Die erste Summe war für spontane, einfache Dinge gedacht: Kaffee, Kino, Benzin und CDs. Die zweite Summe war für die nähere Zukunft bestimmt, für einen Zeitraum bis zu einem Jahr, und diente zur Finanzierung größerer Posten: Miete, Essen, Kleidung, Auto, Reisen und

Ähnliches. Und die dritte Summe war für die Ausbildung gedacht und sollte nur im Notfall in Anspruch genommen werden. Maggie fand dieses Konzept sehr interessant. Bislang hatte sie Geld immer nur als Mittel zur Befriedigung momentaner Bedürfnisse betrachtet. Wie gewonnen, so zerronnen. Sie hatte nie einen echten Langzeitplan aufgestellt, Geld einzuteilen und zu sparen war ihr bislang nicht in den Sinn gekommen.

Manche Leute sind die Erwachsenenversion von Maggie. Jeden Cent, den sie verdienen, geben sie gleich wieder aus. Wenn sie mehr verdienen, geben sie auch mehr aus, und so weiter. Es ist jedoch wichtig, ein Gesamtbild zu entwerfen und zu entscheiden, was man mit seinen Finanzen erreichen will, sowohl auf kurze als auch auf lange Sicht. Wer das Sparen nicht von seiner Familie, seinen Eltern oder seinen Vorbildern gelernt hat, muss diese Kunst erst noch entwickeln. Richtiges Sparen und Investieren hilft auch, Ziele zu verwirklichen, die Sie sich vielleicht in der Zukunft setzen werden.

Finanzmanagement schafft Frieden im Kopf. Das Leben kostet Geld; wenn Sie wissen, wie viel Geld Sie haben, und diese Summe bewusst einteilen, sitzen Sie auf dem Fahrersitz. Dann können Sie in aller Ruhe leben, anstatt sich ständig mit Geldsorgen und Existenzängsten herumzuplagen. Wenn Sie ruhig und entspannt sind, läuft Ihr Leben einfach besser, was wiederum Ihre Erfolgschancen erhöht.

Vielleicht sollten Sie einen Kurs machen, sich eine Kassette anhören, eine Zeitschrift abonnieren, ein paar Bücher kaufen oder sich mit einem Finanzberater unterhalten, um mehr zum Thema Finanzen zu erfahren. Wenn Sie begreifen, welche unbewussten Überzeugungen und Weichenstellungen Ihr Verhältnis zum Geld bestimmen, dann können Sie bewusst an die Sache herangehen, den Istzustand anerkennen und sich dann überlegen, wie Sie Ihr Verhalten ändern können.

* * *

Erfolgreiche Menschen haben ihre Ressourcen im Großen und Ganzen unter Kontrolle und treffen für jeden einzelnen Bereich ganz bewusste Entscheidungen. Genauso müssen auch Sie Ihrer Zeit, Ihren Beziehungen, Ihrer Energie und Ihren Finanzen Wert beimessen. Je bewusster Sie mit diesen Ressourcen umgehen, desto effektiver sind Ihre Entscheidungen.

Ressourcen sind begrenzt; ihr Gebrauch ist Ermessenssache. Wenn Sie mit diesen veränderlichen Größen, die Ihrer Kontrolle unterliegen, bewusst umgehen, dann können Sie Ihre Ressourcen klug einteilen und verwenden. Ihre Managementqualitäten entscheiden darüber, wie weit Sie mit Ihren Bemühungen kommen.

Entweder managen Sie Ihre Ressourcen oder Ihre Ressourcen managen Sie.

Was ist Ihnen lieber?

JEDER ERFOLG BRINGT
NEUE HERAUSFORDERUNGEN MIT SICH

*Jedes erreichte Ziel bedeutet eine geringfügige oder auch
dramatische Veränderung Ihrer Realität. Ihre Aufgabe ist es,
das Gleichgewicht zu halten, wenn das Spielbrett in Bewegung gerät.*

Wenn Sie Ihre Ziele verfolgen, sich redlich bemühen und Ihre Ressourcen klug einsetzen, haben Sie eine reelle Chance, zumindest einige der gewünschten Resultate auch zu erreichen. Doch das Überqueren der Ziellinie ist nicht das Ende des Spiels. Genau genommen ist es erst der Anfang einer neuen Serie von Herausforderungen und Lebenslektionen. Der Erfolg verändert Ihre Realität und bringt das Spielbrett in Bewegung. Ihre Aufgabe besteht nun darin, die Balance zu halten, während Sie die einzelnen Teile Ihres Lebens neu zusammensetzen, um Platz für die veränderte Realität zu schaffen.

Newtons drittes Axiom besagt, dass jeder Aktion eine gleich große, entgegengesetzt gerichtete Reaktion entspricht. Wenn Sie dieser Logik folgen, dann verstehen Sie, warum jeder Erfolg, den Sie erzielen, auch Nebenwirkungen hat. Es kann zu Veränderungen in Ihrer Identität kommen, vielleicht müssen Sie plötzlich mehr Verantwortung tragen oder sehen sich mit den verschiedensten Reaktionen Ihrer Mitmenschen konfrontiert. Die Auseinandersetzung mit solch unerwarteten Veränderungen erwartet jeden, der einen Traum realisiert oder ein Ziel erreicht hat.

George Bernard Shaw sagte einst: »Es gibt im Leben zwei Tragödien. Die eine: nicht zu bekommen, was das Herz sich wünscht, die andere: es zu bekommen.« Nun muss Ihnen das Erreichen eines Ziels zwar nicht unbedingt gleich das Herz brechen, aber eine anständige Portion Wirkungen und Nebenwirkungen bekommen Sie sicher serviert, und dann gilt es, sich einen Weg durch die Segnungen, die neuen Verantwortlichkeiten und die überraschende und ungewohnte Landschaft zu bahnen, die der Erfolg mit sich bringt.

DAS »HIER« UND DER MYTHOS VOM »DA«

Die sechste Regel in *Das Leben ein Spiel, und hier sind die Regeln* besagt, dass »Da« nicht besser als »Hier« ist. Wie ich in diesem Buch bereits ausgeführt habe, ist »Hier« immer dort, wo Sie sich gerade befinden. Wenn Sie nun danach streben, nach »Da« zu kommen – irgendein Punkt außerhalb des »Hier« –, verbinden Sie damit vielleicht die Vorstellung, »Da« sei etwas Höheres als

»Hier«. Doch in der Realität ist »Da« nicht besser als Hier«. Es ist einfach nur anders.

Jedes »Da« schimmert am Horizont wie ein Klumpen Gold. »Da« erscheint Ihnen als Lösung all Ihrer Probleme, als Allheilmittel für sämtliche Schmerzen oder als utopische Version Ihres gegenwärtigen Lebens. Doch tatsächlich ist es so, dass auch der Goldklumpen, die Wunderkur und die utopische Phantasie Herausforderungen und Lektionen mit sich bringen.

Der Übergang vom »Hier« zum »Da«

Veränderungen sind allgegenwärtig. Situationen verändern sich, Menschen verändern sich und Erfolge stellen sich ein. Doch wenn Sie Erfolg haben, wird deshalb nicht plötzlich alles besser. Es ist ein Irrglaube, anzunehmen, alles sei perfekt, wenn Sie endlich Ihr angestrebtes Ziel erreicht haben. Die Menschen verändern sich, wenn sie eine bestimmte Lektion gelernt haben; sie stehen vor neuen Herausforderungen und am Horizont zeichnen sich neue Ziele ab. Wir schaffen nicht auf einen Schlag all unsere Probleme aus der Welt, sondern tauschen sie lediglich gegen neue aus, die vielleicht ganz anders aussehen oder sich anders anfühlen.

Durch Erfolg wird das Spiel einfach nur verändert. Alte Sorgen wie beispielsweise Geldmangel, beengte Wohn- oder Arbeitsverhältnisse, eingeschränkte Freiheit, Zweifel, Ängste oder Unsicherheiten verschwinden vielleicht. Doch dann tauchen plötzlich neue

Sorgen auf, und Sie stehen vor Herausforderungen, die Ihnen nie zuvor in den Sinn gekommen wären. Vielleicht haben Sie mehr Stress, müssen sich mit neuen Regeln und Erwartungen auseinandersetzen oder dem immensen Druck standhalten, ein Leben zu führen, das viel größer ist als das, was Sie bisher kannten.

Als die Internetfirma, für die Gloria arbeitete, in großem Stil an die Börse ging, stieg der Wert ihrer Aktien plötzlich ins Unermessliche. Sie dachte, nun seien all ihre Probleme auf einen Schlag gelöst, weil sie sich nun wirklich keine Sorgen um Geld mehr zu machen brauchte. Und sie hatte Recht, denn Dinge wie pünktlich ihre Miete zu zahlen, Schuhe und Kleidung für ihre drei Kinder zu kaufen oder bei Regen mit öffentlichen Verkehrsmitteln fahren zu müssen, waren nun tatsächlich kein Problem mehr. Doch sie hatte nicht damit gerechnet, dass ihre endlich erworbene finanzielle Sicherheit sie vor ganz neue Herausforderungen stellen würde.

Wie immer, wenn große Geldsummen im Spiel sind, standen plötzlich Verwandte, die sie kaum kannte, vor ihrer Tür und hielten die Hand auf. Ihr Ex-Ehemann, von dem sie sechs Jahre lang nichts gehört hatte, tauchte unvermittelt wieder auf, und sie erhielt so viele Kreditkartenanträge, Lebensversicherungsangebote und Spendenanfragen von allen möglichen gemeinnützigen Organisationen, dass ihr Briefkasten jeden Tag überquoll.

Doch auch innerlich fand sie keine Ruhe. Ihre Gedanken drehten sich ständig darum, wie viel Geld sie wofür ausgeben sollte. Viel Geld zur Verfügung zu haben war ihr neu und verunsicherte sie. Sie war in Gelddingen nie sonderlich versiert gewesen und nun musste sie lernen, mit Schecks zu hantieren und einen Haushaltsplan aufzustellen, anstatt wie früher nur darum zu kämpfen, die dringlichsten Verpflichtungen erfüllen zu können. Sie hatte fast ständig Angst, etwas falsch zu machen oder von anderen Leuten nicht gemocht zu werden, weil sie nicht großzügig genug war.

Der Goldklumpen am Ende von Glorias Regenbogen stellte für sie ganz sicher eine Erleichterung dar, doch er verursachte ihr auch ein paar unangenehme Wachstumsschmerzen. Wie alle Menschen, die über Nacht reich werden oder Erfolg haben, musste auch Gloria sich in kürzester Zeit dehnen und strecken, um in ihre neue Realität zu passen. Manchmal, wenn sie spätabends mit sich allein war, dachte sie fast ein wenig sehnsüchtig an die alten Zeiten zurück, als ihr Leben noch einfacher war. Doch wenn sie dann aus dem Fenster schaute, wo ihr glänzendes neues Mustang-Cabrio stand, lachte sie und schüttelte den Kopf. War der Anpassungsprozess schwierig gewesen? Natürlich. Würde sie alles hergeben und wieder so leben wollen wie früher? Sicher nicht.

»Dies« erzeugt »Das«

Ein weiser Yogi sagte einst: »Wenn du dies bekommst, dann bekommst du auch das«, und er hätte es nicht treffender formulieren können. Jedes »Dies« geht mit einem »Das« einher. Das »Das« muss nicht unbedingt negativ oder belastend sein, es wiegt jedoch genauso schwer wie das »Dies«.

Zum Beispiel: Wenn Sie berühmt sein möchten, dann müssen Sie sich auch damit abfinden, im öffentlichen Rampenlicht zu stehen. Die meisten olympischen Medaillen bringen körperliche Schmerzen und Erschöpfung mit sich. Großer Reichtum erfordert geschicktes Finanzmanagement, und Beförderungen gehen meist mit mehr Verantwortung und erhöhtem Druck einher. Heiraten bedeutet, Geben und Nehmen zu lernen, und Unternehmerschaft gibt es nicht ohne Risiko.

Damit will ich nicht sagen, dass alle guten Dinge automatisch einen negativen Beigeschmack haben. Mir kommt es lediglich darauf an, die untrennbare Verbindung zwischen Entscheidung und Konsequenz aufzuzeigen. Das Universum funktioniert nach dem Reizbeantwortungsprinzip. Wenn Sie in Aktion treten und damit einen Reiz auslösen, wird es zu einer Reaktion kommen, die entweder positiv oder negativ ausfällt und unter denselben oder anderen Umständen stattfindet.

MIT VERÄNDERUNGEN UMGEHEN

Jede Veränderung ist ein bemerkenswertes Wunder.
HENRY DAVID THOREAU

Erfolg kann etwas Wunderbares sein. Es gibt kaum etwas Schöneres als das Gefühl, seine Ziele erreicht und seine Träume verwirklicht zu haben. Sie möchten die ganze Welt umarmen und fühlen sich in Ihrem Daseinszweck bestätigt. Sie empfinden ungezügelte Freude oder unendlichen Stolz oder auch einfach nur ein Gefühl tiefer Befriedigung und Erfüllung.

Doch wie wir gesehen haben, geht jeder Erfolg mit Nebenwirkungen und Veränderungen einher, die Ihre volle Aufmerksamkeit erfordern und Anpassungsfähigkeit von Ihnen verlangen. Manche Veränderungen sind positiv, andere stellen eine Herausforderung dar, einige machen Ihnen vielleicht Spaß, andere mögen eher langweilig sein. Doch unabhängig von Ihren Empfindungen müssen alle Veränderungen gebührend beachtet werden, um sicherzustellen, dass Ihr gerade erzielter Erfolg nicht von Ihnen selbst oder durch die Reaktion anderer Menschen untergraben wird.

Sich vorbereiten

Um mit Veränderungen zurechtzukommen, ist es hilfreich, sich bereits im Vorfeld zu überlegen, was sich ändern könnte. Schon vor dem Start zu wissen, was Sie am Ziel erwartet, eröffnet Ihnen die besten Chancen auf ungetrübte Siegesfreuden.

Wenn Sie umfassend über das Gesamtbild informiert sind, das demnächst Ihre Wirklichkeit werden soll, können Sie später mit der Realität besser umgehen. Ist Ihnen im Voraus klar, mit welchen Freuden und Nebeneffekten Sie bei der Realisierung Ihres Ziels zu rechnen haben, dann können Sie sich bestmöglich vorbereiten. Je weniger Überraschungen auf Sie warten, desto stabiler wird sich der neue Boden unter Ihren Füßen anfühlen. Natürlich können Sie nicht alles absehen, was auf Sie zukommen wird, doch es ist sicher sehr hilfreich, wenn Sie schon einmal eine Grundidee haben.

Scott und Bari zum Beispiel waren beide Therapeuten und veranstalteten Seminare für Paare. In ihrer Region waren sie recht bekannt, doch nicht darüber hinaus. Das sollte sich schlagartig ändern, als sie zu einer TV-Talkshow eingeladen wurden. Nach ihrem Fernsehauftritt verdreifachte sich ihr Geschäft und sie konnten der steigenden Nachfrage nach ihren Diensten kaum noch Herr werden.

Doch die Überlastung war nicht das eigentliche Problem. Der springende Punkt war, dass sie beide total überspannt waren und anfingen, den Stress aneinander auszulassen. Sie verbrachten derart viel Zeit damit, anderen Menschen zu einer funktionierenden Beziehung zu verhelfen, dass sie ihre eigene Beziehung vernachlässigten.

Scott und Bari waren von der Entwicklung überrollt worden. Sie hatten nicht damit gerechnet, dass der Erfolg solch gravierende Auswirkungen auf ihre Beziehung haben würde. Und sie hatten auch keinerlei Plan oder Vereinbarung zur Bewältigung ihres Problems parat. Glücklicherweise verfügten die beiden jedoch über gut entwickelte Kommunikationsfähigkeiten und waren deshalb in der Lage, ihr Leben wieder in geregelte Bahnen zu lenken, was sie allerdings einiges an Mühe kostete. Die Umstellung wäre mit Sicherheit viel einfacher gewesen, wenn sie zumindest eine Ahnung davon gehabt hätten, was auf sie zukommt.

Menschen zu befragen, die schon dort waren, wohin Sie gehen wollen, kann Ihnen Aufschluss darüber geben, was Sie für Ihre Reise brauchen. Die meisten Menschen sind gern bereit, über ihre Erfahrungen zu sprechen. Stellen Sie alle Fragen, die Sie haben, vor allem diejenigen, die Sie als dumm empfinden, denn mit Hilfe der Antworten werden Sie die Lücken in Ihrer Vision füllen können. Fragen Sie die Leute nach ihrer Geschichte, wie sie sich gefühlt haben, was passiert ist, was sie überrascht hat, was sie anders machen würden und ob sie es noch einmal tun würden. Das entfernt die rosarote Brille, die durch das »Hier-Da«-Syndrom entsteht, und macht Sie mit der Umgebung vertraut, die am Ziel auf Sie wartet.

Innere Veränderungen: der Identitätswandel

Das, was wir »Identität« nennen, besteht aus zwei Komponenten. Die erste Komponente umfasst die Rollen, die wir im Leben spielen: unsere Handlungen, unsere Entscheidungen und unsere Stellung in der Gesellschaft. Zu dieser äußerlich erkennbaren Kategorie gehören Rollen wie Mutter, Vater, Assistent, Angestellter, Frau, Hundebesitzer, Krankenschwester, Rabattmarkensammler, Fußballfan. Zum Äußeren zählt ebenfalls, wie andere Sie sehen, zum Beispiel als viel versprechenden Musiker, Person mit wenig Geld oder hoffnungsvollen Unternehmer. All diese

Ausdrucksformen und Definitionen Ihrer Person bilden einen Teil Ihrer Identität.

Die zweite Komponente ist die Beziehung, die Sie zu sich selbst unterhalten. Hierzu gehört, wie Sie sich selbst wahrnehmen, betrachten und empfinden. Dieser Teil ist der wichtigere von beiden und darf keinesfalls vernachlässigt werden, wenn sich die äußeren Faktoren verändern.

Jedes Mal, wenn Sie sich auf eine neue Erfolgsebene ausdehnen, verändert sich auch Ihre Identität ein wenig. Das kann schrittweise geschehen, zum Beispiel durch jährliche Gehaltserhöhungen, oder auch ganz plötzlich, wenn Ihre Firma an die Börse geht, Ihre Mannschaft die Meisterschaft gewinnt, Ihre Erfindung patentiert und verkauft wird, Sie den Nobelpreis gewinnen oder den Geschwindigkeitsrekord brechen. Unabhängig von der Art Ihres Erfolges verändert sich Ihre Identität jedes Mal, wenn sich Ihr Status, Ihr Einflussbereich oder Ihr Kontostand entscheidend verändert. Sie sind nicht mehr der, der Sie waren, und Sie definieren sich nicht mehr so wie bisher. Sie sind nicht mehr die Person, die von der Hand in den Mund lebt; Sie sind nicht mehr durchschnittlich oder normal; Sie sind kein »Niemand« mehr; Sie sind nicht mehr der Mensch, der ehrfürchtig zu anderen aufschaut.

Sie sind nicht mehr der viel versprechende Musiker; Sie sind jetzt ein Musiker mit einem Plattenvertrag. Sie sind nicht mehr der Mensch mit wenig Geld; Sie sind jemand, der aus dem

Vollen schöpfen kann. Sie sind nicht mehr der Assistent; Sie sind jetzt der Manager. Sie sind nicht mehr der hoffnungsvolle Unternehmer; Sie sind ein Senkrechtstarter. Und Sie wissen ganz intuitiv, dass sich im Gefüge Ihrer Identität etwas verändert hat.

Wie oft hören wir vom großen Durchbruch irgendeines Hollywoodstars und lesen dann als Nächstes in der Zeitung, dass die Beziehung oder Ehe dieser Person zerbrochen ist. Es gibt natürlich viele Gründe für das Scheitern von Beziehungen, doch Erfolg, wenn er nicht richtig verarbeitet wird, kann die gesamte Infrastruktur Ihres Lebens erschüttern oder zerstören.

Wie gehen Sie mit Veränderungen in Ihrer Identität um? Wie werden Sie damit fertig, wenn Sie plötzlich jemand anders sind? Das sind wichtige Fragen, für die es keine Patentlösungen oder Standardantworten gibt. Es ist ein bisschen so, als müsste man in ein größeres Paar Schuhe hineinwachsen. Zuerst kommt es Ihnen vielleicht unpassend und unbequem vor; Sie denken: »Das bin nicht ich«, und damit haben Sie zum größten Teil auch Recht. Es ist nicht das, was Sie waren, doch es ist das, was Sie werden.

»Werden« ist per definitionem ein Übergang. Es ist das Erscheinen eines neuen Ich. Es bedeutet, dass Sie neuen Boden betreten, neue Anker auswerfen und Gefallen an Dingen finden, die Ihnen zuvor unangenehm waren. Dieser Prozess vollzieht sich in mehreren Abstufungen.

Ich habe acht Jahre lang hart an meinem Magister und meiner
Promotion gearbeitet. Als ich den Doktortitel endlich in der
Tasche hatte, wusste ich nicht, wie ich mich verhalten sollte. Ich
fragte mich, ob ich mich nun anders vorstellen sollte, anders
unterschreiben oder mich wie ein Dr. phil. benehmen sollte (was
immer das war). Ich fühlte mich nicht wohl in meiner Haut,
denn ich hatte etwas erreicht, wovon ich über zwanzig Jahre lang
geträumt hatte, und schien trotzdem noch immer derselbe
Mensch zu sein. Ich stand immer noch jeden Morgen auf, trank
immer noch meinen Tee und steckte beim Anziehen immer noch
ein Bein nach dem anderen in die Hose. Ich fragte mich: »Und
was ist nun so Besonderes daran?« Ich wollte der Welt kundtun,
dass ich etwas erreicht hatte, was für mich tatsächlich etwas
Besonderes war, aber ich wollte auch nicht prahlen.

Ich dachte, es sei die Lösung, eine Party zu veranstalten und
Anzeigen zu verschicken. Ich ließ mir neue Visitenkarten mit
»Dr. phil.« drucken. Außerdem richtete ich mir im ehemaligen
Gästezimmer mein offizielles Büro ein und hängte meine Ab-
schlüsse an die Wand. Doch irgendwie brachten all diese Schritte
noch nicht den richtigen »Kick«.

Schließlich wurde mir klar, dass ich an meinem Innern arbeiten musste. Ich musste die verschiedenen Teile meiner Person
miteinander in Einklang bringen: wer ich früher war, was ich
erreicht hatte und was aus mir geworden war. Es war wie psychi-
sche Mikrochirurgie, und lief folgendermaßen ab:

Ich machte drei Listen:

Eine erste Liste mit der Überschrift
Wie ich mich in der Vergangenheit definiert habe:
Managementberaterin
Allein erziehende Mutter
Studentin, die auf einen Abschluss hinarbeitet
Begabte Rednerin
Talentierte Trainerin
Fähige Person auf der Suche nach Anerkennung
Mensch, der unauffällig hilft und motiviert

Eine zweite Liste mit der Überschrift
Was ich erreicht habe:
Einen Durchbruch
Den höchsten Bildungsabschluss von allen Mitgliedern meiner Familie
Einen neuen Glauben an meine eigenen Fähigkeiten (Ich kann, ich habe es geschafft!)
Ich habe eigenständig geforscht
Ich habe entdeckt, dass Studieren Spaß macht
Mein geistiger Horizont hat sich um neues Wissen und neue Informationen erweitert
Ich habe ein höheres Maß an Sachkenntnis und Autorität erreicht

Eine dritte Liste mit der Überschrift
Was aus mir geworden ist:
Ein Doktor der Philosophie
Ein Mensch, der den höchsten Abschluss in seinem
Fachbereich erlangt hat
Eine anerkannte Autorität
Ein Mensch mit mehr Selbstachtung
Eine Expertin, die jetzt auch an der Universität unterrichten
   kann
Ein selbstsicherer Mensch

Mithilfe der drei Listen konnte ich die Veränderung, mit der ich zu kämpfen hatte, erkennen, in Worte fassen und akzeptieren. Die Externalisierung meines inneren Wandels half mir, die Erfahrung in mein Selbstbild zu integrieren. Sobald Sie das, was in Ihrem Leben passiert, ritualisieren, bearbeiten oder externalisieren können, um mit Ihrer Entwicklung Schritt zu halten, richten Sie sich in Ihrer neuen Realität ein. Werden ist der Verschmelzungsprozess des Äußeren mit dem Inneren.

Erfolge anerkennen

Jeder Erfolg muss ein Annahmeverfahren durchlaufen. Wenn Sie ihn nicht irgendwie anerkennen, laufen Sie Gefahr, ihn unter den Tisch zu kehren oder herunterspielen. Sie müssen die Veränderungen nicht unbedingt zu Papier bringen, wie ich es gemacht habe (obwohl ich dieses Verfahren nur empfehlen kann), doch Sie müssen sich der Realität stellen, dass sich etwas verändert hat, und sich vollkommen klar machen, was diese Veränderung für Sie bedeutet.

Dabei kann es hilfreich sein, sich mit einer Freundin oder Ihrem Partner auszutauschen. Es kommt vor allem darauf an, dass Sie sich mit den Gefühlen auseinandersetzen, die Sie sich selbst gegenüber empfinden. Was hat sich an Ihren Gefühlen verändert? Was hat sich an Ihrem Selbstbild geändert? Was werden Sie anders machen? Was müssen Sie für die Zukunft einkalkulieren oder planen? All diese Fragen werden Ihnen mehr oder weniger lästig sein. Das ist normal. Vielleicht wünschen Sie sich sogar die Zeit zurück, als Sie noch weniger Probleme mit Ihrer Situation oder Ihrem Status hatten. Wenn dem so ist, dann nehmen Sie es zur Kenntnis. Fragen Sie sich, was passieren muss, damit Sie Ihren neuen Erfolg vollkommen akzeptieren können, und und unternehmen Sie die notwendigen Schritte.

Den Erfolg ritualisieren

Die Ritualisierung des Erfolgs macht Ihr Puzzle komplett. markieren Sie Ihren Erfolg in irgendeiner Weise, hängen Sie Ihr Diplom an die Wand, feiern Sie mit Ihren besten Freunden oder gehen Sie los und kaufen sich eine neue Uhr. Wählen Sie etwas aus, was Sie an Ihren Erfolg erinnert, wenn Sie es anschauen oder daran zurückdenken.

Andere wichtige Ereignisse in unserem Leben, wie Hochzeiten oder Geburten, ritualisieren wir doch auch, warum sollten wir das Gleiche nicht mit unseren Erfolgen tun? Auf diese Weise schaffen wir unauslöschliche Erinnerungen, die auch noch nachklingen, wenn wir schon längst das nächste große Projekt in Angriff genommen haben.

Äußere Veränderungen: die Reaktionen der anderen

Sie sind zwar ein Individuum mit klar umrissenen physischen und emotionalen Grenzen, doch Sie existieren nicht in einem Vakuum. Sie sind Teil der großen menschlichen Kette, die Sie mit den Menschen in Ihrer Umgebung verbindet. Was mit Ihnen geschieht, betrifft mehr oder weniger, direkt oder indirekt auch die anderen.

Die konzentrischen Kreise um Sie herum, Ihre Kerntruppe, Ihre Vertrauten, Ihre Freunde, Ihre Weggefährten, Ihre Kollegen und Ihre Bekannten machen alle zusammen Ihren Einflussbereich aus. Da Sie den Kreismittelpunkt darstellen, müssen Sie sich nach einer Veränderung ganz neu in Ihre frühere Umgebung reintegrieren. Sie müssen sich darüber klar werden, wie Sie sich präsentieren wollen, und mit den verschiedensten Reaktionen fertig werden.

Erfolg fördert die beste oder auch die schlechteste Seite von Menschen zu Tage, das gilt auch für Ihre nähere Umgebung. Wenn Sie in Ihrem Leben einen Sieg zu vermelden haben, findet immer ein Aussiebeprozess statt. Ihre wahren Freunde steigen zu Ihnen aufs Podest, um mit Ihnen zu jubeln. Diejenigen, die das nicht können, bleiben wahrscheinlich auf der Strecke. Es ist schmerzvoll, aber wahr: Wenn Sie größer werden, wachsen Sie manchmal über eine Beziehung hinaus oder umgekehrt. Dieser Mechanismus kann Ihnen Probleme bereiten.

Die einen freuen sich aufrichtig mit Ihnen über Ihre Beförderung, Ihre Gehaltserhöhung, Ihren Abschluss oder die große Chance, die sich Ihnen bietet. Das sind Ihre wahren Befürworter, reife Verbündete und Familienmitglieder, die über den eigenen Tellerrand hinausschauen und mit Ihnen gemeinsam feiern können. Was derlei kostbare Beziehungen Ihnen zu bieten haben, sollten Sie dankbar anerkennen.

Doch leider werden Sie nur allzu oft feststellen, dass es mindestens einen Menschen gibt, der Sie um Ihren Erfolg beneidet. Vielleicht fühlt sich diese Person von Ihrem Erfolg bedroht und zeigt sich deshalb alles andere als erfreut von Ihrem neuen Glück. Vielleicht fühlt sich der Betreffende auch ausgeschlossen oder hält das, was Sie bekommen haben, für unverdient oder ungerecht. Was auch immer der Grund für die negative Reaktion der Person sein mag, auf der Empfängerseite zu stehen, kann verwirrend und schmerzvoll sein.

Susan und Russell zum Beispiel waren Cousine und Cousin und standen in enger Verbindung miteinander, weil sie gleich alt waren und ähnliche Interessen hatten. Sie absolvierten beide ihr letztes Studienjahr und ihre Colleges lagen nur 50 Meilen voneinander entfernt, weshalb sie sich oft gegenseitig halfen und Mitschriften aus früheren Semestern austauschten. Sie pflegten ihre Freundschaft auch außerhalb der üblichen Familienzusammenkünfte. Susan fragte Russell oft um Rat, wenn es um Männer und Verabredungen ging, und Russell nahm Susan gern mit zum Einkaufen, weil sie einen exzellenten Geschmack hatte. Alles lief sehr harmonisch zwischen den beiden, bis Russell dazu auserkoren wurde, die Abschiedsrede für seine Abschlussklasse zu halten.

Susan konnte ihre Eifersucht kaum verbergen, versuchte allerdings, sie durch lässige Überheblichkeit zu kaschieren. Sie nannte Russell plötzlich »das Gehirn« und machte schnippische, bissige Bemerkungen über seine Noten. Zu Russels Abschlussfeier kam Susan zu spät und verließ die Party schon recht früh wieder wegen angeblicher Kopfschmerzen.

Vor Russell und dem Rest ihrer großen Familie gab sie sich locker, doch in ihrem Innern brodelte ein emotionaler Vulkan. Einerseits war sie stolz auf ihren Cousin, doch andererseits war sie extrem eifersüchtig. Sie hatte ihr Studium zwar auch mit ganz passablen Noten abgeschlossen, doch waren ihr keine besonderen Ehren zuteil geworden. Sie missgönnte Russell die Aufmerksamkeit, die er von allen Seiten erhielt. Sie schämte sich zwar irgendwie für ihre Reaktion, aber sie konnte einfach nicht anders.

Als ich mich mit Susan unterhielt, war uns beiden klar, dass Russells Erfolg einen empfindlichen Nerv bei ihr getroffen hatte.

Mithilfe einiger Fragen entdeckten wir, dass Susan sich geistig unterlegen fühlte und deshalb von Eifersucht gepackt worden war.

Meistens ist Unsicherheit der Grund dafür, dass andere sich nicht mit Ihnen freuen können. Ihr Erfolg lässt Dinge im Scheinwerferlicht erstrahlen, die diese Menschen bei sich selbst als Schwächen oder Unzulänglichkeiten empfinden, auch wenn sie sich dessen vielleicht gar nicht bewusst sind. Eifersucht oder Groll, die aus Ihren Mitmenschen hervorbrechen, hängen häufig mit eigenen unerfüllten Träumen zusammen.

Wahrscheinlich ist Ihre natürliche Reaktion in solchen Situationen ein Gefühl von Verletzung oder gar Verärgerung. Letztendlich bleiben Ihnen aber nur zwei Möglichkeiten: Entweder verbannen Sie die betreffende Person aus Ihrem Leben, physisch oder emotional, oder Sie versuchen, die Situation zu bereinigen.

Manchmal bleibt Ihnen nichts anderes übrig, als einer Beziehung, die Sie nur herunterzieht, freundlich Lebewohl zu sagen. Wenn Sie ein solches Szenario bereits erlebt haben, wissen Sie, dass Sie nur zwischen zwei Optionen wählen können: Entweder sprechen Sie ganz offen mit dem Menschen und erzählen ihm, wie Sie sich fühlen und was Sie wollen, oder Sie lassen die Person ohne viel Federlesens aus Ihrem Leben verschwinden.

Sollte Ihr Herz Ihnen jedoch sagen, dass es sich lohnt, für diese Beziehung zu kämpfen, dann ist ein anderer Ansatz vonnöten. Zuerst sollten Sie innehalten und sich fragen, ob es in Ihrem Verhalten vielleicht irgendetwas gibt, was die Person zu ihrer negativen oder ablehnenden Reaktion veranlasst haben könnte. Sind Sie vielleicht schadenfroh, spielen Sie sich auf, oder haben Sie die betreffende Person ganz einfach ignoriert? Haben Sie irgendetwas getan, was die Person befremdet hat? Seien Sie ehrlich! Lautet die Antwort »ja«, dann müssen Sie sich Ihrer Verantwortung stellen und für Wiedergutmachung sorgen.

Als Nächstes sollten Sie versuchen, sich in die andere Person hineinzuversetzen. Was könnte er oder sie angesichts der Veränderung, die in Ihrem Leben stattgefunden hat, empfinden? Vielleicht hat die Person Angst, Sie zu verlieren, oder befürchtet, Ihren Standards nicht mehr genügen zu können. Frauen, die heiraten, übersehen oft, dass diese frohe Botschaft für ihre alleinstehenden Freundinnen, mit denen sie zuvor jeden Samstag Abend ausgegangen sind, nicht unbedingt erfreulich ist; Männer, die sich einen Platz im Softball-Team ihrer Firma erobert haben, vergessen oft, dass ihr Kumpel, der nicht ausgewählt wurde, sich vielleicht zurückgesetzt fühlt. Leute, die befördert wurden, haben häufig kein Gespür für die Ressentiments derer, die einst auf einer Stufe mit ihnen standen.

Überlegen Sie sich, wie Sie das Problem am besten angehen könnten. Wählen Sie einen angemessenen Zeitpunkt und einen geeigneten Ort, zeigen Sie Mitgefühl und Verständnis. Legen Sie Ihre Sicht der Dinge dar und hören Sie sich an, was Ihr Freund oder Ihre Freundin zu sagen hat, ohne zu urteilen oder zu unterbrechen. Hören Sie die Person an, fühlen Sie, was sie oder er fühlt, und bremsen Sie Ihr Bedürfnis, die Sache zu »klären«. Fragen Sie, ob es irgendetwas gibt, wonach Ihr Freund/Ihre Freundin sich sehnt, vielleicht ein unerfüllter Traum, den er oder sie gern verwirklicht hätte, aber nicht hat. Fragen Sie, was Sie tun können, um den anderen zu unterstützen, und erklären Sie, was Sie sowohl für ihn oder sie als auch von ihm oder ihr wollen.

Treffen Ihre Bemühungen auf Widerstand, wollen Ihre Freunde das Problem nicht wahrhaben oder nicht über ihre Gefühle sprechen, dann können Sie nur noch Abstand nehmen. Ich lernte einst eine Blumenbinderin namens Rochelle kennen. Rochelle hatte alles, was sie wusste, von einer älteren Dame gelernt, die ihr immer als Beraterin zur Seite gestanden hatte. Als Rochelle sich selbständig machte, war ihre Mentorin eifersüchtig und fürchtete, Rochelle werde ihr die Kunden stehlen. Deshalb versuchte sie immer wieder, das Geschäft ihres einstigen Schützlings zu unterminieren. Rochelle versuchte, mit ihr über die Situation zu sprechen, aber ihre Kommunikationsbemühungen wurden als »Unsinn« abgetan.

Ich fragte Rochelle, wie sie angesichts dieser schmerzvollen Situation scheinbar so ruhig bleiben könne, und sie antwortete: »Ich kann mich nicht in ihrem negativen Netz verstricken. Was ich tun kann, ist, für sie beten, ihr ein gutes Andenken bewahren und ihr positive Gedanken schicken. Das lässt mich mit der Situation in Frieden leben.«

Vielleicht müssen Sie so verfahren wie Rochelle und irgendwie mit der Situation Frieden schließen. Auf jeden Fall werden Sie am Ende sagen können, dass Sie Ihr Bestes versucht haben.

DIE PERSPEKTIVE BEWAHREN

Wir sind gut beraten, mit den Menschen, die wir waren,
in Kontakt zu bleiben, ob wir sie nun attraktiv finden oder nicht.
Nur allzu schnell vergessen wir die Dinge, von denen wir dachten,
wir könnten sie nie vergessen.

JOAN DIDION

Von dort, wo Sie waren, haben Sie jetzt eine neue Erfolgsebene erreicht. An Ihrem früheren Standort kannten Sie den Ausblick, die Landschaft war Ihnen vertraut und das Terrain bestens bekannt. Jeden Morgen, wenn Sie aufwachten, stellten Sie beruhigt fest, dass immer noch alles gleich aussah.

Dann geriet der Spielaufbau in Bewegung, und plötzlich sieht nichts mehr vertraut aus. Der Ausblick ist ein anderer und der Boden unter Ihren Füßen fühlt sich fremd an. Alles ist anders.

Wenn Sie einen Erfolg erzielen, besteht eine der größten Herausforderungen darin, die Perspektive zu wahren. Allzu leicht lässt man sich von der Begeisterung mitreißen, vom Glanz und der Attraktivität des Sieges verführen. Aus welchem Holz Sie tatsächlich geschnitzt sind, zeigt sich, wenn Sie die Ziele, auf die Sie so lange hingearbeitet haben, erreichen.

Können Sie sich Ihres Erfolges freuen, ohne Ihre Vision aus den Augen zu verlieren?

Können Sie die neue Erfolgsebene betreten, ohne Ihr Ego aufzublasen?

Können Sie Ihren Werten treu bleiben, wenn neue Verlockungen winken?

Je größer Ihr Erfolg, desto stärker sind Sie gefordert. Wenn Sie das Spiel des Erfolges spielen, werden Ihnen ab einem bestimmten Niveau vier wichtige Lektionen begegnen: Integrität bewahren, Arroganz, Gier und Macht. Je mehr Sie erreichen, desto schwieriger wird es, der verlockenden Schattenseite des Erfolges zu widerstehen. Die größte Herausforderung besteht darin, auch bei der Erstürmung der höchsten Gipfel in sich selbst verwurzelt zu bleiben.

Integrität bewahren

Integrität bedeutet, das Richtige zu tun, vor allem wenn niemand zuschaut. Es ist leicht, sich ehrenhaft zu verhalten, wenn andere anwesend sind, die Ihnen für Ihr Handeln Beifall zollen. Doch wenn niemand zugegen ist, könnte es bequemer sein, den leichteren Weg zu gehen oder unehrenhaft zu handeln. Die eigentliche Bewährungsprobe haben Sie zu bestehen, wenn als Zeuge für Ihre Handlungen niemand außer Ihnen selbst zugegen ist.

Das Wort »Integrität« kommt von »integer«, was »ganz« bedeutet. Integer zu leben bedeutet, dass Ihre Handlungen mit allen Aspekten Ihres Wesens übereinstimmen. Sie richten Ihr Leben an bestimmten persönlichen Wertvorstellungen aus, die Ihr Verhalten diktieren. Diese Wertvorstellungen durchdringen alles, was Sie tun; Sie leben ganzheitlich und authentisch.

Integrität zu bewahren ist eine der wichtigsten Lektionen, die ein Mensch im Laufe seiner Entwicklung zu lernen hat. Diese Lektion taucht häufig auf, wenn es um Erfolge geht, denn gerade solche Gelegenheiten könnten Sie dazu verleiten, Ihre Werte zu verraten, um voranzukommen. Integrität verlangt von Ihnen, dass Sie sich auch im Angesicht des Erfolges daran erinnern, wer Sie sind, und sich selbst treu bleiben.

Wofür stehen Sie? Welche Prinzipien haben Sie? Haben Sie das Rückgrat, zu Ihren Überzeugungen zu stehen, wenn Sie von niemandem beobachtet werden oder wenn es scheint, als könne das Hintanstellen Ihrer Wertvorstellungen Ihr Fortkommen beschleunigen?

Wir leben in einer Gesellschaft, der es in hohem Maße an Integrität mangelt. Kennen Sie jemanden, der nicht die Geschwindigkeitsbegrenzung überschreiten würde, wenn er mitten in der Nacht ganz allein auf einer geraden Straße unterwegs wäre? Wie viele Leute kennen Sie, die einen Koffer voller Geld, den sie am Straßenrand finden, zur Polizei bringen würden?

Das Richtige zu tun erfordert Charakterstärke. Sie müssen Ihr Gewissen befragen, hören, was es Ihnen zu sagen hat, und in Übereinstimmung mit Ihren Werten handeln. Auf Ihrer Reise durchs Leben werden Sie sicher des öfteren mit Situationen konfrontiert, in denen Sie zwischen Gewissen und Fortkommen wählen müssen. Das liegt in der Natur der Sache.

Nehmen wir das Beispiel Bella, eine junge Schauspielerin aus Italien, die ich vor Jahren kennen lernte, als ich selbst noch auf der Bühne stand. Sie war nach Amerika gekommen, um Schauspiel zu studieren. Sie liebte das Theater und ergriff jede Gelegenheit, ihre Künste unter Beweis zu stellen. Sie hatte Shakespeare, die Klassiker und George Bernard Shaw studiert. Eines Tages, nachdem sie bei einem neuen Regisseur vorgespielt hatte, war sie überrascht, als dieser ihr noch zusätzlich ein »privates Vorspiel« anbot. Da sie mit den Feinheiten der englischen Sprache noch nicht so gut vertraut war, verstand sie nicht, was er meinte, und bat ihn ganz arglos um eine Erklärung.

»Kommen Sie später zu mir nach Hause«, ermunterte er sie, »dann können Sie mir noch einmal privat etwas vorspielen.« Jetzt war die Botschaft klar.

Bella dachte an ihre Karriereziele und an ihre Wertvorstellungen. Sie wollte die Rolle in dem Stück dieses Regisseurs unbedingt haben, denn es war eine unglaubliche Karrierechance für sie. Doch wer würde sie sein, wenn sie eine Rolle annehmen würde, die sie nicht aufgrund ihrer schauspielerischen Fähigkeiten bekommen hatte? In diesem Moment verlor Bella ihre Naivität und ihr war klar, dass dies sicher nicht das letzte Mal war, dass sie vor einer derartigen Entscheidung stand.

»Alles klar«, antwortete sie, »ich denke, ich gehe dann wohl besser. Trotzdem vielen Dank.« Als sie die Tür hinter sich geschlossen hatte, stieß sie einen Seufzer der Erleichterung aus und schaute sich nicht noch einmal um.

Manchmal sind die Entscheidungen, mit denen wir konfrontiert werden, nicht so eindeutig wie in Bellas Fall. Sei es,

dass ihr Chef etwas von Ihnen verlangt, was Ihnen Unbehagen bereitet, z. B. im Interesse der Firma zu lügen. Sei es, dass
Sie auf dem Weg zu Ihrem Ziel von einer scheinbar todsiche-
ren Abkürzung in Versuchung geführt werden. Diese Momente sind wirklich hart, vor allem weil wir tagtäglich vor
Augen geführt bekommen, dass man in der heutigen Welt seine
Wertvorstellungen oft hintanstellen muss, um erfolgreich zu
sein.

Ob Integrität zu den Lektionen gehört, die Sie im Leben zu lernen haben, wird sich immer dann zeigen, wenn Menschen oder
Situationen Sie zur Preisgabe Ihrer Werte verführen wollen. Derlei Momente beschwören schnell innere Konflikte oder auch Kri-
sen herauf. Wenn Sie Prinzipien haben und Ihre Werte kennen,
müssen Sie sich fragen, ob es sich wirklich lohnt, sich gegen Ihre
Überzeugungen zu entscheiden. Ob ein großer Konflikt wie das
Bestehlen der eigenen Firma oder ein kleiner wie das Schummeln
bei einer Prüfung oder das Einstreichen eines Lobes für anderer
Leute Arbeit, es sieht jedes Mal so aus, als winke Ihnen für die
Preisgabe Ihrer Werte und Prinzipien ein schneller und großer
Gewinn.

Was können Sie in solchen Momenten tun? Sie müssen die
Konsequenzen Ihres Handelns abwägen, den Gewinn dagegen-
halten und eine Entscheidung treffen.

Die folgenden Fragen können Ihnen bei Ihrem Entscheidungsprozess behilflich sein:

1. Wofür stehe ich?
2. Wie würde ich mich fühlen, wenn ich das in Frage Stehende tun bzw. nicht tun würde? Ist das Resultat dieses Gefühl wert?
3. Stimmt die in Frage stehende Handlung mit meiner Definition von mir selbst überein?
4. Bringt mich diese Entscheidung auf meinem Weg weiter? Oder ist sie ein Umweg?
5. Welche Alternativen habe ich?
6. Mit welchen Konsequenzen ist zu rechnen, wenn ich das in Frage Stehende tue bzw. unterlasse?

Die Falle der Arroganz

Je mehr Erfolg Sie haben, desto härter werden Sie auf die Probe gestellt. Während Sie sich in Ihrem Leben immer weiter entwickeln, stellen Sie fest, dass Sie einige Lektionen gut gelernt haben; vielleicht so gut, dass Sie alle Prüfungen, die Ihnen aufgegeben wurden, bestanden haben. Wenn Sie auf all die Lektionen in Ihrer Vergangenheit zurückblicken, meinen Sie vielleicht, Sie seien bereits »angekommen« und hätten deshalb nichts mehr zu lernen. Das ist der größte Trugschluss überhaupt, denn eine solche Einstellung hat nichts mehr mit gesundem Stolz zu tun, sie ist arrogant.

Arroganz tritt bei Menschen auf, die etwas erreicht haben und meinen, sie hätten ihren Erfolg ganz allein herbeigeführt, ohne die Hilfe, die Unterstützung und das Zutun anderer.

Arroganz gibt vor, Sie seien unbesiegbar, besser als alle anderen und über jeden Vorwurf erhaben. Sie meinen, die Regeln gälten für alle anderen, nur nicht für Sie. Sie glauben, das Recht zu besitzen, sich zu benehmen, wie Sie wollen, ohne mit Konsequenzen rechnen zu müssen. Arroganz bedeutet, sich als etwas Besseres zu fühlen, sich an seiner eigenen Wichtigkeit zu ergötzen und sich an den Minderwertigkeitsgefühlen anderer Leute zu laben.

Es gibt einen feinen Unterschied zwischen Stolz und Arroganz. Und dieser Unterschied ist Ihr Ego. Es ist vollkommen normal, dass Sie auf Ihre Leistungen stolz sind, denn schließlich sind sie der direkte Lohn für Ihre Mühen. Gefährlich wird es, wenn Sie anfangen zu glauben, Ihre Erfolge gäben Ihnen das Recht, herablassend, unangenehm oder gar beleidigend zu sein. Die Gratwanderung besteht darin, selbstbewusst, aber nicht eingebildet zu sein, und an den eigenen Wert zu glauben, ohne sich zu überschätzen.

Manche Menschen lassen sich nur allzu gern zu arrogantem Verhalten verführen. Sie denken: »Jetzt, wo ich ›jemand‹ bin, kann ich die anderen behandeln, wie es mir passt.« Wenn Sie selbst in der Vergangenheit erniedrigt wurden, verlockt es Sie vielleicht, nun Ihrerseits Menschen herabzusetzen. Wenn Sie in der Vergangenheit bewusst oder unbewusst leiden mussten, möchten Sie nun vielleicht andere leiden sehen. Wenn der Volksmund sagt: »Macht ist verführerisch«, dann ist damit gemeint, dass manche Menschen, wenn sie eine Machtposition erlangen, eher versucht sind, diese Macht zu missbrauchen, als sie effektiv und ethisch zu gebrauchen.

Gavin zum Beispiel tappte in die Falle der Arroganz, als er den großen Durchbruch beim Radio schaffte. Bislang hatte er bei einem kleinen Lokalsender in Wyoming das Wetter angesagt, und nun hatte ihn ein Großstadtsender unter Tausenden von Bewerbern als Moderator ausgewählt. Gavin war begeistert und ließ keine Gelegenheit aus, in seinem gesamten Freundes- und Bekanntenkreis zu verkünden, »er werde jetzt ein Star«. Mit stolzgeschwellter Brust und voller Selbstgefälligkeit trat er seine neue Stelle an. Seine Assistenten kommandierte er wie Dienstboten herum, und Worte wie »danke« oder »bitte« kannte er nicht mehr. Als einer seiner Assistenten ihm statt eines schwarzen Kaffees einen Milchkaffee brachte, gab er dem jungen Mann die Tasse wortlos und mit angewidertem Gesichtsausdruck zurück. Seine Kollegen wurden regelmäßig von ihm unterbrochen und eine der angesehensten Moderatorinnen des Landes bezeichnete er gar als »Dilettantin«. Kurz gesagt, er benahm sich rundherum alles andere als vornehm.

Mir kam diese Geschichte zu Ohren, weil die Frau, die Gavin eingestellt hatte, eine Freundin von mir ist. Als sie mir die Geschichte erzählte und mich am Ende verzweifelt fragte: »Kannst du dir so etwas vorstellen?«, antwortete ich ihr, dass ich das sehr wohl könne. Solche Fälle waren mir schon des öfteren begegnet. Ich riet ihr, einfach abzuwarten, weil das Universum den Menschen, die es nötig haben, für gewöhnlich früher oder später Lektionen der Demut erteilt.

Demut ist die beste Medizin gegen Arroganz. Doch leider sehen wir unsere eigenen Schwächen oft nicht. Verordnen wir uns jedoch nicht selbst ein Quäntchen Demut zu rechten Zeit, so kuriert uns das Universum irgendwann mit einer kräftigen Dosis Demütigung.

Sitzen Sie in der Falle?

Sollten Sie arrogant geworden sein, dann sind Sie sich dessen wahrscheinlich gar nicht bewusst. Normalerweise gibt niemand zu, dass er arrogant ist – oder er weiß es nicht einmal. Wie können Sie also beurteilen, ob Sie der Arroganz auf den Leim gegangen sind? Nun, wenn Sie Ihre Untergebenen als Handlanger betrachten oder als Menschen, die weniger Respekt verdient haben als Sie, oder wenn Sie gern vergessen, dass auch Sie eine persönliche Entwicklung durchgemacht haben, bis Sie Erfolg hatten, dann deutet das darauf hin, dass die Falle bei Ihnen zugeschnappt ist. Vielleicht glauben Sie, Sie hätten schon all Ihre Lektionen gelernt oder Sie wüssten schon alles, was es zu wissen gibt. Vielleicht denken Sie auch, Ihr Erfolg sei auf Dauer angelegt und könne Ihnen nicht mehr genommen werden.

Wenn Ihnen irgendetwas davon bekannt vorkommt, dann hält die Arroganz Sie zu einem gewissen Grad schon in ihren eisernen Fängen. Und wenn Sie nicht darauf warten wollen, dass das Universum zu einem vielleicht recht schmerzvollen Befreiungsschlag ansetzt, bleibt Ihnen als Ausweg aus dieser Umklammerung nur die Rückkehr zu einer Haltung der Dankbarkeit. Vergessen Sie nicht, dass alle Macht dieser Welt aus einer Quelle stammt, die größer ist als Sie; Sie sind nur das Instrument, mit dessen Hilfe die Macht sich ausdrückt. Bleiben Sie in Verbindung mit Ihrer spirituellen Quelle und Ihrem übergeordneten Daseinszweck, dann können Sie sich selbst aus der Falle befreien, bevor es zu spät ist.

Gier: die Sucht nach »mehr«

Wie viel Geld ist genug? Wie viele Preise, Auszeichnungen, Pokale, stehende Ovationen oder Goldmedaillen sind genug? Wann ist Ihr Becher voll?

Marlon Brando hat einmal gesagt: »Es ist die schwierigste Sache der Welt, einen kleinen Erfolg zu akzeptieren und es dabei bewenden zu lassen.« In mancherlei Hinsicht ist Erfolg wie eine Droge. Die Auswirkungen können Sie dermaßen berauschen, dass Sie immer mehr davon haben wollen. Doch an welchem Punkt schlägt ein Wunsch in Gier um, wann wird aus Zielstrebigkeit Unersättlichkeit?

Der kritische Punkt ist erreicht, wenn der Wunsch nach mehr zur Besessenheit wird, wenn Sie Ihren Korb immer weiter füllen, und er sich trotzdem leer anfühlt, wenn »genug« zu einer Vorstellung wird, von der Sie ebenso weit entfernt sind wie vom Mond.

Die Lektion der Gier begegnet Ihnen, wenn Sie anfangen, in höhere Ebenen vorzudringen, vor allem in den Bereichen Beruf und Geld. Da gibt es immer ein noch imposanteres Haus am Ende der Straße, ein noch prachtvolleres Auto zu kaufen, den nächsten großen Coup zu landen, einen noch größeren Saal zu füllen. Betrachten Sie diese Dinge als Ziele, dann befinden Sie sich immer noch auf einer gesunden Reise hin zu neuen Erfolgen. Sind diese Dinge für Sie jedoch ein Muss, dann haben Sie sich in den dunklen Wäldern der Gier verirrt. Wenn die Lust zum Zwang wird, ist die Zeit für die Lektion der Gier gekommen.

Der Ursprung der Gier

Wenn Sie gierig sind, dann hat sich die Angst, nicht genug zu bekommen, tief in Ihr Bewusstsein eingegraben. Unersättlichkeit entspringt dem Bedürfnis, ein Loch im Leben und letztendlich in der Seele zu stopfen.

Sind Sie hingegen der Überzeugung, dass alles im Überfluss vorhanden ist, dann brauchen Sie Ihre Hand nicht nach immer mehr auszustrecken, weil Sie in Ihrem tiefsten Innern glauben, dass für alle genug da ist. Sie machen sich keine Sorgen darum, ob Sie Ihren gerechten Anteil bekommen werden, weil Sie darauf vertrauen, dass er immer für Sie bereitsteht. Sie kennen keine Einschränkungen, keine Mangelgefühle und keine Vorbehalte. Sie sind der Ansicht, dass im Leben alles möglich ist und dass man sich auf das Universum verlassen kann.

Marvins Leben war voller Liebe, Erfüllung, guter Menschen und Wohlstand. Nach außen hin erweckte Marvin den Anschein eines erfolgreichen Erwachsenen, der alles hatte, was er wollte – eine nette Frau, wunderbare Kinder, ein schönes Haus, eine befriedigende Arbeit und einen großen Freundeskreis. Doch wenn man ihn reden hörte, hatte man den Eindruck, sein Leben sei ein einziger Kampf und voller Mühen. Als er schließlich mit seiner Frau über seine Unzufriedenheit sprach, fand er heraus, dass er im Grunde genommen einfach nur Angst hatte. Er fürchtete, dass all die Segnungen, die ihm zuteil geworden waren, plötzlich wieder verschwinden könnten.

Marvin war in einer großen Mittelstandsfamilie aufgewachsen und ständig in Sorge gewesen, ob für ihn genug abfallen würde, auch bei Tisch. Marvins Lebensumstände hatten sich zwar mittlerweile geändert, doch seine Angst, Not leiden zu müssen, war ihm geblieben. Die Muster aus der Kindheit waren noch solide verankert. Obwohl er jetzt ein Leben ohne jede Entbehrung führte, trug er tief in sich immer noch die Angst mit sich herum, dass für ihn nicht genug da sein könnte.

Marvins Angst bezog sich auf die Bereiche Liebe, Spaß und Geld. Er schien von alledem nie genug bekommen zu können, weil ihn immer die Sorge umtrieb, seine Vorräte könnten zu Ende gehen. Die Angst beraubte ihn jeglicher Freude. Er musste eine radikale Bewusstseinsveränderung vollziehen und von »Mangel« auf »Überfluss« umschwenken.

Marvin entdeckte, dass F. E. A. R. (dt. Angst) für False Expectations Appearing Real (dt. falsche Erwartungen, die real erscheinen) steht. Er betrachtete sein derzeitiges Leben, setzte es in Relation zu seinen Ängsten und stellte fest, dass seine Angst ein Überbleibsel aus der Vergangenheit war und nichts mit seiner Gegenwart zu tun hatte. Die bewusste Entscheidung, sein Herz zu öffnen und dem Überfluss des Universums Zugang zu seinem Bewusstsein zu gewähren, veränderte seine Realität.

Wenn Sie das Gefühl haben, Sie müssten mental von Mangel auf Überfluss umstellen, um sich vielleicht die schmerzvollen Lektionen der Gier zu ersparen, dann sollten Sie ganz einfach anfangen, Ihre Gedankenmuster zu verändern. Stellen Sie fest, wie Sie innerlich zu Mangel und Überfluss stehen; das wird Licht ins Dunkel der unbewussten Muster bringen, die Ihr Verhalten bestimmen. Und dann verankern Sie mit Hilfe der für Sie geeignetsten Methode – Mantras, Affirmation, Training, Bücher lesen – neue und positive Glaubensgrundsätze in Ihrem Bewusstsein.

Wenn Sie im Grunde Ihres Herzens davon überzeugt sind, dass auch für Sie genug da ist und dass das Universum Sie unterstützen wird, dann verschwindet die Gier und Sie können sich der Freude hingeben, all das zu genießen, was Sie haben.

Mit Macht verantwortungsvoll umgehen

Macht bedeutet, seine Wünsche in dieser Welt realisieren zu können. Macht in ihrer reinsten und ursprünglichen Form entstammt der Quelle allen Lebens und durchströmt alle menschlichen Wesen. Wie machtvoll Sie sind, hängt davon ab, wie viel Vertrauen und Pflege Sie der Verbindung zu dieser Quelle angedeihen lassen.

Doch die Außenwelt, insbesondere die Welt, in der wir zur Zeit leben, interpretiert Macht ganz anders. Heutzutage bemisst sich Macht vor allem nach Ihren Möglichkeiten, andere Menschen zu kontrollieren und zu beherrschen, und nach dem Einfluss, den Sie besitzen.

Menschen, die Machtpositionen erlangen, werden mit einer der schwierigsten Lektionen konfrontiert, die es überhaupt gibt. Sie müssen der allgegenwärtigen Verlockung widerstehen, ihre Macht zu ihrem persönlichen Vorteil anstatt zum Wohl aller einzusetzen.

Viele Menschen schwören sich, wenn sie einst eine Machtposition erlangen sollten, dann wollten sie nicht so handeln wie all die anderen Leute, die sie kennen und die ihre Macht missbrauchen. Doch wenn sie dann die gewünschte Ebene erreicht haben, erscheint es ihnen nur allzu oft viel leichter und attraktiver, ihre Macht zu genießen und einzig und allein zu ihrem persönlichen Vorteil zu nutzen.

Kennen Sie jemanden, der machtbesessen ist? Sind Sie schon einmal einem Menschen begegnet, der seine Autorität oder

Macht missbraucht hat? Menschen, die ihre Macht missbrauchen, laufen Gefahr, die Balance zu verlieren und ihren Daseinszweck zu verfehlen.

Wenn Sie die Lektion der Macht noch zu lernen haben, werden
Sie in Versuchung geraten, Ihre Macht zu missbrauchen, und auf
die Probe gestellt werden. Lernen Sie die Lektion nicht, dann riskieren Sie, von Ihren Werten und Prinzipien abgekoppelt zu werden. Ihr Wesenskern könnte in dem ultimativen Streben nach
grenzenloser Macht verloren gehen.

* * *

Erfolg ist weder die Lösung für all Ihre Probleme noch die magische Eintrittskarte ins Königreich des Glücks, noch das Ende
Ihrer Entwicklung. Jeder Erfolg präsentiert Ihnen spezielle Herausforderungen, die Sie meistern müssen, und Lektionen, die
Sie zu lernen haben.

Vergessen Sie auf Ihrer jeweiligen Reise vom gegenwärtigen
»Hier« zum nächsten »Da« nicht, dass »Da« letztendlich nicht
besser oder schlechter ist als »Hier«. Es ist nur eine weitere
Chance, ein neues Territorium zu erkunden und zu erfahren, was
der neue Ort zu bieten hat.

ERFOLG IST EIN PROZESS,
DER NIEMALS ENDET

Jedes Plateau bietet wieder einen neuen Aufstieg, und wenn Sie
oben angekommen sind, erblicken Sie einen neuen Gipfel,
den es zu erklimmen lohnt.

Erfolg ist kein Endzustand. Es gibt keine Tür mit der Auf-
schrift ERFOLG, die Sie hinter sich schließen könnten, um für
immer auf der anderen Seite zu bleiben. Erfolg ist wie eine Wen-
deltreppe, auf der Sie emporsteigen; sie dreht und wendet sich
und bahnt sich ihren kurvigen Weg durch die verschiedenen Ebenen Ihrer Träume.

Es gibt immer wieder neue Gipfel zu erklimmen, neue Panora-
men zu entdecken und neue Lektionen zu lernen. Wie wir bereits
festgestellt haben, erscheint, sobald Sie ein »Da« erreicht haben,
wie von Zauberhand ein neues »Da«, das Ihnen das nächst-
höhere Stadium der Erfüllung vor Augen führt. Im Laufe dieses
Prozesses müssen Sie sich entscheiden, ob Sie weiter wachsen

wollen, ob Sie Ihre Authentizität bewahren können, wenn Sie sich weiterentwickeln, und ob sich Ihre Perspektive nicht verschieben würde, wenn sich der Spielaufbau ändert. Erfolg ist ein ständiger Balanceakt: Sie müssen das Erreichte zu schätzen wissen, ohne dabei die nächste Chance oder Gelegenheit zur permanenten persönlichen Weiterentwicklung aus den Augen zu verlieren. Das ist im Grunde genommen paradox, denn Sie müssen zwei scheinbar gegensätzliche Realitäten gleichzeitig im Auge behalten, aber je länger Sie die Schule des Lebens besuchen, desto besser werden Sie diese Übung beherrschen.

VON EINEM GIPFEL ZUM NÄCHSTEN

> *Was die Raupe als Ende der Welt bezeichnet,*
> *bezeichnet der Herr als Schmetterling.*
> RICHARD BACH

Ich bin schon immer gern auf Berge geklettert. Dabei kommt es mir nicht so sehr auf die Körperertüchtigung an wie auf die atemberaubenden Ausblicke, mit denen man jedes Mal belohnt wird, wenn man den Kampf gegen die Schwerkraft aufnimmt, um neue Höhen zu erklimmen. Meine Freundin Ciska und ich waren einmal in Les Dents du Midi, einer Bergkette in den Schweizer Alpen, unterwegs. Ich gewann zusehends an Selbstvertrauen, während ich wandernd und kletternd Hunderte von

Höhenmetern überwand, um zu den schneebedeckten Gipfeln vorzustoßen. Ich merkte, wie ich mich infolge der körperlichen Anspannung auch innerlich ausweitete, vor allem wenn wir besonders steile und schwierige Abschnitte zu bewältigen hatten. Jedes Mal wenn ich wieder einen Felsen oder eine Wand vor mir hatte und bis auf die Spitze kletterte, eröffnete sich mir ein völlig neuer Ausblick und plötzlich lagen noch höhere Gipfel und noch schwierigere Aufgaben vor mir. Es schien eine endlose Aneinanderreihung von Plateaus, Tälern und Bergspitzen zu sein.

Mit dem Erfolg ist es ähnlich. Sobald Sie eine bestimmte Ebene erreicht haben, stehen Sie an einem neuen Aussichtspunkt, von dem aus Sie eine ganz neue Welt voller Chancen und Herausforderungen erblicken, die Ihnen bisher verborgen war. Vielleicht reizt es Sie, in der Umgebung der bereits erreichten Bergspitze noch höhere Gipfel in Angriff zu nehmen, vielleicht wollen Sie an diesem Punkt Ihre Aufmerksamkeit aber auch anderen Bereichen Ihres Lebens zuwenden, in denen noch unerreichte Ziele auf Sie warten. Es bieten sich immer wieder neue Ziele an, die Ihr Leben bereichern können und Ihnen das Vordringen in noch höhere Dimensionen der Erfüllung ermöglichen.

Wenn Sie auf der Karriereleiter ein Stück weiter nach oben geklettert sind, möchten Sie als Nächstes vielleicht ein Ziel im persönlichen Bereich anvisieren. Wenn Sie die menschliche Seite zu Ihrer Zufriedenheit geregelt haben, bietet sich vielleicht eine Entwicklungschance im Bereich Gesundheit oder Heilung. Ist auch dieses Ziel erreicht, tun sich vielleicht plötzlich neue Karrierechancen auf, weil Sie jetzt andere Ambitionen haben. Mit anderen Worten, Ihr Leben ist eine endlose und abwechslungsreiche Kette von Bergen, Plateaus und neuen Gipfeln, die Sie erklimmen und genießen. Sobald Sie einen Gipfel erreicht haben, beginnt der Prozess in einem anderen Bereich, auf einer anderen Ebene und mit neuen Herausforderungen wieder von vorn.

Erfolg ist deshalb ein endloser Prozess, weil unsere Definition von Erfolg sich ständig verändert und weiterentwickelt. Für ein Krabbelkind bedeutet Erfolg, ein Zimmer auf den eigenen zwei Beinen durchqueren zu können. Älteren Kindern genügt die Fähigkeit, einen Raum zu durchqueren, nicht mehr als Definition für Erfolg. Sie wollen 1,30 m groß sein, ein Eis von ihren Eltern bekommen oder eine Eins im Zeugnis stehen haben. Für Teenager bedeutet Erfolg, eine eigene Persönlichkeit zu entwickeln. Wenn wir dann über zwanzig sind, verändert sich unsere Erfolgsdefinition noch einmal, denn dann geht es darum, Arbeit zu finden, Karriere zu machen, einen Partner zu finden und vielleicht eine Familie zu gründen. Während wir die einzelnen Phasen unseres Lebens durchlaufen, verändert sich unsere Definition von Erfolg ständig, und jeder neue Erfolg, den wir erzielen, lässt uns in neue und ganz überraschende Dimensionen hineinwachsen. Wie die Autorin Gloria Steinem so weise bemerkte: »Für mich ist das Erfolgsmodell nicht linear, sondern ein individueller Kreis, der sich schließt.«

Den Ausblick genießen

In dieser Endlosspirale kann man leicht das Gefühl bekommen, in einer Tretmühle zu stecken. Deshalb dürfen Sie bei allem Schwung, den Sie erreichen, nie vergessen, zwischendurch auch einmal innezuhalten und Ihren Erfolg zu genießen. Wie bei so vielen Dingen im Leben hängt es in erster Linie von Ihrer Perspektive ab, ob der Anblick unbegrenzter Möglichkeiten Sie lähmt oder beflügelt.

Während wir die hügelige Landschaft des Erfolges durchwandern, vergessen wir nur allzu oft, eine Pause einzulegen, wenn wir eine Anhöhe erreicht haben, um uns unsere Leistung bewusst zu machen, sie anzuerkennen und zu feiern und die Umgebung anzuschauen. Doch es sind genau diese kostbaren Momente, auf die wir die ganze Zeit hingearbeitet haben. Wenn Sie die Bedeutung und den Wert dieser Höhepunkte, die bislang Ihr Ziel waren, übersehen und einfach hinter sich lassen, um sich ins nächste Abenteuer zu stürzen, dann laufen Sie Gefahr, sich um den Lohn für all Ihre Mühen zu bringen.

Der Grad Ihrer Zufriedenheit hängt davon ob, worauf Sie Ihr Hauptaugenmerk richten. Wenn Sie ganz in der Gegenwart leben, haben Sie wesentlich größere Chancen, Ihre Reise genießen zu können. Schauen Sie hingegen nur auf morgen und konzentrieren sich nur auf die Zukunft, dann verkennen Sie den Augenblick und könnten in die Falle geraten, dass Sie nur noch darüber nachdenken, was Sie alles nicht haben, anstatt sich über das zu freuen, was Sie haben. Den Schlüssel zum Erfolg halten Sie in Händen, wenn Sie Ihr Glück zu schätzen wissen und Zufriedenheit und Ambition im Gleichgewicht sind.

Charlie zum Beispiel war Sozialarbeiter und hatte Schwierigkeiten, seine Leistungen anzuerkennen. Er setzte sich mit großem Engagement für Menschen ein, die vom Schicksal weniger begünstigt waren oder in irgendeiner Weise zu leiden hatten. Er arbeitete an einer Institution in Chicago, die tagtäglich von unzähligen Klienten aufgesucht wurde, und gab sein Bestes, um möglichst vielen Menschen zu helfen.

Charlie fungierte als Finanzberater für Familien, deren Hauptverdiener arbeitslos geworden war. Er suchte einen Arzt, der einen Hausbesuch bei einem kranken Baby machen konnte. Er nahm Kontakt zu dem Sohn eines alten Mannes auf, der an Alzheimer litt, um zu fragen, ob dieser bereit wäre, seinen Vater bei sich aufzunehmen. Doch wenn er einem Menschen geholfen hatte, gestand er sich nie zu, das schöne Gefühl, etwas für andere getan zu haben, auch zu genießen. Er konzentrierte sich immer nur darauf, möglichst vielen Menschen zu helfen. Es war natürlich wunderbar, dass er so vielen bedürftigen Menschen half, doch er nahm sich nie die Zeit, den positiven Einfluss, den er auf das alltägliche Leben seiner Mitmenschen ausübte, für sich selbst anzuerkennen und zu loben. Obwohl er so viel für andere Menschen tat, war er nie richtig zufrieden, weil er sich das Gefühl verweigerte, auf die eigene Leistung stolz zu sein.

Wer jedoch nicht zu schätzen weiß, was er hat, muss mit unangenehmen Folgeerscheinungen wie Stress und am Ende auch dem Gefühl von Ausgebranntsein rechnen. Sie verlieren den Sinn Ihres Daseins aus den Augen, wenn Sie nie innehalten, um sich zu freuen. Dann kann es Ihnen passieren, dass Sie eines Tages aufwachen und auf einem Gipfel stehen, ohne sich daran zu erinnern, wie Sie dorthin gekommen sind.

Die eigene Leistung anerkennen

Es ist nicht immer so leicht zu erkennen, wann es an der Zeit ist, innezuhalten und sich für die eigene Leistung auf die Schulter zu klopfen. Das Leben hält uns oft dermaßen auf Trab, dass unsere täglichen Aufgaben unsere ganze Aufmerksamkeit beanspruchen.

Sie sollten einfach hin und wieder Rast machen und sich folgende Fragen stellen:

1. Was habe ich in letzter Zeit erreicht, worauf ich stolz bin?
2. Was habe ich auf der Reise von »Hier« nach »Da« gelernt?
3. Welche Wachstumsschritte habe ich vollzogen?

Mit Hilfe dieser Fragen können Sie auf »Pause« schalten. Die Antworten geben Ihnen Aufschluss darüber, wo Sie sich auf Ihrem Weg befinden. Wenn Sie sich all die Dinge, die Sie erreicht und gelernt haben, in dieser Form bewusst machen, liefern Sie sich selbst einen handfesten Beweis für Ihren Fortschritt. Die

Auflistung Ihrer Erfolge wird Sie mit Stolz erfüllen, und das wiederum wird Ihnen Anlass geben, sich für Ihre Leistungen und Wachstumsfortschritte mit Anerkennung zu belohnen.

Jill, eine Klientin von mir, geht sogar noch einen Schritt weiter. Sie wendet die Übung nicht nur für sich persönlich an, sondern auch für ihre Firma. Jedes Jahr im Dezember setzt sie sich mit ihren beiden Partnern zusammen, um aufzulisten, was sie alles erreicht haben, von kleinen Siegen bis hin zu bedeutenden Leistungen. Auch die Lernfortschritte im Team werden schriftlich festgehalten, z. B. wie und wann sie gut zusammengearbeitet haben und was insgesamt gut oder nicht gut gelaufen ist. Auf diese Weise beenden sie das Jahr voller Stolz auf ihre Leistungen und mit dem Gefühl, die Zukunft im Griff zu haben. Der Vergleich mit der Liste aus dem Vorjahr gibt ihnen darüber hinaus die Möglichkeit, ihr Wachstum und ihre Entwicklung zu verfolgen und eine Zukunftsperspektive zu entwickeln.

Halten Sie an markanten Punkten an und genießen Sie die Aussicht, sooft Sie Gelegenheit dazu haben. Machen Sie sich die Schönheit, die Segnungen und die Erfolge Ihres Lebens bewusst. Nehmen Sie auch die viel versprechenden Projekte, an denen Sie gerade arbeiten, in das Panorama mit auf. Dieser Rundumblick kann von unschätzbarem Wert für Ihre Zukunftsperspektive und Ihr Selbstwertgefühl sein. Natürlich ist es wichtig, sich auf seine künftigen Ziele zu konzentrieren, doch genau so wichtig ist es, ab und an hinter sich zu schauen, um zu sehen, wie weit man schon gekommen ist.

DER SINN DES SPIELS

Was wir Anfang nennen, ist oft das Ende.
Und ein Ende zu setzen bedeutet, einen Anfang zu machen.
Das Ende ist da, wo wir anfangen.

T. S. ELIOT

Erfolg zu haben bedeutet, ein lebenswertes Leben zu führen. Doch ironischerweise besteht der Sinn des Spiels letztendlich nicht darin, Ziele zu verwirklichen, sondern die Lektionen zu lernen, die Ihnen auf dem Weg dorthin präsentiert werden.

Wenn Sie ein Ziel formulieren, entwerfen Sie automatisch auch einen Plan für Ihre persönliche Entwicklung. Sie meinen, es sei Ihre Aufgabe, das Ziel zu verwirklichen. Doch, ob es Ihnen bewusst ist oder nicht, der eigentliche Lernprozess findet statt, während Sie sich auf Ihr Ziel zubewegen, nicht wenn Sie es erreichen. Letztendlich geht es in dem Spiel einzig und allein um Ihr persönliches Wachstum. Die Lektionen, die Ihnen unterwegs begegnen, sind es, die Sie persönlich bereichern und Sie über den Menschen hinauswachsen lassen, der Sie zu Beginn der Reise waren.

Wachstum ist ein Prozess, der nie zu Ende geht. Wenn ein lebendes Wesen aufhört zu wachsen, stagniert es und stirbt. Die menschliche Entwicklung umfasst viele verschiedene Wachstumsphasen, und jeder vollendete Abschnitt ist der Anfang des nächsten.

Jeder Mensch hat die Möglichkeit, sich permanent zu verbessern. Sie können noch so viel gelernt haben, es gibt immer noch mehr zu lernen. Ihr Horizont kann noch so breit sein, er lässt sich immer noch erweitern. Sie können noch so weise sein, es gibt immer noch höhere Bewusstseinsebenen zu erreichen. Am meisten profitieren diejenigen von ihrem Leben, die ihre Möglichkeiten ausschöpfen und immer nach neuen Wachstumschancen Ausschau halten.

Erfüllung ist letzten Endes ein Zustand. Tief in Ihrem Innern sind Sie glücklich und haben das Gefühl, dass alles in Ihrer Welt Ihren Vorstellungen entspricht und Sie befriedigt. Wachstum hingegen ist ein Vorgang. Während Sie das Spiel spielen, sind Sie in Aktion. Wenn Sie das Ende einer Spielphase erreichen, fühlen Sie sich erfüllt ... und dann beginnt der Prozess von vorn.

* * *

Solange Sie auf dieser Erde weilen, gibt es immer neue Abenteuer zu bestehen, neue Berge zu besteigen und neue Erfahrungen zu machen. Während Ihres Aufenthaltes hier geht es einzig und allein um Ihr persönliches Wachstum. Die Ziele, die Sie sich setzen, und die Erfolge, die Sie realisieren, dienen allesamt nur diesem Zweck. Während Sie auf Ihrem Weg voranschreiten, ist es wichtig, hin und wieder anzuhalten und eine Bilanz dessen zu ziehen, was Sie erreicht haben und was aus Ihnen geworden ist, bevor Sie die nächste Abenteuerreise antreten.

Das Spiel heißt Erfolg, und der Gewinn ist die Erfahrung.

Danksagung

Debra Goldstein, mein Alter ego, hat mir geholfen, die Gedanken und Ideen für dieses Buch in Worte zu fassen und zu strukturieren, um einen hilfreichen Ratgeber entstehen zu lassen.

Meine Lektorin Lauren Marino ist fest davon überzeugt, dass sich spirituelle Grundsätze sehr wohl mit dem Alltagsleben vereinbaren lassen. Ihre Ratschläge und ihr Feedback sind Garant dafür, dass die Menschen auf ihrer Suche nach Erfolg auch fündig werden.

Bob Barnet und Jackie Davies sind meine Schutzengel und ich bin ihnen von Herzen dankbar.

Steve Rubin glaubt an mich, meine Vision, meine Erfahrung und die Weisheit der *Spielregelbücher*.

Donna Gould, meine Publizistin, widmet sich mit unermüdlichem Eifer ihrer Aufgabe.

Linda Michaels ist dafür zuständig, die Botschaft dieses Buches in die ganze Welt hinauszutragen.

Ich danke auch Pat Brozowski, Bob Burt, Joe Netherland, Jeff Garnes, Jeff Jacobi, Jim Bell, Judy Smeltzer, Rob Christie, Bill Granville, Jim Veny, Rita Butler, Jim Ballard, Cathy Swigon, Jeff Link und all den Menschen bei FMC, die bereit sind, sich dem spannenden, aber oft auch unbequemen Prozess zu stellen, den der Erfolg auf höheren Ebenen mit sich bringt.

Robert Allen sorgt dafür, dass die Bücher verfügbar sind. Debbie Stier zeichnet für die gesamte Publicity verantwortlich.

Lynn Stewart, meine Schwester und seit 25 Jahren meine Geschäftspartnerin, ist der »Wind unter meinen Flügeln«. Ihre Hilfe ist von unschätzbarem Wert.

Rachel Goldberg kümmert sich wie ein Engel um alles, was gewünscht und gebraucht wird.

Leslie Crandell leitet das MMS-Institut, damit all unsere Träume in Erfüllung gehen.

Judy Rossiter ist die wichtigste Kontaktperson für Menschen, die ihre innere Kraft entdecken wollen.

Dank gebührt auch Michael Pomije, meinem Geliebten, Seelengefährten und Partner, der mich in meinen Visionen, Träumen und Zielen unterstützt.

Zu guter Letzt möchte ich all den Menschen und Organisationen danken, die sich auf ihrer Suche nach dem richtigen Weg dem MMS-Institut anvertrauten, denn es sind ihre Erfahrungen, die diesem Buch zu Grunde liegen.